一生モノの
教養が身につく

世界の古典
必読の名作・傑作
200冊

Must-Read Classic Books
for
Intellectual Freedom

監修
佐藤 優

宝島社

一生モノの教養が身につく

世界の古典
必読の名作・傑作
200冊

はじめに

不確実な社会を生き抜くとき、「古典」は力強い道標となる

本書では、今の時代にこそ読むべき「世界の古典　必読の名作・傑作」として200作品を選んだ。

なぜ、古典なのか。

今、国家と社会のさまざまなシステムが金属疲労を起こしているような、言葉にしがたい閉塞《へいそく》感が日本を覆っている。排外主義の蔓延《まんえん》、人口の減少、格差の拡大……そこに突如登場した新型コロナウイルスが、人類にさらなる課題を突きつけた。出口の見えない長いトンネルに入り込んだような感さえ漂っている。

こうした不確実な社会を生き抜いていくとき、「古典」は力強い道標《みちしるべ》となりえるはずだ。

実は、私たちが直面している諸問題は、長い人類の歴史において繰り返し問われてきたものばかりだ。今の世界を動かしている資本主義社会の論理については、マルクスの『資本論』以降、多くの人たちがその内在的論理をつかもうと試みてきた。

それは同時に、国家と個人のありようというテーマにもつながっていく。

私はかつて国家の内側にいた。その頃の私は、国家について国益という形で国民の利益を代表すると同時に、

国民を守るものだと思っていた。ところが、鈴木宗男議員のバッシングに連なるような形で逮捕・起訴され、小菅《こすげ》の東京拘置所に512日間も勾留されるという事態になり、その認識は一気に転換してしまった。イスラエルの学者を日本に招聘《しょうへい》した際、またイスラエルの学会に日本側から専門家らを派遣した際に、外務省の対ロシア支援委員会の予算を使ったことを理由に背任容疑をかけられ、さらに北方領土支援事業の入札において三井物産の落札に便宜を図ったという偽計業務妨害の容疑をかけられたのだ。支援委員会の予算は私1人で自由に動かせるはずもなく、当然ながら条約局が決裁しており、私個人の背任罪など成立するはずもないと思っていたが、そうした主張はいっさい通らなかった。この一件を通して、私は国家の暴力性に向き合い、その怖さを知った。さらには、メディアというのは基本的に国家に同調してしまうのだという恐怖も肌で感じることになった。

その時に気づいたことは、わずか数人でも友人がいれば、人はどのような状況においても自分の理性を維持して耐えていけるということだった。日本人、ロシア人問わず数人の友人の存在によって、私は自分を見失わずにすんだのだ。

その友人とは、必ずしもリアルな人間関係である必要はない。私たちは「古典」を通じて死者を味方につけることができるのだ。当たり前のことだが、今生きている人間より死んでいった人間のほうが、はるかに数が多い。

レーニンは、生前のマルクスに直接会ったことはなかったが、何かに行きづまり悩んだときには「マルクスに相談してくる」と言って、ひたすらマルクスの本を読んでいたという。あるいは神学者は、イエス・キリストに相談するために『聖書』を読む。

すでに死んでしまった人、遠くにいる会ったこともない人（著者）と、テキストを通じて友人関係になっていくことが可能なのだ。彼らの内在的な論理でいま直面している問題をとらえると、先人たちがどのような解答を示してくれるか、おおよそ想像がつくだろう。

「古典」を通じて、無数の死者が、今を生きる私たちの味方になってくれるのである。

「構造」を描き出すことで、アナロジカルな力を持つ

一方、「古典」は死者の残した書ばかりとは限らない。

「古典」と聞いて、どのような本を思い浮かべるだろうか。『源氏物語』は確かに古典だ。『ソクラテスの弁明』、これもまさに大古典といえるだろう。

しかし、今回選んだ２００冊には、そこまで時代を遡《さかのぼ》っていないものも多く含まれている。

何をもって読むべき「古典」とするかは、時代で見るのではなく、そのテキストがどう生きていくかという「構造」から判断したほうがいいだろう。

10年以上読み継がれてきた本は、さらにそこから10年は読み継がれていくはずだ。逆に、いっとき大ブームになった本でも、10年すら読み継がれることなく消えていった本も少なくない。『一杯のかけそば』（1989年）などはその典型といえるだろう。情緒的な共感を呼び、瞬間的に多くの人に読まれたが、時代を超えた普遍性を持つ「古典」にはなりえなかったのだ。

一方で、たとえば鈴木光司氏の小説『リング』（1991年）は、2019年に映画された『貞子』（中田秀夫監督）の原作『タイド』（2013年）まで、次々とシリーズが出されている。観たら死んでしまう呪いのビデオという『リング』のモチーフは、シリーズ2作目の『らせん』（1995年）では網膜を経由して体内に入り込む未知のウイルスへと変化した。目に見えないものへの普遍的な恐怖は、未知なるコロナウイルスへの恐れが蔓延した今の世界と完全にリンクする。

主人公は、なぜ自分はビデオを観ても死ななかったのか、と自問するわけだが、ダビングというのはひとつの増殖の形態であり、ウイルスの目的は増殖にある。宿主を殺してしまえば増殖できないから、ウイルスは戦略として弱毒化していく。まさに今の新型コロナウイルスのアナロジーである。

『リング』は明治末期に実際に起きた「千里眼事件」から着想を得ている。いわゆる透視の力が本当にあるのかないのか実験で解き明かそうとして、東京帝大（現・東京大学）を二分するような騒ぎになった「千里眼事件」と「呪いのビデオ」という都市伝説的なモチーフを合わせて『リング』シリーズという一連の形で、閉じた体系にした。

古典の特徴のひとつは、この「閉じている」ということにあるだろう。

すでに物語として閉じられているので、構造が見えるのだ。その構造は、いかなる時代にも通用可能である。「例示」するのではなく、一見似ていないもの、ある種の違った物語を適用して考えていくというアナロジーの力が古典にはあるのだ。

人間は何度も同じ過ちを犯す

元連合赤軍幹部の坂口弘氏（死刑囚）が執筆した『あさま山荘1972』（1993年）も立派な古典といえるだろう。

大勢の同志を〝粛清〟するという結果に至った連合赤軍事件の内情を描いたドキュメントがなぜ古典となるのか。人間が社会の中でいかに失敗していくかということもまた、古典から学ぶべき大切なテーマだからだ。なぜなら、人間は誰しも間違えることがある。その時、人間は似たような間違いを犯すのだ。

先鋭化し山岳ベースで「総括」という名のもと誰もが逃げるすべのない「自己批判」を迫り、同志を死に追いやってしまった。共産主義革命による世直しという、絶対的な正しさを求めたがゆえに煮つまってしまった連合赤軍の若者たちの姿は、平成の時代にはオウム真理教という別の形になって現れた。将来、新たに「X」

という形でそういったものが出てくるとき、古典に立ち返ることなしには、事態をきちんと把握することはできないだろう。

その意味では、アドルフ・ヒトラーの『わが闘争』（1925年）も、やはり人間の過ちを象徴する古典として、私たちはきちんと読み継いでいかなければならない。

つまり、古典は「正しさ」だけではない、「失敗の歴史」として読むことも必要なのだ。

そもそも、私たちはポストモダン以降の時代を生きており、絶対的に正しいものなどない、という考えが前提になっている。しかし、「私にとって絶対に正しい」ということはありうる。むしろ、それを追究していくことは非常に重要だろう。それは当然、別の人にとっては別の「絶対に正しい」ものがある、つまり正しいものが複数並存している、ということと同義である。それぞれが正しいものを追究していくことは絶対に必要である。それを放棄すると人間のインテグリティー（高潔さ）は保てなくなってしまうだろう。

たとえば、編集者が個の「正しさ」を追究することをやめたら何が残るか。もはや売れるかどうかという数字だけが基準になり、売れるからという理由だけで何の考えもなくヘイト本を出すようなことになる。数字として結果は残るかもしれないが、編集者として何が残るかといったら、何も残らない。

ただし、自分が絶対に正しいものを追究しているつもりでも、「正しさ」が本来のあるべき姿からずれて、おかしな方向へと向かっていく可能性がある、という感覚を持つことは大切だ。たとえば、戦前において田辺元《はじめ》の『歴史的現実』（1940年）や、高山岩男の『世界史の哲學』（1942年）などは、著者も編集者も一生懸命にこれが正しいと思ってつくっていたに違いない。

ところが、結果的には、「悠久の大義のためには命を捧げろ」「国のために死ね」という話になっていってしまった。真剣であるがゆえの間違いがある。それを、古典の中からしっかりと拾っていくことが重要なのだ。

古典の評価は時代とともに変化する

さらに、古典の読み方そのものが、時代とともに変わってくるということを意識しておくことも大切だろう。たとえば、戦前における『太平記』の読み方は、後醍醐天皇に忠義を尽くして自害した楠木正成《くすのきまさしげ》を称揚した忠君愛国の本として読まれていた。しかし今は、『太平記』というのはむしろ鎮魂のための書であり、南朝の後醍醐天皇に対する批判も含め、北朝サイドの本ではないか、という読みが一般的である。

あるいは、ノーベル生理学・医学賞を受賞したオーストリアの生物学者で医師のコンラート・ローレンツが書いた『ソロモンの指輪』（1949年）や『攻撃』（1963年）などでは、動物は種を保存するために同種殺しはしない、というのがテーゼだった。ところが、リチャード・ドーキンスによる『利己的な遺伝子』（1976年）が出てくると、種の保存なんてものは成り立たず、個別の遺伝子を残そうとするだけだ、という考えが主流になってくる。実際、ライオンは子殺しをするし、チンパンジーも別の親の子を殺すことがあると気づいた。別にチンパンジーやライオンの行動が変わってきたわけではなく、見ている人間の側が変化してきたのである。

そう考えると、さらに100年後にはまた別の説が出てくるかもしれない。こういうことに気づけるのは、やはり古典を読む力があってこそ。前提として共有している理解があっても、それ自体も少しずつずれていくことがある、ということ。これを知っておくことがとても大切だ。

すなわち、古典を読むことは、「今」を俯瞰《ふかん》して考える力をつけることに他ならない。現在、さも真実のように声高にいわれている主張があったとしても、その思想体系を知り、相対化して考えることができる力。そのうえで、自分自身にとっての正しさを追究し続ける知的体力と、一方で他者の正しさも複数並存しているのだということを認識する力。これらこそ「古典」が持つ底力である。

本書で挙げた200作品の古典、すべてを読み込もうとする必要はない。まずは、気になったものを5冊ほど選んで読んでみてほしい。どの5冊を選んでも、それぞれの本と格闘した時間は、これからの時代を生き抜く力になるはずだと確信している。

2020年9月

佐藤　優

目次

第二章 世の中の仕組みを俯瞰する

第三章 政治・経済・社会の本質を知る

第四章 日本という国を見渡す力をつける

第五章　物語を味わいながら世界を感じる

［ブックデザイン］
鈴木俊文（ムシカゴグラフィクス）

［本文 DTP］
キャップス

［編集］
大友麻子

［カバー写真］
Sven Eisenmann/EyeEm
[gettyimages]

［帯写真］
読売新聞／アフロ

第一章

生きること、人間の本質を考える

漫画版は200万部超の大ベストセラー

『君たちはどう生きるか』

吉野源三郎

岩波文庫／1982年

「ものを見るとは？」「偉大な人間とは？」生きることの根源的な問いに立ち向かう

2017年に漫画化されて200万部を超えるベストセラーとなった『君たちはどう生きるか』。著者はジャーナリストの吉野源三郎で、軍国主義が支配的になりつつあった1930年代、少年少女に自由で豊かな文化を伝えたいとの思いから刊行された『日本少国民文庫』の1冊として37年に発表された小説である。

戦後になってからも言葉を現代風にするなどの改訂を加えつつ度々再版されてきたが、80年以上にわたって読み継がれてきた古典作品が、現代の社会でこれほどのブームになるなどきわめて稀なことだ。本書には、80年以上の時を経ても色褪せることのない、現代にも通じるエッセンスが多く含まれているということだろう。

主人公は、父親を3年前に亡くした旧制中学の2年生で15歳になる「コペル君」こと本田潤一である。

コペル君の呼び名は「人間って世の中をつくっている分子なんだ」という彼の発見を、「地動説を唱えたニコラウス・コペルニクスと同じくらいの大発見だ」として叔父さんがつけたものである。

コペル君が友人たちとの学校生活の中で感じたさまざまな悩みや葛藤を、叔父さんに相談するという対話形式で本書はまとめられている。

作中で取り上げられるテーマは「ものの見方について」「真実の経験について」「人間の結びつきについて」「人間であるからには」「偉大な人間とはどんな人か」「人間の悩みと、過ちと、偉大さとについて」といった、若者ならば一度は悩みそうなものばかり。コペル君の話を聞いた叔父さんが、明確な結論を出すというよりも、それぞれの事象に対する考え方をノートに記す形でアドバイスしていくという体裁。最後にはコペル君の決意がまとめられ、作者の言葉による「君たちはどう生きるか」との問いかけで結ばれる。

「著者がコペル君の精神的成長に託して語り伝えようとしたものは何か。それは、人生いかに生くべきかと問うとき、常にその問いが社会科学的認識とは何かという問題と切り離すことなく問われねばならぬ、というメッセージであった」（岩波文庫版に書かれた丸山眞男による著者追悼文）

いかに生きるべきかという世代を超えた普遍的なテーマと正面から格闘した。時代を超えた名著たるゆえんである。

なお漫画版においては原作から省かれたエピソードもあるが大筋での違いはない。

豆知識 同作はもともと『日本少国民文庫』の主幹で小説家の山本有三が執筆予定だったが、眼病により困難となったため吉野が代筆することになった。

日本人の思想哲学における〝通俗本〟の傑作

『人生論ノート』

三木 清

新潮文庫／1978年

「幸福」とはいかなるものなのか 困難の時代にあった哲学者が説いた人生論

間違った読書方法のひとつに「いきなり難しい専門書を読み、理解できないまま時間を浪費してしまう」というものがある。物事には順序があり、読書においてはまずその分野の入門書に当たるべきであろう。

入門書に最適なのが、専門家が一般向けにその知識を広めるべく、平易な言葉で解説するいわゆる「通俗本」だ。ただ、門外漢の人物がよく理解せずに書いたものもあるため、著者が何者かを確認するなどの注意が必要だろう。

さて、日本人の思想哲学における通俗本の傑作といって差し支えないのが三木清の『人生論ノート』である。

京都学派の創始者である西田幾多郎の『善の研

究』に感銘を受けた三木は、京都帝国大学哲学科に学び、ドイツ留学ではマルティン・ハイデッガーに師事。帰国後に法政大学哲学科教授となった（三木自身は母校の京大で教壇に立つことを望んだが、大学院生時代の女性関係が問題視され叶わなかったともいわれる）。

処女作『パスカルに於ける人間の研究』に始まり、マルクス主義研究、遺稿となった『親鸞』まで、その探求の対象は多岐にわたる。

1930年、共産党に資金供与したとして有罪判決を受け、教職に就けなくなってからは文筆やジャーナリズムでの活動となった。

終戦直前の45年6月に「治安維持法の容疑者をかくまった」との嫌疑で逮捕され、同年9月に移送された刑務所で罹患した疥癬《かいせん》の悪化によって三木は獄死することになるが、『人生論ノート』はその死後に出版され、戦後にベストセラーとなった。現在に至るまで「名著」として読み継がれている。

本書は、38年から断続的に掲載していた月刊誌『文學界』の連載をまとめたエッセーであり（一部別の原稿もある）、「死」「幸福」「人間の条件」といった哲学的な話から、「怒」「嫉妬」「噂」などの日常のさまざまな事柄までをテーマとして取り上げたもの。とくに、何をもって「幸福」とするかという三木の「幸福論」は、「成功」＝「幸福」ととらえがちな現代の私たちへの示唆に富む。

三木がこれらを書いていたのは、軍靴の音が日に日に大きくなっていた時代。個人の「幸福」がなおざりにされていく社会にあって、三木は個人の「幸福」がいかに重要であるかを哲学的思考の中で丁寧にひもといたのである。

豆知識 戦時中の軽微な罪で投獄された三木が、戦後、刑務所の劣悪な衛生環境によって獄死したため、GHQが急きょ治安維持法を撤廃したといわれる。

生涯を捧げて完読すべきヨーロッパ哲学の至高

『精神現象学』

ゲオルク・ヴィルヘルム・フリードリヒ・ヘーゲル

熊野純彦訳／ちくま学芸文庫／2018年

「意識」とは何か、「精神」とは何か
「絶対知」へ達する人間の認識力を科学的に解明

1770年生まれのゲオルク・ヴィルヘルム・フリードリヒ・ヘーゲルは、ドイツ観念論を代表する哲学者であり、その名は高校の世界史や倫理社会の教科書にも登場する。

しかし著作の内容は難解の極致ともされ、ことに1807年、ヘーゲル37歳の年に書かれ、ヨーロッパ哲学の古典中の古典ともされる『精神現象学』は文庫サイズで上下巻になる大冊であり、読了するのは容易ではない。

この本の主人公は人間の「意識」だ。「意識」がどのように成長し、より高次な存在へ昇華していくか、ヘーゲルは感覚から知覚、法則理解、やがて精神、宗教、そして絶対知へと進化していく終わりのない過程を、さまざまな例を交えながら弁証法的に解いていく。

弁証法は相対するAなる事象とBなる事象の統一によって高次な事象へ昇華する運動法則であり、西欧哲学の根本にあるものだ。ヘーゲルは認識の問題について次のように説いている。

「意識にそくして発生しているのが、知られているものと知られていないものとの対立である」「自己意識に対しては、それが意識であるかぎり、対象的な現実そのものが実在である」「自己意識は、自己とこの〔対象的な現実として〕対置されたものとの統一である」

そして意識は、こうした統一の連続によってみずから成長していくとヘーゲルは説く。

「意識は自身について経験を積んでゆく。意識の経験がみずからのうちにふくむものは、その概念からして、意識の全体系以下のものではありえない。この全体系とはすなわち精神がふくむ真理の全領域のことである」

このように観念的な論理が高次な数学のように積み重ねられ、最終段階の「絶対知」への到達を論じて本書は閉じられる。

「絶対知とは自身を精神という形態において知る精神であって、それはいいかえるなら概念的に把握する知にほかならない」

ヘーゲルが弁証法を展開して到達した（はずの）「真理」への終わりなき探求のハードルは高い。まずは一般向けに要約した解説書に目を通すのが入りやすいだろう。オススメは講談社学術文庫の『ヘーゲル』（著：城塚登）。弁証法の基本概念を理解するための入門書として最適だ。

そのうえで、本書を生涯の座右の書として読み進めながら理解を深めていくのが醍醐味であろう。

豆知識 佐藤優氏は「ヘーゲル哲学の魅力が本書に凝縮されている」と言及しているが読了は容易ではない。佐藤氏もノートを作りながら3回読み直したと『獄中記』に書いている。

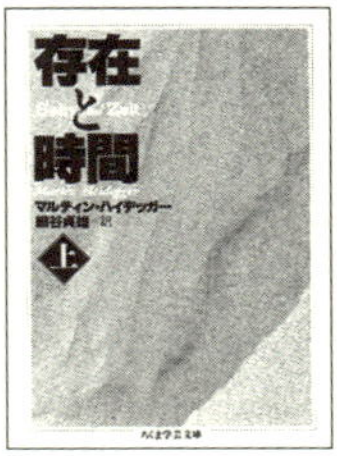

「森の哲学者」はこの世界に何を見たのか

『存在と時間』

マルティン・ハイデッガー

細谷貞雄訳／ちくま学芸文庫／1994年

「世界はなぜあるのか?」〝退廃したくない偏屈な男〟が書いた時間論

哲学をわかりやすく解説することで定評があった池田晶子が、かつて次のような意味のことを書いていた。いわく、「AはBである」と考えるのはウソである、とニーチェが言ったのに対して、ハイデッガーは、「AはBである」と考える前に、「Aが『存る』」とはどういうことかを考えよと言った。本当はこの文章は、「AはBである」と言いながら別のことを考えることはできないか、と言ったのはウィトゲンシュタインだ、と続くのだが、そのことは置いておく

一体哲学者とは何者か。哲学者ハイデッガーとは一体どんな仕事をしてきた人なのであろうか。

「『ある』という言葉でわれわれが何を思い描いているのか、という問いの答えを、今日われわれ

は持っているであろうか」

この『存在と時間』巻頭の一文は、実はハイデッガー自身の言葉でなく、プラトンの言葉（正確には対話篇のセリフ）である。「なぜ何もないのではなく、何かがあるのか」。古代ギリシャですでに問われていながら、今日では答えられるどころか忘れられてしまった、この「とんでもない」大問題にハイデッガーは答えようとした。いや、正面から答えるために、まず問いそのものを明確に問い直そうとした。

ハイデッガーは言う。世界の在り方を根本から反省するならば、人間は例外なく死を宿命づけられ、その意味で有限の時間を生きているという事実を、直視せざるをえない。「だから」過去・現在・未来の三者は実は等価ではなく、「現在から過去と未来に向かって開くこと」こそが「時間の本質だとわれわれは考えるべきである」……。まるでおとぎ話である。しかしここは、「ナチス支持者」といった色眼鏡をはずして、彼が本当に言いたかったことは何なのかを読み取る努力が必要だろう。

死を宿命づけられた人間が、単にそのことを忘れているだけならば、退廃した生き方をすることになってしまう。ならば「一旦括弧に入れつつも」、現実の社会（歴史）に要求された役割を、「自分が選び取ったものと思い直して」演じることが肝要である、という。

やはりナチスに加担した彼の過去を思い出すだろうか。だが「茶碗の価値は茶をたてることで明らかになる」といった、禅僧が言いそうなセリフに通じるところがあるのも確かなのである。訳文によって解釈が異なるのも本書の特徴だ。いくつかの訳を読み比べるといいだろう。

豆知識 ハイデッガーはしばしば、ドイツに特徴的な「黒い森（シュヴァルツヴァルト）」の哲学者とよばれるが、学生時代には緑の服を好みあだ名は「緑」だった。

権力をうち破る大衆運動の「原像」を知る

『唯物史観の原像』

廣松　渉

三一新書／1971年

ポスト全共闘世代に愛読された階級闘争と革命の理論的支柱となった1冊

1933年生まれの廣松渉は、戦後の日本におけるマルクス主義の理論的支柱のひとりであり、高校時代から全学連の活動に関わり、日本の学生運動に強い影響を与えたオルガナイザーであった。廣松論文の多くはマルクス主義が革命へ進展していく理論と哲学を分析した内容で、階級闘争の必然性のバックボーンとして学生運動に関わる多くが読み、廣松の特異な語彙・文体は学生運動でオルグや煽動スピーチに引用された。

専門的で難解な論文の多かった廣松の書籍の中、本書『唯物史観の原像』は新書で発刊され、とくに平易な文体で書かれており、ロングセラーとなって読み継がれた。71年の発刊から88年までに14刷を重ね、いわばポスト全共闘時代の〝革命バイブル〟として機能してきたのである。

廣松は同書の中でスターリンによって主張された「ロシア・マルクス主義」とサルトルの解釈を核とした「西欧マルクス主義」を否定、「唯物史観」は「ドイツ・イデオロギー」へと回帰すべきと主張した。

「唯物史観は、まさに社会的形象の物象化とそのメカニズムを対自化したことにおいて、社会の存立構造と敵視の法則性を学的にとらえかえす地平を拓いたのであり」「真の綜合的社会学としての性格を持つべきものであって、単なる〝哲学的な〟史観ではないということを、われわれは併せて銘記しなければなるまい」

こうした廣松の主張はやがて彼自身の手で新訳され、旧著とまるで様相の違う『手稿復元・新編輯版 ドイツ・イデオロギー』（74年・河出書房新社）へと結実するが、一方で当時の廣松は階級闘争と革命の必然を説き続けた。

「雛が孵るためには固い殻を突き破らねばならない。マルクスが『資本論』のいわば〝結論〟として立論しているのは、この殻を破るべく胎動する勢力が必然的に内部に形成されるということ、資本主義のもとで経済的運動法則とその内的構造からして、固い殻を破る条件が論理的必然的に時熟していくということ、このことなのであって、決して殻がひとりでに破れるということなのではない」

80年代以降、94年に他界するまで、廣松渉は独自の「物象化論」と「事的世界観」を追究し続けた。

晩年の廣松の理論は仏教的伝統に立っていたとする評は的を得ている。

豆知識 初版本の三一新書（三一書房）は当初左翼系書籍をラインナップ。70年代以降はなんでもあり路線になり立川談志『現代落語論』なども出版した。

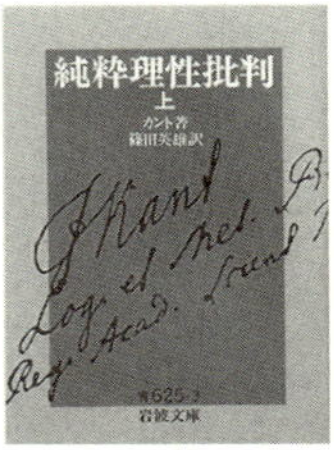

今につながる世界観を築き上げた歴史的1冊

『純粋理性批判』

イマヌエル・カント

篠田英雄訳／岩波文庫／1961年

思考のフィールドを明確に規定　矛盾する二律背反に耐える力を学ぶ

　史上最も著名な哲学者のひとりであるイマヌエル・カントは、1781年に出版した『純粋理性批判』において、人間が世界をどのように認識できるかを規定した。その方法は従前までの思想対立を批判的に総合するものであり、またのちの哲学、ならびに政治・文化にまで及ぶ世界観を作りあげたという点で、非常に大きな意義を持っていた。それゆえにしばしば、「カント以前」「カント以後」という言葉が使われるのである。

　宗教改革の混乱の時代を経て、欧州では2つの認識論が発展した。ひとつが、フランスのデカルトを祖とする大陸合理論である。従来までのあらゆる学問を徹底的に疑ったうえで、疑いようのない原理を見出し、そこを出発点として思考を重ねれば正しく世界を認識できるというものである。

これに待ったをかけたのが、科学技術の発展をベースにイギリスで興った経験論である。理性への過度の信頼を基に、人間が経験もしていない原理を仮定してもそれすら疑わしい。むしろ事実や経験を積み重ねて共通事項を見出していく方が科学的である、とする立場である。

ドイツ（当時のプロイセン）のカントは、イギリスの経験論的な考え方を引き継ぎながらも、人間の理性が認識しうる限界をごく精密に分析しようとした。そのうえで、本書で規定したような、人間の理性によって認識しうる世界（現象界）のみを学問的認識の対象とすべきであるとした。思考のフィールドを明確に規定した点で、後世へのカントの影響は絶大だったのである。

では今日、カント的世界観を本書から学ぶことに意義はあるのだろうか。

カントの思考は前提として、ニュートン力学のパラダイムに立っている。すなわち、時間と空間を、人間のアプリオリ（先天的）な判断形式としている。その前提が20世紀、アインシュタインの宇宙論によって覆されてしまった。それゆえに、現実世界には通用しない論とする見立てもあり、正鵠《せいこく》を射ているともいえる。

だが、宇宙論はさておき、現実の国際政治、たとえば国連のメカニズムなどは、今なおニュートン力学的な勢力均衡メカニズム、カント的世界観に立脚していることは明らかだ。カントの哲学は、合理論と経験論を見事に昇華したように、互いに矛盾し対立するアンチノミー（二律背反）に耐える力に満ちている。そうした差異に耐える力を、カントから学び直す意味は今も大きいだろう。

豆知識 カントはきわめて几帳面な性格であった。毎日決まった時間に散歩するので、町の人々は彼を見て正確な時刻を知ることができた。その精巧さは、彼の哲学にも反映されている。

リアリティに富む助言が現代にも活きる

『君主論 新版』

ニッコロ・マキアヴェリ

池田廉訳／中公文庫／2018年

冷酷で厳しい現実を直視し 人の上に立つ者のありようを考える

ニッコロ・マキアヴェリは、ルネサンス期を代表する政治思想家であり、イタリア・フィレンツェにおいて外交・内政・軍事に従事した官僚政治家でもある。当時のフィレンツェは富豪メディチ家のもと隆盛を誇った都市共和国であったが、イタリア全体は分裂状態にあり、そこにフランスが侵攻してくるなど混乱を極めていた。外交官として数々の折衝にあたったマキアヴェリは、多くの統治者との対峙の中でリアルな政治観を築き上げていった。

しかしフィレンツェの政変により、マキアヴェリは政治の表舞台から追放されてしまう。その時に書き上げたのが本書である。君主、すなわち人の上に立つ者のありようを、歴史と自らの実体験の分析を通じて論じている。

この書には、マキアヴェリが「こうであればいいな」と思う理想が描かれている部分もある。また、「目的のためには手段を選ばない」という権謀術数主義（いわゆるマキアヴェリズム）の書としてとらえられ、非難されることもあった。しかしながら、現実に即した本書のアドバイスは非常に具体的であり、今なお一定の説得力を持つ。

たとえば、へつらう者、おもねる者をいかに避けるのか、というアドバイスだ。

「人間は、自分のこととなると、じつに身びいきなものであって、この点をつかれると、人にだまされやすい(中略)。お追従者から身を守る手段は、真実を告げられてもけっして怒らないと人々に知ってもらうしかない。ところが、そこで、誰もがあなたに真実を話して構わないとなると、あなたへの尊敬の念が消えてしまう」

おべっかではなく耳に痛い助言も聞き入れる度量が必要だが、なんでもかんでも「うんうん」と聞いているようでは尊敬されないというのだ。

「こう考えると、思慮の深い君主のとるべき態度は、第三の道でなければならない。すなわち、君主は、国内から幾人かの賢人を選びだして、彼らにだけあなたに自由に真実を話すことを許す。しかも君主の下問の事がらにかぎって、ほかの論議を認めないことにする。君主は諸般の事項について、彼らに訊ね、その意見を聴き、そののち、自分が独りで思いどおりに決断をくださなくてはいけない」

そのうえで決断は貫け、と説く。厳しくも示唆に富んだ数々の助言は、人の上に立つ立場についたとき、ヒントになるだろう。

豆知識 『君主論』は一般大衆に向けて書かれた書ではない。元の主人であるメディチ家当主に謹呈するための論文だった。復職を願う、マキアヴェリの「自己PR」だったとの見方もできる。

ヘーゲルとの絶交中に著した「精神現象学」への返答

『人間的自由の本質』

フリードリヒ・シェリング

西谷啓治訳／岩波文庫／1951年

「悪」の存在理由とは何か？ 精神の根源「無底」から導かれる自由の本質

フリードリヒ・シェリングが円熟期といわれる1809年に著したのが『人間的自由の本質』である。シェリングは友人に「この論文は私の書いたうち、最も重要なものに属する」と自ら代表作のひとつであることを誇らしく伝えている。

だがヘーゲルの親友でもあったシェリングは07年、『精神現象学』の完成を目前に突きつけられ、その序文で名指しで「形式主義」「非科学的」と批判される屈辱を受ける。シェリングはその後ヘーゲルと絶交するが、本書はヘーゲルの『精神現象学』に対する返答といえるのかもしれない。

シェリングは「自由」とは人間の意志の現れのみではなく、そこに善と悪に対する意識の力があると考え、悪の発生やその存在理由を推論した。

「人間において我性と我意との闇《くら》い原理が全く光によって貫かれてこれと一つであれば、神は永遠なる愛として、或いは現実に実存するものとして、人間の内なる紐帯である。しかし両原理が不和のうちにあれば、神のあるべき位置に他の精神が乗り移る」

「悪が両原理の不和に成立するとすれば、善はその完全な和合においてのみ成立し得る。そして両者を結合する紐帯は神的なものでなければならぬ」

ここからシェリングは神の自由における自己顕示としての「悪」の存在を仮定し、「神はもしその気さえあったらこの世界をより更によい世界を創造し得たであろう」と論じる。そして彼の「全研究の最高点」として二元論＝すべての根底以前の存在者である「無底」という概念にたどり着く。

「すべては精神に服従させられる。精神のうちでは、実存するものは実存への根底と一つである。（略）それは両者の絶対的同一性である。しかし精神の上には元初的なる無底がある」

「無底が二つの同様に永遠なる元初に分かれるのは（略）そのうちで同時的に存在することも一であることもできなかったかの二者が、愛によって一とならんがためである」

このように「無底」から発生する未分化の両義的存在が「宗教心」によって統一へ向かうことが自由の本質であるとシェリングは結論した。

「人間のみが神のうちにあり、まさにこの神―内―存在によって自由であり得る」

文庫本にして200ページにも満たない簡潔な論文に『精神現象学』に匹敵する考察を収めたシェリングは間違いなく天才肌の哲学者だった。

豆知識 シェリングはヘーゲルより5歳年下だが23歳でイエナ大学の講師になり、3年後、友人ヘーゲルの採用を推挙した。しかし、そのヘーゲルに批判されたのだ。

「他人は地獄」とうそぶくスター哲学者

『存在と無　現象学的存在論の試み』

ジャン＝ポール・サルトル

松浪信三郎訳／ちくま学芸文庫／2007年

地獄とは他人のこと――絶望せず「参加」することの意味を見出す

1960年代、思想界のスターであったサルトルが文学者でもあったことは、少し前であれば常識であったが、今や、彼が戯曲をつくっていたことを知らない人も少なくないかもしれない。

しかし、彼の戯曲の代表作の1つである『出口なし』などは、今も繰り返し若手の演出家の手で、現代の俳優たちによって演じられているので、この作品を通して哲学者であるサルトルの文学者、小説家としての顔を知ったという人もいるようである。

実際、この戯曲は以前から劇作家としてのサルトルの代表作と目されていた。作中の「死後の世界」が舞台上では、アンティーク家具が置かれた平凡な部屋で表現されるというのが意味深長である。ここで長々と『出口なし』について書くわけにはいかないが、この「死後の世界」は地獄であって、「罪が裁かれる場」であることだけは、押さえておかなければならない。

「部屋」に通された3人の男女はそれぞれ重罪を犯しているが、互いが互いの尋問者にもなりうるという環境の中で、自分は倫理的に惰弱ではなかったということを、相手に認めさせようと必死になるのだ。卑怯者と決めつけられた男が、「地獄とは他人のことだ」と叫ぶ……というところでようやく、「意識の自由の存在論的証明」を狙う大作、『存在と無』へとつながる。自分が自由なら他人も自由、そうであるならば「自由」とはそのまま「不自由」のことではないのか、という問いが立つのだ。

個人の意識のなかでモノは、「意識によって意味づけられるもの」として現れ、また意識それ自体は、「いかなるモノでもないもの」として「否定的に」現れる。しかし「自分にとっては」それでいいとしても、そこに他人が出現したら一体何が起きるのか。他人の意識の中では自分もまた「意味づけられるモノ」のひとつでしかないとしたら、「本当にそうである」自分は「そうでありたい自分」と異なってしまうしかないではないか。

まさに「地獄とは他人のこと」……いや「他人の『まなざし』が疎外を生む」と、サルトルがいうゆえんである。この不自由を「自分が選んだもののととらえ返し」、現実の社会に関与していくことを彼は「アンガジュマン（参加）」と呼んだ。ハイデッガーの話に似てきたが、「その目的は他人を自由にすることだ」というあたりが「左翼」サルトルらしいともいえる。

豆知識 サルトルとレヴィ・ストロースの論争は有名だが、「主体間の関係が重要」とする後者の主張は、ある意味、前者とあまり違わないともいえる。

「哲学」は、ここに完成した!?

『論理哲学論考』

ルートヴィヒ・ウィトゲンシュタイン

野矢茂樹訳／岩波文庫／2003年

語りえることの限界はどこにあるのか 人の「知の営み」の最深部を探る

現代の優れた知性の持ち主は、1人の例外もなく彼の影響下にある。そう言っても過言ではないだろう。1889年にオーストリアで生まれた思想家、ルートヴィヒ・ウィトゲンシュタインのことである。

彼は初期の著作である本書『論理哲学論考』（頻繁に『論考』と略される）において、「哲学の全ての問題を語りつくした」という自信をのぞかせていた。のちに撤回し、新たな分析を試みるのではあるが、『論考』で展開された論題形式の分析は多くの人々を今なお惹きつけている。たとえば、視点が変わればものの見方も変わることを説明した「ウサギにもアヒルにも見える絵」などは非常に有名だ。

『論考』の真髄は、最も有名な以下のフレーズに凝縮されており、多くの読者が大いに共感を覚えるところであろう。

「語りえぬものについては、ひとは沈黙に任せるほかない」

その意味を正確に把握するうえでは、訳者である野矢茂樹による解説が有益だろう。要約すると「私にはどれだけのことを考えられるのか」が本書の基本命題であり、思考の限界を見とおすことをウィトゲンシュタインは目指した。しかし思考の限界をあれこれ思考すること自体にも限界があるため、彼は代わりに「言語で考えられることの限界」を明らかにしようとする。ゆえに、「私にはどれだけのことを語りえるのか」を分析し、整理したのである。逆にいえば、語りえないことは思考不可能な問題として、我々は沈黙のうちに受け入れるしかない、というわけである。

言語の限界を分析することで、人が考えうることの限界を見通した『論考』を脱稿したのが、ウィトゲンシュタイン29歳の時（1918年）のことである。この歳にして、ある意味で哲学を「卒業」した彼は、小学校教師や建築家の職を転々とする波乱の人生を送る。ようやく『論考』が人々の注目を集め始めた頃、彼は一転して自らが完成させたその哲学を転換し、コミュニケーションや言語ゲームに着目した新たな思考を模索し始める。その集大成として彼の死後に出版された『哲学探究』も、『論考』とはまた一味違う思考法の名著として読み継がれている。

「語りえること」と「語りえぬこと」は、時代の変遷とともに変化したのだろうか。ぜひ「完成した哲学」を批判的な視点で読み解いてみてほしい。

豆知識 ケンブリッジ大学で彼の才能を見出したのは、バートランド・ラッセルである。相当変わり者の教え子として見ていた一方、『論考』出版はラッセルの尽力の賜物でもあった。

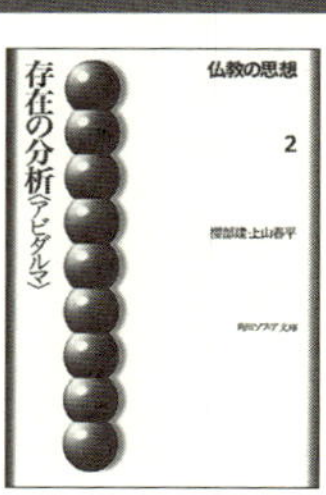

仏教における「真理」とは何か

『存在の分析〈アビダルマ〉』

櫻部 健／上山春平

角川ソフィア文庫／1996年

論理を拒否した仏教のスコラ哲学にも劣らぬ理論

　まず、仏教は宗教なのか、それとも哲学か、あるいはそのいずれとも違う何かなのか、というところから考えてみたい。仮にイスラム教やキリスト教を宗教の典型とするならば、仏教にはそれらとは随分違ったところがある。では哲学かというと、西洋哲学はもとより、「東洋の哲学」とされる儒教などとも、（共通点もあるが）おもむきがかなり異なる。哲学との比較は一旦おいて、仏教が「宗教らしくない」ように見える理由のひとつには、聖書やコーランのような「根本経典」がない、というよりむしろ、経典のたぐいがあまりに多すぎてつかみどころがないことがある。

　仏教の開祖釈迦（ゴータマ・シッダールタ）は元・王子であったが、最初についた師匠の「空間の無限性に関する瞑想」にも、また苦行にも満足できず、さらに修行を進めたというから、彼もやはり、「究極の真理」を求めた求道者のひとりであったといえる。釈迦は弟子たちに修行法を説いたが、本当の「智慧」は概念による理解ではなく、修行体験によってしか得られないと述べた。論理を否定するそうした傾向が危険なものであることは自身も承知していたが、人間の思考そのものが欲望にからめとられがちである以上、その傾向は必然でもあった。「苦」を生む「我」は「無」であることを認識すべし。そう説く仏教はまさに、一神教とは正反対の「哲学」であったといえる。

釈迦入滅後も1000年以上にわたり、インドの仏教教団は、(「修行」のみならず)「自分と世界」に関する論理的探究を続けた。アビダルマとは「真理(ダルマ)に関する研究」、すなわち釈迦が説いた教えにつけた注釈や、さらにそこから発展させて修行者らが書いた独自の理論書などのこと、つまりは仏教の思想体系である。本書は、そのアビダルマをわかりやすくひもといたもので、仏教の宇宙観、存在論を理解するのに最適の1冊。

学僧・世親《せしん》(ヴァスバンドゥ)が4〜5世紀ごろに書いた『阿毘達磨倶舎論《あびだつまくしゃろん》(アビダルマ・コーシャ・バーシャ)』は、アビダルマの代表として日本でも昔から尊重されてきた。

仏教教団随一の理論家となった世親はやがて、「衆生(修行者以外の『生きとし生けるもの』)の救済」を強調する大乗仏教運動に加わり、「世界はすべて心の働きの現れ」とする「唯識《ゆいしき》」論などを大成した。自分とそれ以外を分別しないことを重視する「唯識の心理学」が、近年、カウンセリングなどで改めて注目されている。

豆知識 「三蔵法師」とは元来、「経(釈迦の教え)・律(戒律)・論(アビダルマ)の三蔵(三分野)に精通した僧侶」という意味であった。

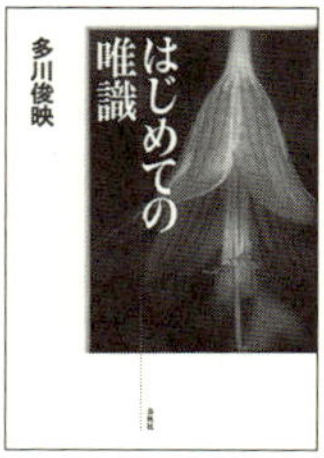

あらゆるものは、ただ認識によって存在する

『はじめての唯識』

多川俊映

春秋社／2001年

世界のあらゆるものは「ある」のではなく そうとらえる「心の動き」が現れたもの

4〜5世紀頃にかけてインドで生まれた「唯《ゆい》識《しき》」という仏教思想。ガンダーラ（今のパキスタン）の司祭階級、バラモンの家に生まれた無著《むじゃく》（アサンガ）、世親《せしん》（ヴァスバンドゥ）という学僧の兄弟によってまとめられたもので、大乗仏教の根幹を成す思想体系。宗教の中でも数少ない無神論である仏教思想を知るには、この唯識を理解することが重要だ。

唯識は、「一切は空である」という中観派の仏教思想を受け継ぎつつ、「一切は空である」と「認識する心」は存在しているのだ、と主張する。

あらゆる事柄を心の要素へと還元する唯識の思想では、視覚や嗅覚、聴覚といった五感に、自覚的な「意識」を加えた6つの表面的な認識作用、そして、潜在的な自己愛を意味する「末那識《まなしき》」と深層にある個人の根本の認識作用「阿頼耶識《あらやしき》」を加え、その「八識」で私たちの心を重層的にとらえようとする。

何かが「ある」のではなく、世界のあらゆるものは、そうとらえる「心の働き」が現れたものであるという唯識の思想。この、非常に理屈っぽく哲学的な唯識を、一般の読者に向けてわかりやすくひもといたのが本書である。

著者は奈良の興福寺寺務老院（前・貫主）であり、優れた仏教学者でもある多川俊映《たがわしゅんえい》。唯識を通して、煩悩から悟りへと至る深層心理的な過程を解明している。

本来は仏教者に向けて悟りの道筋を示すための唯識だが、悟りへと至る過程は、今の混沌とした世界を生きていく指針としても有益だ。

同じひとつの現象であっても、受け取る側によってさまざまなズレが生じる。個々人によって認識が異なるからである。そこでは、表面で意識している認識だけではなく、深層にある意識の働き、阿頼耶識の存在が重要になってくる。阿頼耶識、つまり無意識なものも含んだ自らの「記憶」の中にこそ、その人をその人として存在させる根本があるのだ、という唯識の世界を理解することは、異なる価値観を持つ他者とともに生きていくうえで、よい羅針盤となるはずだ。

憎らしい相手がいたとしても、相手が憎い存在なのではなく、憎いと思っている自分の心の作用だけが存在するのである。そう考えるだけで、ずいぶん心持ちも違ってくるのではないだろうか。

阿頼耶識の考え方は、ユングの深層心理分析にも通じるものがある。

豆知識 奈良の興福寺は、藤原北家の手厚い保護のもと、平安時代には七大寺のひとつに。古都奈良の文化財としてユネスコ世界遺産に登録されている。

ユダヤ教の本質を現代的視点で語った良書

『ユダヤ教入門』

ニコラス・デ・ラーンジュ

柄谷凜訳/岩波書店/2002年

ユダヤ教を信じる人がユダヤ人なのか――歴史や伝統をひもときながらユダヤ教の本質に迫る

ユダヤ人の定義とは。ユダヤ教とは何か。ユダヤ教を信じる人がユダヤ人なのか。経典『タルムード』とはどのような内容なのか。

ナチスに代表されるユダヤ人迫害の歴史、宗教上の戒律についてなど、多くの日本人にとって、その理解は曖昧なままではないだろうか。

本書の著者、ニコラス・デ・ラーンジュは改革派ユダヤ教のラビ（宗教的指導者）であり、イギリスのケンブリッジ大学神学・宗教学科の教授でもある。幅広い潮流にわたるユダヤ教を解説する入門書として本書をまとめた。

本書では、ユダヤ教の伝統的なカバラ思想についても非常にわかりやすく説明している。つまり、神がこの世界を外部から創り出しているという従来の発想ではなく、神が収縮して自らの場所を明け渡し、それによって発生した空間にこの世界が創造されたとする思想だ。この考えはキリスト教神学にも大いに影響を与えた。

およそ4000年前、族長アブラハムと、その子どものイサク、孫のヤコブによって始まったとされるユダヤ民族の歴史。いわゆる『旧約聖書』に書かれた物語であるが、『旧約聖書』というのはキリスト教の呼び名であり、ユダヤ教では『タナハ』と呼ばれる聖典だ。

その後、エジプトで奴隷として扱われていたユダヤ人たちが、モーゼに率いられてエジプトを脱出、約束の地を目指した。その後も長い離散の歴史をたどってきたわけだが、では、いま現在、ユダヤ人はどこにいるのか。約束の地として彼らが主張するイスラエルに住む人々がユダヤ人なのか。

歴史的試練を幾度も乗り越えながら、ユダヤ人たちは多様化して世界に広がりつつ、一定のまとまりを保ってきた。世界に広がるユダヤ人の状況や、波乱に満ちた歴史、『タルムード』だけではない聖書や祈禱書を含んだユダヤ教の聖典について、さらにはモダニストによる改革、ユダヤ人の家族やコミュニティの関係性、礼拝のサイクル、ユダヤ教神学の文献に至るまで、さまざまな角度からユダヤにアプローチし、本質をひもといていく。

一般的に、ユダヤ人とユダヤ教徒は同一的に語られることが多いが、ラーンジュはユダヤ人世界の多様性を描き出す。

最終章では、人口統計学上の流れから政治的側面や社会的側面、神学的発展といったいくつかの手がかりをもとに未来への予見を試みる。ユダヤについての大局的な理解を促す最良の入門書だ。

豆知識 ケンブリッジ大学で教壇に立つラーンジュは、大のワイン好きで、ソムリエの資格も持っているという。

「宗教が生んだ道徳的行為はそれほど重要ではない――」

『宗教について　宗教を侮蔑する教養人のための講和』

フリードリヒ・シュライアマハー
深井智朗訳／春秋社／2013年

近代プロテスタンティズムの原点となった教会神学を否定する強烈な人間宗教論

1768年生まれのフリードリヒ・シュライアマハー（シュライエルマッハー、シュライエルマッヘルとも表記される）は、大著『宗教について』（2013年刊新訳・春秋社版。筑摩叢書、岩波文庫の旧訳題は『宗教論』）で知られるドイツの神学者である。近代プロテスタント神学に多大な影響を残しただけでなく、ベルリン大学の創設や政治活動にも関わり、英語の宗教書をドイツ語に翻訳もする当時のマルチタレントであった。

彼が19世紀のドイツ思想界に与えた影響は、カントやヘーゲルにも匹敵するのだが、日本における評価はさほど高くないのが不思議である。

既存の教会の形骸化を批判し、宗教改革の本質を取り戻そうとするプロテスタント復興運動である敬虔《けいけん》主義の父に教育されたシュライアマハーは、同時に、信仰の根本を人間の理性に見るドイツ啓蒙主義にも強い影響を受けた。それらの合一と克服を主張したのが1799年に出版した『宗教について』だった。

同書は当初、匿名で秘密出版され、キリスト教の神概念と一致しない主張であると激しく叩かれた。本書における以下のような激しい批判を読めば、それは当然のことだろう。

「宗教が阻止しているような不正行為、あるいは宗教が生み出したといわれている道徳的行為を私はそれほど重要なものだとは思っていないのです。もしそれこそが人々に宗教への崇敬の念を抱かせるただひとつのものであったとしても、私はそんなものにはまったく関わりたくない」

ではシュライアマハーの主張は何であったか。

それは宗教とは人間の心の中から必然的に、自発的に湧きあがる優れた感情とする理論であった。

「宗教は、敬虔な感情が把握できるものもできないものも、さらにはその人の固有の思想の体系の中で彼の固有の行動の中で取り扱いが一致できるものもそうでないものも、すべて聖なる価値あるものとするのです」

シュライアマハーは政治権力の代行機関と化した教会支配から人間を解放し、市民社会の時代における宗教の本質を説いた。市民の欲望が堕落を引き起こしても、なお宗教は有効なのだと。

宗教の本質は直観と感情である、と定義したシュライアマハーによって、それ以降のプロテスタントでは、「神のいる場所」が、形而上的な「天」から人間の「心の中」へと転換されたのである。彼が近代思想に与えた影響は大きい。

豆知識 『宗教について』のサブテキストとして訳者の深井智朗氏と佐藤優氏による対話講義『近代神学の誕生』(春秋社)が出版されている。

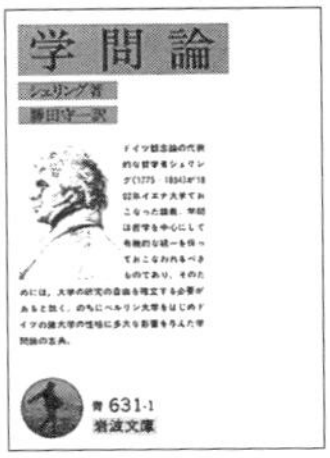

大学の「学問」はいかになされるべきか、その根本を思索する

『学問論』

フリードリヒ・シェリング

勝田守一訳／岩波文庫／1957年

専門的学問を有機的に統一できたときに現れる「絶対知」の境地を語った歴史的講義の全貌

１７７５年生まれのフリードリヒ・シェリングはドイツ観念論を代表する哲学者のひとりであり、若き時代は先行する観念論学者で反ユダヤ主義の先鋒でもあったフィヒテに多くを学んだ。人間の精神が希求する自由を国家との統一に求めたフィヒテに対し、シェリングは「有機体」すなわち自然と精神が統一された絶対的思惟こそが最高形態であると論じ、１８００年に大著『超越論的観念論の体系』を発表、自我と客観の対立において自由は制限されると主張してフィヒテと決別する。

シェリングは１７９８年にドイツ・イェナ大学の院外教授として迎えられており、本書『学問論』は１８０２年に同大学で行われた講義をまとめたものである。

シェリングは、自然は精神に先験的に存在し、自然が人間の意識に達して自己運動を完了すると考え、そのためには自我が自然をいかに認識し、主観的叡知として到達するかが学問の問題であるとした。それゆえに個別の専門教育の前に、「学問」とは何かという大きな括りの理解が必要と考えたのである。

「個々の専門のための特殊な教養の前に学問の有機的全体の認識が先立たなくてはならぬ。一定の学問に身を捧げるものは、その学問がこういう全体の中で占める地位とこの学問の生きた魂である特殊な精神とを」「彼が奴隷としてではなく、自由人として、全体の精神において考えるために」「その弁《わきま》え方を熟知しなくてはならぬ」

こうして開始された講義では、総論的な3講に続いて数学、哲学、神学、歴史学、自然学、物理学、医学、芸術学に関するシェリングの考え方と学び方が具体的に語られた。

シェリングの時代において大学は官僚養成の教育機関であるという役割が大きく、本書の中でも国家や民族をどう認識するかが重要な意義として語られている。だからこそシェリングは大学教育に高い理想を示し、学問への怠惰な姿勢を厳しく戒めた。

「己の特殊な学問から絶対知へ達するまで完全な教養を仕遂げ得たものは、おのずから明晰と思慮の国へ高められているのだ。人間にとってもっとも危険なのは曖昧な理解の支配である」「人間が絶対的意識にまで透徹し、全く光明のうちに生きるなら、一切を獲たのである」

物事の本質を把握するための総合的な教養、それこそが学問の本質である。

豆知識 戦前にも日本語訳があり、題は『学術研究の方法論』(訳・八倉万寿治)。版元の理想社は戦前から続く老舗の人文系出版社で現在も雑誌『理想』を年に2冊のペースで発刊している。

ヨーロッパの近代を理解するための必読書

『エチカ　倫理学』

バールーフ・デ・スピノザ

畠中尚志訳／岩波文庫／1951年

時代の常識を覆した先駆的な哲学書 人間の自由と幸福の本質をひもとく

バールーフ・デ・スピノザは、デカルトやライプニッツに並ぶ17世紀の合理主義哲学者であり、その後のドイツ観念論や唯物論的世界観などに多大な影響を与えた。小説『若きウェルテルの悩み』や詩劇『ファウスト』などで知られるゲーテも「師」と仰いだ。

スピノザは、オランダ・アムステルダムで貿易商を営むユダヤ人の家庭に生まれた。ユダヤ教徒として育てられたスピノザは、幼少期から学問に対する才能を開花させ、宗教的指導者（ラビ）になるための教育を受けたものの高等教育は受けず、自宅にて独自の思索に耽る。

のちにスピノザは、原理的なユダヤ教徒から憎まれるようになり、アムステルダムのユダヤ共同体から追放されてしまう。「汎神論」と呼ばれる彼の思想のためであった。

「汎神論」とは、神を宇宙のような存在ととらえ、すべての中に神があるという考え方である。神を自然と同一視した「神即自然」という思想は、当時のユダヤ教徒たちには到底受け入れられるものではなかった。憎しみは激しく、スピノザ殺害が企てられるほどだったという。

しかし、スピノザの「汎神論」はのちにカントやゲーテらに影響を与え、彼の哲学は「汎神論論争」として、18世紀後半のドイツで一大論争を巻き起こすこととなる。この論争は、感受性や主観といった現代につながる考え方のひとつであるロマン主義を花開かせ、ドイツロマン主義成立の一助にもなるのである。

スピノザが晩年に出した本書は、彼の思想哲学の集大成ともいうべき1冊である。タイトルから倫理学についての書物だと勘違いされやすいが、そうではない。精神と認識の起源、人間の行動と感情、自由と幸福について、総合的にまとめたものである。自然と神は一体であるという「汎神論」に基づいて、「意志」や「善悪」「人間観」などについてひたすら思考を深めていく。それらは、当時の常識を大きく覆す革新的なものだった。

今でこそ、ヨーロッパ近代思想を理解するための必読書といわれる本書だが、当時は革新さゆえに、ほとんど評価されることはなかった。

新自由主義が蔓延する現代。マニュアル化されたルーティンの中、自由という名の下で不自由さをまとっている私たちに、スピノザは「生きること」の根源的な問いに立ち返ること、能動的に考える大切さを教えてくれるのだ。

豆知識 倫理学の本ではないと述べたが、「エチカ」は日本語に訳すと「倫理学」となる。

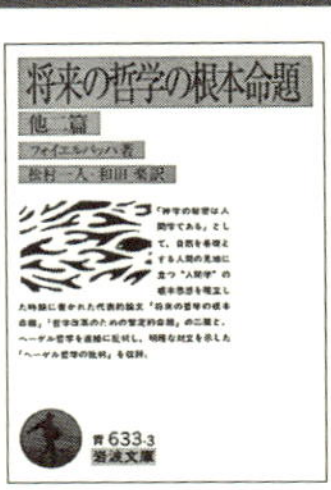

マルクスの思想につながるキリスト教への批判と否定

『将来の哲学の根本命題 他二篇』

ルートヴィヒ・アンドレアス・フォイエルバッハ

松村一人、和田楽訳／岩波文庫／1967年

憧れたヘーゲルをも批判する進歩的人間哲学 ここから唯物主義への第一歩が始まった

ルートヴィヒ・アンドレアス・フォイエルバッハは1804年生まれ、マルクスよりも一世代早く、ヘーゲルを批判して唯物論の先駆けとなった哲学者である。

20代で神学を学び、その後、若きヘーゲルに傾倒して直接聴講、そこからキリスト教義を批判する論文『死と不死に関する考察』（30年）を著した。

しかし、研究を深めていく中でヘーゲルの思弁哲学すらも神学の言換えにすぎないという境地に達し、のちに本書に収められている『ヘーゲル哲学の批判』を発表する。

「ヘーゲルは、かれの哲学的思考のそもそもの始めから、絶対的同一性の前提から始めたのである。絶対的同一性の理念あるいは絶対者一般の理念は、かれにとってはいきなり客観的な真理であり、しかも、それはたんにある一つの真理ではなく、絶対的な真理、絶対理念そのものであった」

フォイエルバッハは〝客観的実在〟を自ら探求しなければならなかった。そして論考されたのが43年に発表された『哲学改革のための暫定的命題』『将来の哲学の根本命題』の2編であり、先の『ヘーゲル哲学の批判』とあわせた3編が、本書に収められている。

3編あわせて200ページに満たない短い論考であり、その文体も比較的読みやすくまとめられていながら、哲学の根本命題というのは、神などの絶対性や超越性について現実から遊離して思考するのではなく、現実に存在する人間の問題について考察することである、というヒューマニズムの立場を明らかにしている。

「古い哲学は二重の真理、言いかえれば、人間のことはかまわない真理それ自体としての哲学と、人間にとっての真理としての宗教とを持っている。それに反して、新しい哲学は、人間の哲学として、本質的に人間にとっての哲学である」

「人間は、国家の根本的本質である。国家は、人間の本質の実現され、完成され、顕現された全体性である」

「国家元首は、すべての身分を無差別に代表しなければならないし、かれに対してすべての身分は平等に必然的で、平等に権利を与えられている。国家元首は、普遍的人間の代表者である」

こうしたフォイエルバッハの論文はマルクスに衝撃を与え、「ドイツ・イデオロギー」の論考に強い影響を投げかける。左翼思想の源泉を知る1冊だ。

豆知識 学生時代、ヘーゲルに傾倒したフォイエルバッハはキリスト教に批判的な思想を警戒され、望んでいた教職へ進めなかった。彼の思想がいかに先鋭的、前衛的だったかがわかる。

宗教家が告白した生々しい恋愛観、結婚観

『独白』

フリードリヒ・シュライエルマッハー

木場深定訳／岩波文庫／1995年

18世紀末、民衆の個性や欲望を肯定し人間性回復のエネルギーとなった衝撃の書

フリードリヒ・シュライエルマッハー（シュライアマハーとも表記）が大著『宗教について』を出版した1799年の秋に起稿し、わずか4週間で書きあげたとされる哲学的エッセーが『独白』だ。

シュライエルマッハーは親友であった文学者フリードリヒ・シュレーゲルが出版し、物議をかもしていたスキャンダラスな恋愛小説『ルツィンデ』（『ドイツ・ロマン派全集第12巻　シュレーゲル兄弟』国書刊行会所収）に刺激され、かつ激しい批判にさらされた友の弁護のために、友情、恋愛、結婚などについての彼の「宗教的直感」を綴った『独白』を一気に完成させる。

本書は「省察」「吟味」「世界観」「展望」「青年と老年」の5章からなり、それぞれにシュライエルマッハーの自己体験と内省から人間の倫理や善き人生について、まるで友人に出した手紙のような親密性のある文体で描かれている。

それは硬質で難解だったドイツ観念論を庶民に平易に読ませた最初の書物だった。

「真に人間らしい行為を生むものは、私の内に潜む人間性についての明らかな意識である。この意識は、人間性にふさわしい立派な行為以外のものを決して許容しない。この明らかな自覚の域に達しえない者は、ただ暗い予感に空しく引き廻されるばかりである」

「私が本当に生活し始めてから係わったすべての事柄のうちで、私の本質になんら新しいものを加えず、また私の内的生命を養う何らの力をも与えなかったようなものが何かあるだろうか」

「未来といっても過去と同じものではないか。私が同一であるとすれば何か違ったことを私に為しうるであろうか。私は私の人生の内容をはっきりと明らかに私の眼前に見ている」

シュライエルマッハーは本書の中で、直裁的な恋愛観、結婚観までも吐露している。

「したがってまた私は、私が終生最も親密に和合しうる女性を無意識に知っている」

「われわれがやがて送るであろう美しい生活のうちに私はすでに住みついているのである」

このような宗教者のひとりの人間としての生々しい「独白」は当時のドイツ市民にとって衝撃的な内容だったろう。モノローグで真理を提示できることを示した、まさに近代小説と通底する発想である。それは教会の教義にとらわれていた当時の人々にとって個性や欲望を肯定し、人間性を回復するエネルギーとなったのである。

豆知識 シュライエルマッハーはその後、人妻エレオノーレと親密になり、一時は結婚さえ考えた仲だったとされるが、結局、2人が結ばれることはなかった。

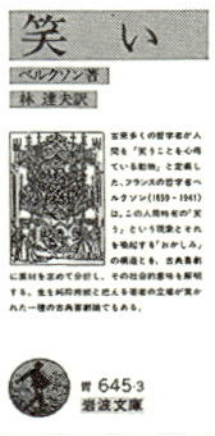

笑いの構造を考察した哲学書

『笑い』

アンリ・ベルクソン

林達夫訳／岩波文庫／1976年

思考の限界に突き当たった時になぜ人は笑うのか フランスを代表する哲学者による考察

フランスを代表する哲学者であるアンリ・ベルクソンは19世紀末から20世紀前半にかけて活躍した人物で、ノーベル文学賞の受賞者でもある。音楽家である父ミハエルと、医者の娘である母キャサリンの間に1859年、長男として誕生した。幼い頃から学業優秀で、とくに数学の才能は秀逸だった。ベルクソンが哲学の道に進むと決断した時、指導教授は大きく落胆したという。

古代からアリストテレスをはじめとする哲学者たちは人間を「笑うことを心得ている動物」と定義してきた。では、人間はどのような状況で何をきっかけにして笑うのか。本書にはベルクソンによる哲学的な笑いの考察がまとめられている。

冒頭、ベルクソンは考察する「笑い」の種類を明確に定義する。本書で扱われている「笑い」は「喜劇的なおかしさによって喚起される笑い」だ。ベルクソンは古典喜劇を例に挙げながら、人間特有の笑いという現象が「おかしさ」によって生じる構造を解明していく。

ベルクソンは笑いを喚起する「おかしさ」の基本的な特徴として3点を提示する。第一は「何らかの人間的なものを見出さないとおかしさは生じない」ということだ。人は動物を笑うことがある。しかしベルクソンは「それは動物に人間の態度とか人間的な表情をふと看取したから」と論ずる。帽子などの形を笑う場合も品物自体ではなく、人間が与えた形や印などによって、おかしさが生じていると主張する。

第二の特徴は「笑いには無感動さが伴う」ことだ。憐みの情や強い愛情を抱いている対象は笑えない。たとえば、道でよろめき電柱に頭を強打した他人を見て失笑できても、親しい人が同じ出来事に遭遇したら同じように笑うことはできない。心を乱されない傍観者として出来事に向き合う必要があるということだ。

ベルクソンは最後に「社会的な機能を持つ」という特徴を挙げる。笑いがおかしさによって生じるならば、必ず笑う側と笑われる側の集団性がある。つまり、おかしさによって喚起される笑いは、常にある種の仲間意識に基づく社会的性質を持っていて、人が完全に孤立した状態では決して生じないということだ。

特筆すべきは、人間が通常の思考の限界に突き当たった時に笑うというベルクソンの洞察の深さだ。自らの笑いを思い浮かべつつ、胸に手を当てて考えてみたい。

豆知識 ベルクソンは国際連盟に設置された知的協力国際委員会の議長を務めた経験もある。同連盟事務次長だった新渡戸稲造とも交友関係があった。

ユダヤ教に基づく社会哲学を読みとる

『我と汝・対話』

マルティン・ブーバー

植田重雄訳／岩波文庫／1979年

現代社会が回復すべきは「我と汝」という相互的関係と説くブーバーの代表作

オーストリアに暮らす人々がナチスに追われ、国外へ亡命する姿は、フィルムによって世界中の人々に知られている。ミュージカル映画『サウンド・オブ・ミュージック』は、ナチスに占領されたオーストリアが舞台だ。ナチスへの忠誠を拒むトラップ一家は亡命を決意。「すべての山を越えよ」と歌いながら、スイスへの山脈を徒歩で越えていくラストシーン。家族はその後自由を獲得できたのか、平和に生きる願いは叶ったのだろうか。

1878年、ウィーンのユダヤ教徒の家に生まれたマルティン・ブーバーは、哲学や芸術を研究し、一時的にシオニズム運動へ参加。ドイツで宗教学とユダヤ教倫理を教えていたが、ナチスに追われエルサレムへ移住した。本書は第一次世界大戦後、移住前の1923年に発表されている。テーマは、自分と他者との関係は「我とそれ」「我と汝」の2通りの在り方がある、というものだ。「それ」とは目的となる対象。空腹をしのぐためのパン、収入を得るための仕事道具などが「それ」に当たる。私と他者は一方的な関係である。

一方、受動と能動が一致し、一方的ではなく相互的な関係が「我と汝」だ。汝によって我が照らされる。我が汝を選んだように、汝も我を選んでいる。この相互的関係は、共同体という概念にもつながっていく。

シオニズムは、ユダヤ人のための祖国を再建しようという運動である。しかし、第一次大戦以降、シオニズムは政争の具に利用される。イギリスやフランス、ロシアが、自国に都合よく協定や宣言を発するようになる。

ブーバーは政治的なシオニズム運動を嫌い、ユダヤ人、アラブ人、パレスチナ人が共存できる社会を建設すべきだと訴えた。その背景として彼が汎神論に基づく超正統派ユダヤ教運動、ハシディズムから影響を受けていたことが挙げられる。

ブーバーは、神秘主義的な思想のみならず、イスラエルの村落を形成する「キブツ」の理論的な裏づけにも貢献した。キブツは、協同組合による集団農場とその村落を指す言葉だ。

これは『出エジプト記』などで見られる「神の直接統治」すなわち「神権」の考えに由来している。神が民衆を導く際、民衆／部族の横のつながりは、ゆるやかに形成されていた。これを例に取り、社会において協同組合はゆるやかに連合する。その結果、国家からの統治は縮小されるといった、社会主義的な概念である。

豆知識 ブーバーは汎神論のほか、東洋思想などにも関心を持っていた。1938年には、ガンジーにシオニズムの支援を要請し、断られている。

「無意識」を重視したフロイトの入門書

『精神分析入門』

ジークムント・フロイト

高橋義孝、下坂幸三訳／新潮文庫／1977年

合理的であり非合理的でもあるのが人間 精神分析の生みの親が示す「無意識」のかたち

1856年生まれのジークムント・フロイトは、自然科学や医学の研究を経過して、ヒステリー症状の治療に取りかかる。86年、世界で初めて「精神分析」という概念を提唱。それ以前の世界では、精神分析という考えはなかったのである。

フロイトの研究は、一般にも聞き覚えのあるものばかりだ。のちに心理学者や医学者、思想家から批判を受けた箇所はあるものの、今もって私たちの心をつかむ。

1917年に発表された本書の上巻は「錯誤行為」と「夢」の2部構成。下巻は「神経症総論」。続編も発刊されている。自分の意図と異なることをしてしまう錯誤行為とは何か？ 睡眠時に見る夢は分析できるのか？ 神経質であることと、不安・抑圧・抵抗・ナルシシズムとの関係は？

フロイトは人間の「無意識」を重視する。人間にはエロス（生への欲望）がある一方、タナトス（死への欲望）がある。そのおおもとには、リビドー（性衝動）があると考える。その辺りを踏まえて、「エス（イド）」「自我」「超自我」といった3つの心理を紹介する。「エス（イド）」は本能や欲望である。それをコントロールするのが「自我」である。「空腹なので何か食べたい！」というエスに対し「今は仕事中なので我慢しよう」もしくは「仕事を中断してでも食事をすべきだ」といった具合に、欲望を「自我」によって調節する。それらを道徳・倫理・社会性をもって判断するのが「超自我」だ。エスは誰にでも共通するものだが、自我や超自我は、人によって変わってくる。仕事をしながら食事をしよう、食事の代わりに飴をなめよう、タバコを吸って気分転換をしようといったさまざまな自我があり、その人の道徳観や社会観によって、超自我も変わってくる。

オーストリア生まれのユダヤ人であるフロイトはナチスに追われ亡命している。フロイト自身は無神論者を表明しているが、彼の主張は、ユダヤ教のカバラ思想に影響を受けている。「理論的な世界が形成されていくと、一方で非理論的な世界も形成されていき、ある時点でそれは崩壊してしまう」というカバラの教えは、フロイトの「深層心理」と重なるところが興味深い。無意識は非論理的なものである一方、論理的な分析ができる場合もある。

人間は、合理的に物事を考えていても、同じくらい非合理的な世界を生んでおり、どこかで調整しなくてはならないのだ。

豆知識 心理学は、新しい学問だ。哲学者だったヴントが1879年、自然科学の側面から心の動きを研究すべきだと提唱したことから始まっている。

理知を超えた「智慧」を説く仏教の経典

『現代語訳 般若心経』

玄侑宗久

ちくま新書／2006年

262文字に凝縮された大乗仏教の教え 実践的に身につけるしかない智慧「般若」

日本社会に大きな影響を与えている伝統宗教のひとつ、仏教。数ある経典の中でも『般若心経』は有名だ。真言宗、天台宗、禅宗を中心として日本に残る多くの宗派で読まれているため、仏教に詳しくない人でも一度は名前を聞いたことがあるだろう。わずか本文262文字の長さでありながらも、大乗仏教において重要な「空《くう》」の思想が説かれている。

本書は、その『般若心経』を、作家であり臨済宗の僧侶でもある玄侑宗久《げんゆうそうきゅう》が、わかりやすく現代の言葉に訳したものだ。タイトルに『現代語訳』とあるが、漢文を単純に読み下しただけの翻訳文章ではない。『般若心経』には直接書かれていない科学知識などの知見も挿入しながら、現代に生きる人でも理解しやすい文体でその思想をひもとく。

『般若心経』の正式名称は『般若波羅蜜多心経』。原文はサンスクリット語だが、日本で最も広く知られる漢文の経典は、唐の時代に存在した中国の僧である玄奘三蔵がインドから持ち帰り、翻訳したものといわれている。

「般若波羅蜜多」とはサンスクリット語の「プラジュニャー・パーラミター」を音写したもので、般若によって理想郷に渡ることと解釈されてきた。本書では「智慧の完成」と訳されている。「般若」とは実践的に身につけるしかない智慧で、人間が持つ理知だけではたどり着けない境地である。

『般若心経』では、シャーリプトラというお釈迦様の弟子に対して、観音菩薩が空の教えを説いていく様子が描かれている。観音菩薩はさまざまな事例を挙げながら、形あるもの、人間の悩みや苦しみを含むすべてのものには実体がないとシャーリプトラに語りかける。そして「あらゆる物質に自性はなく、単独で固定的に実存するものではない」という空の思想を一通り説いたあと、智慧の完成である「般若波羅蜜多」に到達するための最上の呪文《じゅもん》を末尾で伝え、経典が終わる。

玄侑宗久は『般若心経』の難しさの本質を「人間の理知を超える体験をしようというところにある」と指摘する。そのうえで「すべてが理知によって解釈されるはずだという科学主義に対し、『いのち』や『しあわせ』というリアリティーはそうではないのだと、いわば真っ向から挑戦状を突きつけている」と『般若心経』に込められた普遍的な意義を強調する。合理性ばかりを求める現代の日本人が、理知を超えた智慧を説く『般若心経』から学べることは多いだろう。

豆知識 寺に生まれた玄侑宗久は4歳の時に「暗記したら300円あげる」と父親に言われ、小遣い欲しさに『般若心経』を初めて暗記したという。

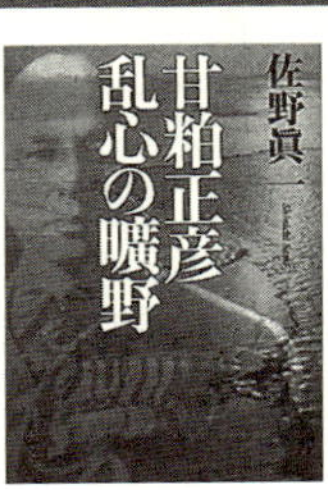

現代の官僚にも通じる組織の闇

『甘粕正彦　乱心の曠野《こうや》』

佐野眞一

新潮文庫／２０１０年

軍隊という巨大官僚組織に翻弄された「主義者殺し」甘粕正彦の真実の姿

関東大震災後、戒厳令下の混乱に乗じて憲兵隊がアナキスト大杉栄と作家で愛人の伊藤野枝《のえ》、その甥を扼殺して遺体を古井戸に捨てたという「大杉事件（甘粕事件）」。その首謀者とされた甘粕正彦は、千葉の刑務所で服役することになるが、恩赦もあってわずか3年ほどで仮出獄すると結婚、陸軍の予算でフランスへと留学する。

帰国後には中国大陸へ渡り、諜報謀略活動に従事する。「甘粕機関」なる民間の特務機関を設立し、清朝最後の皇帝、愛新覚羅溥儀を連行して満州国（現在の中国東北部）の元首（のちの皇帝）に就任させるなど、満州国建国において重要な役割を果たす。

１９３９年、ノモンハン事件における大失敗のため関東軍の主要メンバーが帰国する中で、甘粕は満洲に留まり満鉄映画会社理事長に就任、〝阿片王〟と呼ばれた里見甫《はじめ》とともに満州国を支える。

満州国の「夜の帝王」と称された甘粕正彦という男を、ノンフィクション作家の佐野眞一が緻密に描写。戦時下の謀略の狭間でうごめく何やら怪しげな人物とのイメージも強い甘粕について、膨大な資料と新証言を基にして、その実像に迫った1冊である。

目つきが鋭く酒乱という従来の〈甘粕像〉に近い姿が見られるその一方で、部下の面倒見がよく私利私欲を追うことのない好人物としての一面も描き出される。日本の降伏の翌日、満映の部下たちを帰国させ、自身は青酸カリを服毒、自死を選んでいる。

甘粕が「ほとんど抵抗もなく絞殺した」と証言した大杉栄と伊藤野枝の遺体には無数の暴行の跡があったという事実は、甘粕の単独犯という自供を覆すものだ。当時憲兵大尉だった甘粕よりもさらに上層部からの指示により、甘粕はスケープゴートにされた可能性が高い。軍隊という巨大官僚組織に翻弄された甘粕のたどった運命は「モラルの高い中堅官僚の典型」ともいえるもので、これは現代の官僚組織にもあてはまる。

その意味では今の日本の官僚全員が読むべき1冊であろう。時代が違えば甘粕のような人生を送る可能性は十分にあるのだ。

そのような官僚モノとして読める一方で、仙台出身の甘粕が薩長史観の影響下にあった大日本帝国政府で苦闘し、帝都を離れて満州国へ飛んでもなお、長州出身の岸信介らにやられてしまうという「東北人の物語」といった読み方もできる。

豆知識 自死の現場となった満映理事長室の黒板には「大ばくち 身ぐるみ脱いで すってんてん」と自身と満州国を重ねたような辞世の句が書き殴られていた。

日本初の独創的哲学書

『善の研究』

西田幾多郎

岩波文庫／1979年

小さな自我を捨て、対象に没入せよ
禅から見出した主客合一の思想

明治末から大正期にかけて、西洋思想の輸入にとどまらず、日本独自の哲学体系を構築しようとする独創的な試みが行われ始めた。その代表格が、西田幾多郎や和辻哲郎ら「京都学派」の思想家である。中でも本書『善の研究』は西田の第1作（1911年刊行）であり、わが国最初の独創的哲学書といわれた。当時の旧制高等学校の生徒たちにとっては、必読書のひとつともされていた。

難解であるという評判が浸透しているせいか、有名であるにもかかわらず現在ではあまり読まれていない。しかし実際に読んでみると、その論理は明晰だ。

維新以降日本が受容してきた西洋哲学は、認識する自己（主観）と認識される対象（客観）とを対立的にとらえて思考する。しかし西田は、人間の根本は主客未分化の「純粋経験」にあるとして、西洋哲学思想の二元論に挑戦する。純粋経験とは、「あたかもわれわれが美妙なる音楽に心を奪われ、物我相忘れ、天地ただ瀏喨《りゅうりょう》たる一楽声のみなるが如く」の経験を指し、そこに真の実在があるとした。自らの中にある小さな自我を否定して、主客未分化の純粋経験を体得するところから、真の自己の確立が始まるというのだ。

こうした西田の発想は、自らの禅体験に負うところが大きい。東京帝国大学を卒業後、旧制高等学校で教壇に立つかたわら頻繁に参禅し、思案に耽っていたという。西洋哲学の修得とともに、修行によって得た東洋的な禅体験を反映させることによって、独自の日本哲学を打ち立てたといえる。

では本書の説く「善」とは何だろうか。

「善とは一言にていえば人格の実現である」

西田の説く「人格」とは、純粋経験の中で主客合一をなす力のことを指しており、別の言葉で言えばすなわち「愛」であるとする。自然や芸術や他者を心から愛し、自分と対象が一体となった感覚を覚えるほどに没入することで、本質は得られるというのだ。確固たる自己を確立し、対象を突き放して観察する西洋哲学の思考法とは、実に好対照をなしている。

禅体験に依拠した西田独特の著述は、たしかに非常に独創的で、現代の我々の感覚では読み解くのに苦労するかもしれない。しかし「純粋経験」をカギとして思考すれば、きっとその言わんとするところをつかめるはずだ。知的基礎体力を強化するためにも、とくに若いうちにぜひ挑戦してもらいたい1冊である。

豆知識 **『善の研究』刊行の4年前、愛娘を亡くした西田は「至誠は、言語はおろか涙でも現わすことができない」と言った。この背景も踏まえて読むと、西田哲学は一層深みを増すだろう。**

信仰の根源を問う――神はなぜ沈黙しているのか

『沈黙』

遠藤周作

新潮文庫／1981年

江戸時代の苛烈なるキリシタン弾圧「転ぶ」のか「信仰に生きる」のか究極の問い

遠藤周作は1923年に東京で生まれ、幼年期を旧満州（中国東北部）で過ごしたのち、帰国。12歳でカトリックの洗礼を受けた。

遠藤文学の最大のテーマとなっているのが「キリスト教」である。遠藤は「日本人は真のクリスチャンになれるのか」「日本人でありながらキリスト教徒であることは矛盾していないか」という問題を追求していた。

さらに「信仰とは何か」「神はどこにいるのか」といった根源的な問いに至り、歴史に残るキリスト教文学作品へと結実する。それが、66年に発表された歴史小説『沈黙』だ。史実・文献に基づいた設定や緻密な心理描写により、キリスト教禁制下の日本に潜入したポルトガル人宣教師を通して信仰とは何かを問う。

作品の舞台は、島原の乱が鎮圧されて間もない頃。ポルトガル人宣教師のロドリゴとガルペは、師であるイエズス会の司祭フェレイラが、布教に赴いた日本で弾圧に屈して棄教したとの知らせを受ける。ロドリゴたちは日本へ潜入するためにマカオに立ち寄り、日本人のキチジローと出会う。

キチジローはロドリゴたちに忠誠を誓い、彼らを長崎・五島列島へと上陸させる。現地の隠れキリシタンたちに歓迎されるロドリゴたち。

しかし、ロドリゴたちは奉行所に追われることになり、匿《かくま》おうとした日本人信徒たちは次々と殉教。ガルペも命を落としてしまう。ロドリゴは神に助けを求めるが、神は「沈黙」するのみ。程なく、気弱なキチジローの裏切りによってロドリゴは捕らえられ、棄教を迫られることになる。

当初は頑なに棄教を拒否していたロドリゴだが、残忍な拷問を受ける日本人信徒たちの呻き声を耳にしたことで苦悩。ロドリゴが棄教しなければ、信徒への拷問が続けられるというのだ。彼らのために棄教することこそが、自らの犠牲によって苦しむ人々を救うという神の教えに従うことになるのではないか……ロドリゴは「信仰のジレンマ」に思い悩む。

結果、この物語に「奇跡」は起きない。だが、それは神がいないということではない。「神の不在」を通して、遠藤は「神の実在」を印象づけることに成功している。神は果たして沈黙したままだったのか。

棄教して民を救うという愛を実践するか、あるいは神を信じともに殉教するか。当然、普遍的な「正解」などは存在しないのだ。

豆知識 本作は1971年に篠田正浩監督の手で、また2016年にはマーティン・スコセッシ監督の手で映画化されている。

命には奇跡の瞬間があることを知る

『塩狩峠』

三浦綾子

新潮文庫／1973年

一粒の麦が地に落ちて死ぬことで次なる命が生まれるという死生観の真髄

キリスト教プロテスタントの真髄を学ぶにあたって最適な1冊が三浦綾子の『塩狩峠』だ。

主人公の永野信夫は北海道に赴任する鉄道職員で、敬虔なキリスト教徒として常に神の存在を意識しながら行動していた。そんな彼が結婚することになり、結納のため名寄《なよろ》から旭川経由で札幌に向かう。ところが、塩狩峠にさしかかったところで最後尾客車の連結器が外れてしまい、坂を逆走して下り始めてしまう。カーブの多い峠で加速すれば客車はいつ脱線してもおかしくない。

永野は必死に手動ブレーキを引いて停止を試みるが、ブレーキはうまく作動しない。このままでは乗客全員が犠牲になってしまう。そこで永野はとっさに線路に飛び込み、客車に自分の体を轢かせることで暴走を食い止めた――。

自己犠牲の精神をテーマとした創作と思われるかもしれないが、これは実際に起きた事故を基にしたものである。

1909年、長野政雄さんというキリスト教徒の鉄道職員が、非番のときに乗った天塩線（現在の宗谷本線）において、小説と同じような経緯で客車に轢かれて亡くなった。彼のおかげで客車は停止して、長野さん以外の乗客全員が命を救われたのである。

長野さんは敬虔なプロテスタントで、職場でもほかの部署で見放されたような社員たちを何人も引き受け、献身的に彼らの成長を支えるなど、人望が厚かったという。そのため、実際に長野さんの行動を目撃した者はいなかったものの、「長野さんなら自ら飛び込んで客車を止めたに違いない」と誰もが信じた。

世の中にはイエス・キリストのように、自らの命を投げ出して他人を救う人がいるのだ。

本書の最後には、キリスト教の有名な聖句が記されている。

「一粒の麦、地に落ちて死なずば、唯一つにてあらん」

一粒の麦は土に落ちてその存在は終わってしまうが、それによって芽が出てやがて穂になり多くの実を結ぶという意味で、教会に通う子どもたちには馴染みの深い言葉である。

作者の三浦綾子もまた、プロテスタントのキリスト教徒であり、朝日新聞朝刊に連載されて大ベストセラーとなった『氷点』でも、キリスト教でいうところの「原罪」が物語のテーマのひとつとなっている。

豆知識 **塩狩峠は北海道上川郡比布町（旧・石狩国）と上川郡和寒町（旧・天塩国）の境に実在する峠。塩狩駅近くには長野政雄顕彰碑、塩狩峠文学碑などがある。**

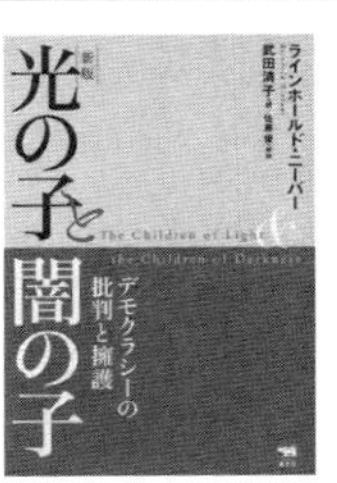

民主主義の脆弱性を指摘

『新版 光の子と闇の子 デモクラシーの批判と擁護』

ラインホールド・ニーバー

武田清子訳／晶文社／2017年

賢い「闇の子」に「光の子」が対抗するには無自覚な自己絶対化の危険性を自覚すること

本書のタイトル『光の子と闇の子』は、新約聖書『ルカによる福音書』の「不正な管理者のたとえ」というたとえ話からとられている。

この中でイエスは「不正を働く財産の管理人」を「この世の子」と称し「この世の子らは、自分の仲間に対して、光の子らよりも賢くふるまっている」とそのやり方を認めている。この不思議なたとえ話をアメリカの神学者ラインホールド・ニーバーは次のように解釈したのではないだろうか。

「人間は全員が原罪を負って存在している。その原罪から悪が生まれる。従ってこの世は悪に満ちている。そう考えたときに、不正な管理人のような戦術が必要となる。悪を打ち破るためのリアリズムを説いているのだ」と。

たとえ話の「この世の子ら」というのが「闇の子」であり、信仰的に正しく生きている「光の子」よりも賢くふるまっている、というのだ。

第二次世界大戦終結間近の1944年に出版された本書において、ニーバーはナチスドイツを「闇の子」と考える。これに対する「光の子」は民主主義ということになる。加えて、デモクラシーにおける資本主義は社会の格差拡大に対して鈍感であり、その結果として共産主義が生まれてきたため、共産主義もやはり民主主義と同じく「光の子」だとニーバーは考えた。

「だからこそ、アメリカはソ連と手を組んで、ナチスドイツを封じ込めなければいけない」とニーバーは主張した。

封じ込めに際して、自ら常に「正しいポジション」にとどまっているのではなく、民主主義が生き残るためには、時に武器を取らなければいけない。絶対平和主義には立たないというニーバーの考え方は、アメリカで広く共有されるようになり、本書はジミー・カーター、ブッシュ親子、バラク・オバマといった歴代大統領をはじめとするアメリカの政治家たちに大きな影響を与えてきた。

ニーバーは「民主主義原理はナチズムやファシズムに対抗する原理となりうる。しかしデモクラシーを信奉する人々の中に潜んでいる私的利害関心を軽視していることが弱点となり国家機能を強化することに成功していない」と分析する。

光の子は、えてして「自分は正しい」と思い自己絶対化に陥りやすい。それでは己の悪を意識し賢くふるまう悪の子に太刀打ちできない。さらに、無自覚な分、暴走するとよりタチが悪い可能性もある。デモクラシーの脆弱性として意識したい。

豆知識 キリスト教会で有名な「主よ、変えることのできるものについて、それを変えるだけの勇気を我らに与え給え」から始まる祈りは『ニーバーの祈り』と呼ばれている。

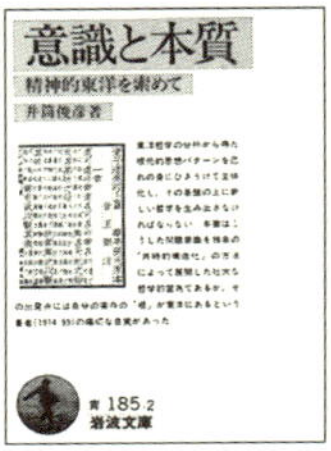

イスラム研究の碩学が挑んだ東洋哲学全体の地図づくり

『意識と本質 精神的東洋を索めて』

井筒俊彦

岩波文庫／1991年

地域的、民族的、歴史的な広がりの中に散乱した東洋哲学を空間的に配置するという偉業

「知の巨人」という名にふさわしい東洋哲学者といえば、井筒俊彦は外せないだろう。学生時代にキリスト教に触れた井筒は、ヘブライ語の学びを端緒にアラビア語やロシア語、ラテン語など多数の言語を短期間で次々と習得した。戦前のファシズム運動の支柱であった保守思想家の大川周明とも、彼の満鉄東亜経済調査局時代にイスラム文献の翻訳依頼を通じて交流があったという。

しかし、井筒の真価はその人並み外れた言語能力にあるわけではない。彼の思索はイスラム世界をベースに、仏教やヒンドゥー教、儒教、朱子学からユダヤ教まで縦横無尽の広がりを見せた。その膨大な思索の営みは、現代の思想家たちに大きな影響を与えたのだ。

その井筒の集大成ともいうべき1冊が、1983年初版の『意識と本質　精神的東洋を索めて』である。

井筒はここで、壮大な哲学的営為を試みる。「一応は、一つの有機的統一体の自己展開として全体を見通すことのできる西洋哲学」とは異なり、地域的な広がりが大きく、さまざまな民族のさまざまな思想が入り組み入り乱れ「複雑に錯綜しつつ並存する複数の哲学伝統」である東洋の哲学を、「東洋哲学」と名付けて未来志向性を持った有機的統一体にまとめ上げようとしたのである。

そのために井筒は「共時的構造化」という手法をとる。つまり、時代も体系も異なるさまざまな哲学思想を、「一つの理念的平面に移し、空間的に配置しなおす」ことを試みた。そうすることで「すべてを構造的に包み込む一つの思想関連的空間を、人為的に創り出そう」としたのだ。

ここで井筒が取り上げたのが「意識」と「本質」。言葉によって「意識」されることで「本質」が存在するのか。言葉が脱け落ちれば、「本質」も脱け落ち、ただ「存在」そのものだけが残るのか。言葉によって分節されないものは「無」なのか、あるいは唯一絶対的な「本質」は「有る」のか。

そうした根源的な問いに基づき、東洋の各地域で生み出されてきた思想哲学を分類し、その思索の関連性を位置付けようとしたのである。「普遍」とは何か。言葉によって区分けされた「本質」など、実は存在しないのか。こうした飽くなき「普遍」へのアプローチを通じて、井筒は東洋哲学の全容に迫ろうとした。そして東洋哲学の磁場から世界に向けた新しい哲学を生み出すために、渾身の力で一歩を踏み出したのだ。

豆知識　2018年にイランで製作された映画『シャルギー（東洋人）』は、イスラム研究の碩学である井筒を紹介するドキュメンタリーである。

肉体に死が迫るほど豊かになりゆく精神世界

『魔の山』

トーマス・マン

高橋義孝訳／新潮文庫／１９６９年

生きていくことの不条理さは、「いかに生きるか」という問いへ開かれる

ドイツのリューベックで１８７５年に生まれたトーマス・マンが『魔の山』の着想を得たのは、１９１２年のことであった。マンは、病身の妻を見舞いに行った先のサナトリウム（結核療養所）でその空気に触発され、翌年より執筆をスタート。その直後に第一次世界大戦を経験し、執筆は一時中断したが、着想から12年の歳月を経て、24年、同書は世に出ることとなった。

本書は、ドイツを代表する伝統的な教養小説として必ず筆頭にあげられる1冊である。当時のドイツは、第一次世界大戦という人類史上初めての世界戦争を経て、西洋文明の没落の危機に瀕していた。そのため、思索を通して自己形成を行う潮流が起こっていたのである。

主人公である23歳の青年ハンス・カストルプの生き方はまさに、思索を通じて人間性を深め、これからの世界で「人間はどう生きるべきか」という問いに直面していたドイツ市民たちに大きな影響を与えた。

いとこの結核を見舞うためにサナトリウムを訪れたカストルプは、そこで自身も結核に侵されていることを知り、その後の7年間をサナトリウムで過ごす。サナトリウム内部での暮らしを通し、世界各国から集まるさまざまな思想やバックボーンの持ち主たちと交わるカストルプは、次第に思索を深めていく。しかし、そうした精神の彷徨は、思いがけず新たな局面へと展開していく。第一次世界大戦が勃発するのである。そして、カストルプは出征のためにサナトリウムを去る。

言うまでもなく、当時、結核は死の病であった。そして戦争もまた、死が常に隣人となる経験である。生まれた以上逃れがたい「死」というものが肉体に間近に迫る一方で、カストルプの精神は思索の世界を彷徨い、その景色を豊かなものにしていった。世界大戦を生き延びた人々の多くが、カストルプの精神の彷徨に、自身の姿を重ねたであろうことは想像に難くない。

マンの描いた物語世界は、マン自身が抱えていた「自分はどう生きるか」という個人としての悩みから、人間全体に向けた「どう生きるか」という普遍的な問いかけへと開かれていった。だからこそ、この作品は今もなお20世紀最後の「教養小説」とまで呼ばれて、世紀をまたぎ読み継がれているのだろう。

答えのない問いを問い続ける知的体力こそが、教養の正体である。

豆知識 2013年にスタジオジブリより公開された映画『風立ちぬ』は、物語の後半で随所に『魔の山』がモチーフとして扱われている。

人類は原始的な動物本能に支配されている

『裸のサル 動物学的人間像』

デズモンド・モリス

日高敏隆訳／角川文庫／1999年

古代から変わらない行動形式 人類はいまだに「毛のないサル」でしかない

著者のデズモンド・モリスは本書出版以前から、魚類や哺乳類などの生殖行動について学術論文を執筆してきた。本書では、動物学者のモリスが、現代人の行動形式を観察・分析し、高度な文明を持つとされる人類がいかに原始的な動物本能に支配されているかを解き明かしていく。

１９２８年、イギリス南西部のウィルトシャーで生まれたモリスは、名門バーミンガム大学を卒業後、オックスフォード大で本格的に動物行動学の研究を始めた。56年から地元テレビ局で動物に関する番組の制作にも関わった。

動物学者として着実に実績を積んでいたモリスだったが、本書が67年に出版されると一躍世界的な注目を集めるようになる。出版直後からイギリスやアメリカを中心に話題となり、本書はこれまでに23カ国語以上に翻訳され、累計2000万部以上も売り上げるベストセラーになった。

ほかの霊長類とは異なり、人類は、頭と腋の下と生殖器の周りにある毛を除けば、皮膚が完全に露出している。

モリスは本書で、毛に覆われていない身体的な特徴から人類を「裸のサル」と名付けた。そして起源、性交渉、育児、闘争本能、食事などの側面から、動物学的な手法で「裸のサル」が狩猟生活をしていた祖先と本質的には何ら変わっていないと主張するのである。

世界的に注目を集めた本書は賞賛だけでなく批判の的ともなった。

「古代の狩猟は現代社会の労働に変化を遂げたが、今も変わらずほとんどオスだけで行われている」という表現はフェミニストに非難されたし、「生殖の成功を妨げるような性行動のパターンは生物学的に不健全だとみなしてよい」という禁欲の不自然さを指摘した主張は、宗教関係者からの反発を招いた。米国の一部教育機関から取り扱い禁止処分を受けたこともある。

『裸のサル』というタイトルには、人類の生物学的な限界を理解すべきだという著者の意図が込められている。モリスは「壮大な理論と強い自負心にもかかわらず、我々はまだ動物行動の基本的な全ての法則に従っているつまらぬ動物である」と人類を評価する。どんなに高度な知性や文明を持っていても、本質的には生身の動物なのである。生物学的な限界を抱えつつ社会生活を営もうとする人間。その人間のありように科学的にアプローチするその過程が面白い。

豆知識 本書の原文題名は『The Naked Ape』。モリスは本書発売の翌年から5年間、節税対策の一貫で地中海の島国マルタ共和国に移住した。

極小の実体が見せる世界の調和

『モナドロジー 他二篇』

ゴットフリート・ライプニッツ

谷川多佳子、岡部英男訳／岩波文庫／2019年

大陸合理論の時代にドイツから見えた〝世界の眺望〟時代を超えた今日への予感

『モナドロジー』をまとめたゴットフリート・ライプニッツは1646年に神聖ローマ帝国のライプツィヒで生まれた哲学者、数学者、法学者である。当時の神聖ローマ帝国はカトリック勢とプロテスタント勢の30年戦争の末期で荒廃していた。

神童と呼ばれ15歳で大学へ、21歳で博士号を取得後、マインツ選帝侯の政治顧問となり使節としてパリに赴き同地の学者と交流した。フランスは、モンテーニュによる古代懐疑主義復興の影響下、デカルトが「我思う、故に我あり」の知の基準を発見。その確かさを基に普遍的前提から個別的帰結へ論理的に知を獲得する「大陸合理論」が主流だった。

ライプニッツはのちにイギリス、オランダにも渡る。イギリスはベーコン以来の経験・実験から知を獲得する「イギリス経験論」の地だった。合理論と経験論はともにスコラ学の古い知を超え、新たな知を獲得しようとしていた。オランダでのライプニッツは合理論で知の体系化に進むスピノザの知己を得る。これらの多彩な交流を踏まえた彼の思想『モナドロジー』は合理論とされつつも、合理論的推論にとどまらず体系化を目指す。古代ギリシアから続く物心二元論の克服を、数学者として「微分」を発見したように、世界内の実体を極限まで細分化した「モナド（単子）」に託した。

モナドは内側に構成要素がないため何かが出入りする「窓がない」といわれるが、鏡のように互いをそれぞれ個々のパースペクティブから映し合う世界観である。一風変わった実体の思想だが、ニュートン力学の世界観から組み立てられているカントの哲学においても、「モナド」は根幹の物そのものとして取りあげられている。現代の黎明期、デカルト的懐疑を徹底的にひもといて核心に迫ろうとしたフッサールでさえ、たくさんの主観がなす世界の説明にモナドのパースペクティブを引き合いにしたのは、そこに世界の理解に不可欠なアイディアを読み取ったからだろう。

モナドは神聖ローマ帝国が解体しきっていた当時のドイツの小国間のありようの隠喩のようにも見え、さらにはパックスアメリカーナの崩壊で多極主義があからさまになった今の世界状況と酷似しているといえよう。

モナドロジーのモナドが相互にその本質に干渉し合わずに、他者を尊重しながら調和していくという世界観は、ひとつの理念として今まさに見るべきところがある。

豆知識 同時代、日本には和算の大家、関孝和がいた。ライプニッツがヨーロッパで数学を学び微分を考え出したのに比べ、関は鎖国した国で自力で導関数を算出したが、微分には遠く及ばなかった。

世直し運動の明るくない未来を見抜いた早逝の天才作家

『わが解体』

高橋和巳

河出文庫／2017年

全共闘世代に最も愛され、読まれた作家が人生の最期に書き残した「わが内なる告発」

高橋和巳は、60年代に学生たちを中心に最も愛読された作家のひとりといえよう。当時の大学生や高校生にとって高橋和巳といえばスタンダードであったし、彼の作品集を読んだことがないとは言いづらい雰囲気すらあった。では、高橋和巳の何がそれほどまでに若者たちを惹きつけたのか。

高橋は学園紛争が激化していく頃とほぼ時を同じくして、中国文学者として京都大学に助教授の職を得る。そして全共闘運動の渦中において、学生と大学当局側の間で板挟みになり苦悩を深めていく。

「私個人が依拠する文学の精神なるものは、自己と自己の属する社会の絶えざる告発を運命的な任務とする」という高橋は、これまで文学の中で試みられてきたものと同一の徹底した精神の営みが「青年特有のラディカルさで行動に移されようとするとき、それを自己の内面と無縁なものと意識しうる文学精神などありえない」と、学生たちの立場へ自らを引き寄せる。

しかし、学生たちによる急進的な「世直し運動」は、徹底的な当局側の抵抗や内ゲバなどにより瓦解していく。そして高橋も、文字どおり心身が「粉砕」されて病に倒れた。

この『わが解体』は、袋小路に追い詰められていく全共闘運動に教師として直面しつつ、学生に寄り添おうとした自分自身に対する内なる告発として、当時を克明に記録した長編エッセイである。

学園紛争の沈静化のために当局がとった態度は「思想や表現や結社の自由」を押しつぶすものだと批判し、「すべてを公開すれば、力で勝った方が道徳的に敗れているということも、証明しうる余地はまだなくはない」としつつ、「その全過程を完全に、書ききったとき、まぎれもなく、私自身は解体する」と書き綴った高橋は、まもなく病状が悪化し71年に39年という短い生涯を閉じた。

世直し型の運動が陥る閉塞状況を『邪宗門』などの小説で描き上げた高橋だが、しかし、「死屍累々」の運動の行く末を見つめながらなお、「死者の側に立ち得ない」自己を厳しく問い続け、自らが「第三の敗北」と呼んだ病に倒れた。

彼らの理念が現実化していく先に、明るい展望を思い描けなかった高橋は、「世直し運動」がまとう暴力性、権力志向性などを鋭く見抜いていたといえる。その一方で、そのラディカルさを文学者の精神でとらえようとし、そして学生たちとともに破滅していく道を選んだのだ。

豆知識 併録されている『三度目の敗北─闘病の記』には、大腸がんに苦しむ息子の腹部をさすり祈る天理教徒の母が登場する。

差別問題に真っ向から挑んだ長編小説

『破戒』

島崎藤村

新潮文庫／２００５年

偽善に満ちた社会での生き方を問う「小説家・島崎藤村」を生み出した傑作

著者の島崎藤村は明治から昭和初期にかけて活躍した文学者だ。長編小説『破戒』は、詩人として文壇で一歩を踏み出していた藤村が、小説家に転身した後の第一作である。本書は１９０６年に自費出版され、夏目漱石にも「明治の小説として後世に伝ふべき名編」と高く評価された。人間の行動をリアルに描くことで本質に迫る自然主義文学の、日本における源流といえる作品で、その後の日本人作家に大きな影響を与えた。

主人公の瀬川丑松は被差別部落に生まれた小学校教員。舞台となる明治後期の日本は、士農工商という身分制度があった江戸時代が終わったものの、依然として根強い身分差別が残っていた。

丑松は父から「生い立ちを隠して生きろ」とい

う戒めを受けてきた。成人し小学校教員になってからもこの戒めを守っていた丑松だったが、自分と同じように被差別部落に生まれながらも言論の場で偽善に満ちた社会と闘う運動家、猪子蓮太郎に出会い、葛藤を抱き始める。

友達から疎外されている被差別部落の子どもに救いの手を差し伸べるが、「自分も同じ境遇の持ち主だ」とは打ち明けられない。猪子に共鳴する理由を同僚から尋ねられても不明瞭な答えで逃げることしかできない。自我の解放と差別の間で悩む丑松の体験は、胸が痛くなるほどに醜悪な差別の本質をえぐりだしていく。

差別に立ち向かう猪子の生き方に感化されながら出自の秘密を打ち明けられなかった丑松も、猪子が無念の死を遂げたことを機に、生徒たちに素性を打ち明ける。その後、教職を辞した丑松は胸を張って米国テキサスへ旅立っていく。

本書が出版された当時、藤村は34歳。『破戒』を書き始めた頃は信州で教員をしていたが、執筆に集中するために退職し、背水の陣で創作に臨んだ。藤村は『破戒』を完成させるまでに娘3人を亡くした。当時の医学レベルでは助からない病にかかったともいわれているが、藤村本人は「医者にもみせてやれなかった自分が『破戒』と引き換えに娘を殺してしまった」という自責の念を知人に送った手紙で告白している。

差別というテーマに真正面から挑んだ作品として高い評価を受けた『破戒』。1948年には木下恵介監督によって映画化されている。

小説に描かれた社会の姿は、排外主義やヘイト的言説に溢れ、分断の進む現代との共通点を感じさせる。

豆知識 妻の死後、藤村は姪と禁断の肉体関係を結んでしまう。その体験も私小説『新生』で発表した。特異な人間性を持つとして藤村を罵った作家もいた。

死刑囚が向き合う生と死の静謐なる31文字

『歌集 常《とこ》しへの道』

坂口 弘

角川書店／2007年

理想社会を目指す若者が陥った「世直しの罠」深淵なることばに、目に見えないものを見る

坂口弘。1972年、「あさま山荘事件」を引き起こした連合赤軍の元幹部であり、現在は東京拘置所に収監されている死刑囚である。

連合赤軍は、60年安保闘争から70年安保へと至る過程で先鋭化していった赤軍派と革命左派が合流して生まれた。武装闘争による共産主義革命を唱え、山岳ベースでの軍事訓練ののち、坂口を含む5名が長野県軽井沢のあさま山荘に立てこもり機動隊と銃撃戦を展開、逮捕された。のちに山岳ベースで12名もの同志を粛清していた事実が明らかにされ、日本の社会主義運動は決定的なダメージを受けた。昭和を代表する事件といえよう。

93年に死刑が確定した坂口だが、実は彼は、言語化しづらいはずの己の内面を、みごとな短歌へと昇華させ、獄中から数多くの作品を発表している。本書はその歌集だ。93年から2001年までの作品の中から選んだ593首で構成されている。死刑確定直後の93年、阪神淡路大震災や地下鉄サリン事件に揺れた95年など、折々の状況が、連合赤軍事件に関わる多くの歌の合間から次々と立ち現れる。

　仲間を逃げようのない総括にかけ、次々と死に追い込む山岳ベースでの地獄を体験した坂口が、死刑囚となり独房の中で1人、何と向き合い、何を思考し続けているのか。研ぎ澄まされた31文字が、連合赤軍の闇を抱え込んだ坂口弘という人間の、深淵なる内側を照らし出す。

いつしかダンテになぞらへ
現代の
地獄めぐりせる心地するなり

耐へられぬ記憶の故に
どつぷりと記憶に浸り
耐へてゐるなり

資本主義社会が人間性を疎外する大きな問題をはらんでいる一方で、共産主義革命も、資本主義以上の地獄絵図をもたらすかもしれないという可能性を連合赤軍事件は突きつける。性善説によって組み立てられた社会主義の「世直しの罠」から逃れられる人はいないからだ。

　赤軍派リーダーの森恒夫は逮捕後、初公判を前に拘置所内で自死。革命左派のリーダーで、一時期は坂口のパートナーでもあった死刑囚の永田洋《ひろ》子《こ》は、脳腫瘍のため2011年に獄死した。

豆知識 佐藤優氏は、東京拘置所の独房に勾留されていた時、坂口弘氏の独房と隣り合っていたことがある。厳しい規則により言葉を交わすことは許されなかった。

時間の流れと自己の存在は同じこと

『時間と自己』

木村 敏

中公新書／1982年

誰もが持っている過去・現在・未来に偏って親和する精神病理を探究

京都大学医学部を卒業し、同大の教授を務め、定年退官後は名誉教授となった木村敏は精神病理学の権威だ。51歳の時に出版された本書は6作目の著書で、時間と自己、そしてその関係性について、精神病理学の視点から探究している。

木村は、最初の論文で扱った1人の離人症の女性患者を通して、「時間が時間として流れているという感じと、自分が自分として存在しているという感じとは、実は同じ一つのこと」なのだと意識するようになった。離人症にかぎらず、精神障害が起きると、時間が時間として流れなくなる。過去・現在・未来という時間の継続が失われ、自己の存在が不安定になるのだ。

木村は時間と精神病理の関係を大きく3つに分

ける。現在とは連続性のない未来に期待したり、未知性を極度に恐れたりする統合失調症の「アンテ・フェストゥム」（ラテン語で祭りの前）、過去に対して強い負い目を感じることによって所有の喪失があるうつ病の「ポスト・フェストゥム」（祭りのあと）、圧倒的に現在優位の時間の中で感情が高揚する双極性障害の躁期の「イントラ・フェストゥム」（祭りのさなか）だ。

本書が精神病理学の説明にとどまらないのは、木村が精神障害を単なる研究対象ではなく、自己の一部として内在するものととらえているからだろう。彼は精神障害を「多くの身体疾患とは違って、我々の誰もが持っている、それ自体異常でもなんでもない存在の意味方向が、種々の事情によって全体の均衡を破って極端に偏った事態にすぎない」とまとめる。

自分の中にあるアンテ・フェストゥム、ポスト・フェストゥム、イントラ・フェストゥムを見つめると、死生観にまで思考は巡る。また、時間の流れが自己の存在と同じことなのであれば、動物にとっての時間とは、あるいは宇宙にとっての時間とは、という問いが知的好奇心を刺激する。

一般に教養書である新書として平易か難解かといえば、難解だ。しかし、自己の存在とは何かという根源的な自問をするとき、本書にはたくさんのヒントがある。

俳諧師の芭蕉、古代ギリシア哲学のアリストテレス、存在論哲学のハイデッガー、現存在分析（精神分析）のビンスワンガー、ロシア文学のドストエフスキー、哲学者で音楽理論家でもあるルソーなどを縦横無尽に登場させて、論に広がりをもたせているのも印象的だ。

豆知識 精神病理と時間の関係性を研究テーマとした木村敏は時間芸術である音楽の愛好家。学生時代はピアノ演奏や合唱の指揮をしていた。

死刑囚が問いかける生きる意義

『死刑囚の記録』

加賀乙彦

中公新書／1980年

東京拘置所の医官が見た死刑囚
死までの限られた時間をどう生きるべきか

1954年、作家の加賀乙彦《おとひこ》は駆け出しの精神科医として都立病院に勤務していた。敗戦の影響で犯罪が激増し凶悪な事件が立て続けに起きていた時期でもあった。

「犯罪者がどういう人間なのか調べてみたい」

そう思っていた加賀の目の前に3人の看守に支えられながら1人の男がやってきた。強盗殺人、窃盗、詐欺の容疑で東京拘置所に収監されていた刑事被告人で、加賀が生まれて初めて出会った殺人犯だった。この男との出会いは、精神医学者としての加賀の人生に大きな影響を与える。犯罪学を一生の仕事にしようと決めた加賀は、男と出会った翌年、東京拘置所の医官となった。

本書には加賀が会話を交わした死刑囚との交流

記録がまとめられている。死刑囚が置かれた極限状態を加賀は端的にこう表現する。

「拘置所は国家が在監者を拘禁し、戒護し、厳格な規律に従わせる場所である。在監者の側からいえば、時空にわたっての、あらゆる自由が制限されるところである。囚人に残された最後の自由、生きることまで制限されているのが死刑確定者なのである」

死刑囚の中には被害妄想を広げ、現実逃避をする者もいる。個人によって違いはあるが、大半の死刑囚は心理が非常に不安定になりノイローゼ状態になっていく。

死刑囚のノイローゼ症状は、当然、彼らに残された時間が限定されているという事実と関係している。死刑囚は残り少ない人生を有効に使おうと、忙しく日々を過ごしている場合が多い。確実な死が迫っている死刑囚は「濃縮された時間を生きている」と著者は分析する。生のエネルギーがごく短い時間に圧縮されているという意味だ。

死刑囚と対極にあるのが無期囚だ。無期囚は刑務所生活に慣れ、人間としての自由な精神の動きを失っていく場合が多い。遠い未来にまで続く自由のない単調な生活を受け入れるには、刑務所に慣れるのが一番楽だからだ。死との距離によって時間の濃密度が変化しているのだ。

加賀は、拘置所の外に住む人間と死刑囚の共通点を指摘する。

「私たちの未来に確実におこる出来事は死だけである。とすれば、死刑囚と私たちとは時間のありかたの本質においては同じだと考えられないか」

死までの限られた時間を人はどう過ごすべきか。普遍的な問いである。

豆知識

加賀氏は本書出版の前年、死刑囚との交流をもとにした小説『宣告』を発表している。本名は小木貞孝。犯罪心理学・精神医学の権威でもある。

20世紀の〝知の巨人〟が看破した見えない権力の罠

『監獄の誕生 監視と処罰』

ミシェル・フーコー

田村俶訳／新潮社／2020年

学校・病院・軍隊・工場などにも浸透「権力と管理」の構造を歴史から照射する

東京拘置所という場所は、読書をする時間はたっぷりとある。この中で熟読する1冊として挙げるとしたら、まずミシェル・フーコーの『監獄の誕生』だろう。

取り調べに際して多くの人が抱くであろう疑問、「客観的な証拠調べによって犯罪を証明することができるとする近代刑事訴訟法において、本来自白は必要ない。しかし、捜査機関のみならず、裁判所までもが自白を重視し、必要とするのはなぜか?」という問いに対する解答を、本書に見出すことができる。

「真実が算定される場合の構成要素である自白は、被告人が告訴を承認してその請求理由を認める行為でもある。また自白は、被告人なしで行なわれる証拠調べを、自由意思にもとづく肯定へ変化させる。自白によって被告人は、刑事上の真実を生み出す祭式のなかに自分から位置を占める」

フーコーの代表作のひとつである『監獄の誕生』は、監視・処罰・矯正という社会の中心にある概念の誕生と発展を、膨大な歴史資料のなかから抽出したものだ。

「監獄」の思想は現代社会における「刑務所」という限定的な行刑施設のみならず、学校・病院・軍隊・工場など管理社会の多くの空間に敷延されているとフーコーは看破した。つまりこれは社会の構成要件である「権力」と「管理」の根源を探る試みでもあった。

「権力の技術として刑罰の緩和を分析すれば、同時にわれわれは、いかにして、人間、精神、正常もしくは異常な個人が、刑罰による介入の客体として犯罪を裏打ちするにいたったかを理解できるかもしれない。しかもまた、服従〔＝主体〕化の種別的な様式が、どのようにして《科学的》地位をもつ言説のための知の客体としての人間を生み出すことができたかを理解できるかもしれないのである」

いうなれば、監獄も工場労働も学校教育の現場も、同じような「権力」と「管理」の構造を持っているのである。そのことは、今回のコロナ禍でも明らかになった。

「自粛警察」の自発的発生を見てもわかるように、まさに「監視と処罰」は現代社会にもますます根深く展開する意識なのである。フーコーの思想の先見性、普遍性には一驚させられるとともに、「監獄」の思想がいかに現代社会の隅々まで浸透しているかを知覚させられる。

豆知識 佐藤優氏は東京拘置所で2003年より『監獄の誕生』を読み始め、感銘を受けた様子を『獄中記』に何度も記述している。

混迷の時代にことばの力を信頼する

『蓮如—われ深き淵より—』

五木寛之

中公文庫／1998年

親鸞に〈慈〉を、蓮如に〈悲〉を見た五木の実感 混迷の時代にこそ、蓮如らのことばが力を持つ

五木寛之は作家デビューの1966年から現在に至るまで、折々の著作によって時代に影響を与え続けているという点で文壇でも稀有な存在だ。時代が求めているものを書くという使命感を抱いているようにも感じられる。本作は『中央公論』95年1月号から4回連載されたものをまとめたものだが、なぜ『蓮如』なのだろうか。

1415年に生まれた蓮如は室町時代を生きた。貨幣経済が発達する一方で貧富の差は顕著になった。28年には農民による初めての一揆といわれる「正長の土一揆」が起こり、以降一揆は頻発するようになる。

変わって現代。バブル景気が終わり経済が低迷していた1990年代半ばはリストラや非正規雇用が増え、格差があからさまになっていく時期だった。また執筆後の出来事ではあるが、作品が連載中の95年1月には阪神・淡路大震災が発生し、3月には地下鉄サリン事件が起きている。混乱と不安の時代に五木は蓮如を登場させたのだ。

本作での蓮如は、6歳の時に生き別れた母が残した「わたしを思い出すときには、ただ、しんらんさまについてゆくのじゃ。そして、おねんぶつをひろめなされ」とのことばを胸に、生涯をかけて浄土真宗の布教に努める。ここだけをとりあげるとストイックな人物像が浮かぶが、煩悩に負けそうになったり、弱音を吐いたりと、どこにでもいる人間の一面も。こんなところも本作が身近に感じられる理由だろう。

本作は戯曲として書かれており、ことばのやりとりで物語が展開していく。これが奏功。蓮如ばかりでなく、登場人物が実に生き生きと描かれている。悪漢が蓮如とのやりとりで感動的なことばを発したり、蓮如を仰ぎ見る者が蓮如に決定的なアドバイスをしたり、頼りなげな者が命を賭す活躍をしたりと、台詞が登場人物に命を吹き込む。人が人と関わるということについて深く思索し、ことばの力を信頼しているからこそ、五木は戯曲の形式で表現したのではないか。

五木は94年に発行した『蓮如―聖俗具有の人間像―』（岩波新書）のあとがきで、「親鸞に〈慈〉を感じ、蓮如に〈悲〉を見るのは私の実感です。仏教の根本の姿勢とは、この両者を合わせた〈慈悲〉の立場につきるのではないかと私は思ってきました」と書いている。

90年代よりもはるかに混迷が深まっている現在、慈悲の大切さは増している。

豆知識 五木氏は、浄土真宗の宗祖とされる親鸞を稗史《はいし》小説にした『親鸞』（講談社）を2010年に発行した。ベストセラーとなり、シリーズ化されている。

食べるために生きるのか、生きるために食べるのか

『楢山節考』

深沢七郎

新潮文庫／1964年

「家族」「共同体」の本質をえぐり出しながら生きて死んでいくことの不条理を正面から問う

「人間が死ぬのは大いにいいことだね。人間が死んで、この世から片づいていくのは清掃事業の一つだね」といった過激な発言で知られる作家、深沢七郎。人間の存在の不条理さ、人間社会の暴力性や集団の狂気などを独特の筆致で描き出す。

1914年、山梨生まれの深沢が42歳の時に第1回中央公論新人賞を受賞し、作家デビューを果たしたのが、本書『楢山節考』である。賞の選考委員の三島由紀夫らに強い衝撃を与え文句なしの新人賞受賞であった。

山深い寒村を舞台に、まもなく70歳になろうという老婆おりん、一人息子の辰平、辰平の長男で身重の妻のいるけさ吉ら、おりんの家族とその集落の人々の物語である。

貧しい村にとって最も切実なのが食糧問題であった。村人の芋を盗んだことが理由で一家惨殺されるという事件が起きるほど、村人たちは「食べて命をつなぐ」ことに必死だった。当然、老いた人間に食べさせるような飯はない。

この村では、老人は70歳になると、子どもに背負われて「楢山まいり」をするのが習わしになっていた。つまり「楢山」の山中に捨てられてくるのである。家族がかぎられた食糧を効率よく分けられるよう、もはや子どもを産むこともなく、大した労働もできない老人は、この集落で存在してはいけないのだった。主人公のおりんは息子に背負われて「楢山まいり」をする日を待っていた。70近くになってもまだ、しっかりとご飯の食べられる丈夫な歯が恨めしく、石で歯を打ち据えてみたりするのだった。一方、辰平はひたすらその日の来ることが怖ろしく胸が潰れるような思いで過ごしている。しかし、息子の嫁が身重になり、ますます家族の食糧事情が厳しくなると、おりんは山行きを早める決意をする……。

痛ましく残酷な「命の選択」が、信州の山あいの風景とともに描き出される。山中でカラスの餌食となっていく「捨てられた人たち」の亡骸。降り積もる雪の下で心静かに座り歌を口ずさむおりんの姿は、もはやこの世の人ではないようである。

つなぐべき「家」「家族」とは何なのか。保守の人々は好んで「家族」を掲げるが、一皮剝けば、人間を生産性で数値化し淘汰する暴力装置の歯車にすぎないのではないか。深沢が放った強烈なメッセージは、私たちが生きる社会の足元を揺さぶる。できることならば隠しておきたかった何ものかが白日の下にさらされるのだ。

豆知識 深沢が1960年に『中央公論』紙上で発表した『風流夢譚』は荒唐無稽な夢物語であるが天皇の処刑シーンなどが話題となり、右翼少年が中央公論社社長宅を襲撃し家政婦を刺殺するという事件まで起きた。

人間社会に絶対的正しさなど存在しない

『聖書』

日本聖書協会／1987年

近代的理性が行きづまった今の時代こそ「見えないもの」へのまなざしに学ぶ

世界最大のベストセラー『聖書』といえば、キリスト教の聖典と思う人が多いかもしれない。もちろんそれも間違いではないが、実際の『聖書』は『旧約聖書』と『新約聖書』から成り、『旧約聖書』にあたる部分はユダヤ教の聖典でもある。ユダヤ教徒はこれを「タナハ」と呼んでいる。

『旧約聖書』は神が7日かけて天地を創造したとする『創世記』から始まる全39巻の書で構成され、一方の『新約聖書』は、イエス・キリストの生涯とその教えを記した「マタイ・マルコ・ルカ・ヨハネ」の4つの福音書から始まる全27巻の書から成る。

近代的理性が行きづまったとき、第一次世界大戦が勃発した。およそ100年前のことだ。現代の閉塞感は、その頃と非常に似通っている。このような行きづまりの時代には『聖書』を開き、思考に風穴を開けてみるのもいいかもしれない。

第一次世界大戦開戦直後、当初は戦争に消極的なドイツだったが、当時の神学界トップの神学者アドルフ・フォン・ハルナックによる戦争擁護の『知識人宣言』をきっかけに、ドイツ世論は戦争賛成へと変わっていった。

20世紀最大の神学者といわれるカール・バルトはこの『知識人宣言』を厳しく批判。バルトは大国による近代的理性が行きづまった今こそ「もう一度聖書を読み直すべき」だと訴えかける。

神学においては、イエス・キリストは神であり、そして人間であるとされている。さらには、イエスは神であると同時に神の子でもあり、さらには精霊としての神がいるともいう。そのうえ、これらは混乱もせず、しかし分割も分離もしないのだという。一体どういうことなのか。

神学はこれに対しはっきりとした答えを突きつめようとはしない。人間には不可知のものがあるという前提で、信仰の川を渡ってしまうのだ。

現代の閉塞した状況下において、このキリスト教の根本教義の曖昧さはひとつの指針となる。

あらゆることを理性的に合理化しようとする近代社会では、見えないものは置き去りにされる。これでは、物事の本質を見誤りかねない。

聖書は、見えるものの向こうに見えないものの存在を意識する。人間社会の絶対的正しさなどは存在しないと考える。人間が作り出す国家、人間が考える革命は、成立した瞬間から保守となり暴力装置となるからである。聖書から読み取るべきものは大きい。

豆知識 イエスが名前でキリストが苗字というわけではない。キリストは「油を注がれたもの」という意味で救世主を表す言葉である。

「神のことば」に従う人々を理解する

『コーラン』

井筒俊彦訳／岩波文庫／1957年

イスラム教は「過激派を生む頑迷な宗教」か あるいは「世界一清廉な宗教」か

イスラム教の聖典だが、預言者ムハンマドに神から「直接」啓示されたことばであるとされている点に、まず注意する必要がある。たとえば神がムハンマドに語ったのはアラビア語であったので、他言語に翻訳されたものは「正式には」コーランと認められない。「神のことば」であるコーランは、文学としても第一級であるとされ、「唱えられるべきもの」という名のとおり、（アラビア語で）朗誦《ろうしょう》されたときに、その美しさを発揮するといわれる。「神のことば」だから聖書外典や仏教の偽経に相当するものは当然ないともされるが、実際には伝承過程での混乱、さらには改竄《かいざん》も初期にはしばしばあり、650年頃に編纂（仏教でいう「結集《けつじゅう》」）が行われ、正典でないとされた文書は焼却されたようである。

イスラム教はキリスト教に次ぐ16億の信徒数を誇る世界宗教であるが、単に道徳や世界観の基準という枠をこえて、社会生活全般を律する基準にもなっているということは、日本に限らず他教徒にはあまり知られていない。そもそもイスラムとは「神への絶対服従」を意味するが、イスラム教徒はその神の教えとして、たとえば世界が突然(「兆候」は多数あるとされるが)破壊されるという「最後の審判」も信じている。「豚肉食を禁じるのは元来は寄生虫対策のため」とする説は意外に知られているが、「経典に書かれていることを信じるのが大切」とする立場からみれば、そういう起源説には意味がないというべきであろう。

神との直観的な同一化を重視するスーフィズム(「宗派」でなくひとつの「傾向」とされる)が禅仏教などとの類似性を指摘されるように、イスラム教にも「宗教」としての普遍性がみられるという議論は当然ある。しかし、「神の前で人はみな平等」という原則が文字どおり重視され、他宗教の「聖職者」にあたる人々の職業が、裁判をする「イスラム法学者」であったりする(ただし「祈りの指導者」など、「聖職者」により近い職種も存在する)ことなどは、かなり独特といえよう。

この「聖職者」を資格づけるのが「信仰の深さ」でなく「知識の深さ」とされる(内面のことは神にしか判断できない)点など、「神への帰依」に対して愚直なまでに冷徹である。現在ではイスラム教は「過激派を生む頑迷な宗教」とみなされることも多いが、神への服従を強調することで人間の傲慢さをおさえようとする傾向を本来持っていることに注目すべきだろう。

豆知識 「イスラム法で姦通罪は死刑」というが、「死刑と同等の効果をもつが人命をうばわない」終身刑を推奨する法学者が今日では多い。

佐藤優の古典攻略法① 古典を読む前の心構えについて

読む前に本の概要を知っておくべきか、いっさいの知識なくテキストを読むべきか

やや難解な古典を手に取ろうとするとき、読む前にある程度の前提知識として、あらすじなどの情報を調べたり、解説書のようなものを読んでおきたくなるものである。しかし、実際にはそうすべき本と、事前にあまり情報を入れるべきではない本がある。

たとえばアドルフ・ヒトラーの『我が闘争』のように偏見が非常に強く持たれているような本に関しては、事前に研究書などを読まずに、いきなりテキストを読んでしまうほうがいいだろう。マルクスとエンゲルス共著の『共産党宣言』も同様である。事前にあれこれと余計な情報を入れることなく、いきなりテキストを読んでみる。すると、それぞれのテキストが新鮮な発見とともに頭に入ってくる。

たとえば、マルクスは一夫多妻制に対して実は寛容だったのではないか、といった発見をすることができる。ブルジョワジーは一夫多妻制であるにもかかわらず、プロレタリアートがそれをすることに対しては文句をつけるのは偽善的ではないか、とマルクスは『共産党宣言』の中で述べている。

あるいは、マルクスが説く「反動的社会主義」はナチズムに近いことがわかる。つまり、マルクスは必ずしも社会主義に対して肯定的ではなかったのではないか、ということが見えてくるのである。こうしたことは、解説書などを事前に読んでいないほうがストンと腹に落ちてくるだろう。

しかし、たとえ事前に解説書そのものを手にとっていなかったとしても、私たちが何かを読むときには、必ずそこには何らかの前提知識や偏見があるものである。たとえ、事前学習などしなくても「ヒトラー」「共産主義」などの言葉に対して、何かしらのイメージをすでに抱いている人がほとんどだろう。肝心なのは、自分の中にはすでに何らかの偏見があるということを認識しながらテキストに向き合うことである。

古典としてのラインアップは日々アップデートされている

とはいえ、人が人生で読める本の数は限られている。私自身は膨大な数の本を読みこなしているが、それは大学院で論文を書く必要があったためであり、外交官として情報部局にいたため資料として本を読み込まなければいけなかったからであり、さらに現在は作家という職業として本を読む必要に迫られているからであり、別段そういう状況にない人が、たとえば本書で紹介している200冊すべてをオリジナルから読まなければいけないとなったら、自分本来の仕事が何もできなくなってしまうだろう。

だからこそ、オリジナルを読み込んだ人間が「この本にはこういう部分に機微に触れる箇所があるのだ」とまとめた本書のようなものを道案内として活用することは非常に有益である。自分にフィットしていそうだ、あるいはちょっと嫌いな考え方ではあるが知っておかなければいけない、と感じる作品をそこから選ぶ。茫洋とした書籍の海の中から損をしない本と出合うための賢い選択肢のひとつだといえよう。

また、古典としてのラインアップは日々アップデートされているということも忘れてはいけない。本書では春秋戦国時代の古典として『三国志』ではなく、漫画の『キングダム』を挙げている。春秋戦国時代を『キングダム』で学ぶことは、なんら不思議なことではない。秀逸な漫画は古典となりうるのである。

今後、鬼について知りたいと思った場合、古典的名著である馬場あき子さんの『鬼の研究』もいいが、『鬼滅の刃』や『約束のネバーランド』などが挙げられるようになる可能性は大いにある。「鬼」というのはそもそも「隠《おん》」という語から来ている。目には見えないけれども確かに存在し、災いを招くもの――。学術論文であろうが漫画であろうが、そこに現れてくるものは同じだ。今後、『鬼滅の刃』論なるものは必ず出てくるであろうし、そのなかには、災いをもたらす見えざる存在や、兄妹の物語としての家族の問題などが必ず取り上げられることになるだろう。

第二章

世の中の仕組みを俯瞰する

善悪どちらにも立脚せずナチを論ずる

『新版 エルサレムのアイヒマン 悪の陳腐さについての報告』

ハンナ・アーレント

大久保和郎訳／みすず書房／2017年

「悪とはシステムを無批判に受け入れること」ホロコースト責任者の裁判に見る「悪の陳腐さ」

ハンナ・アーレント。彼女の半生は2012年に映画化されたので、ご存じの方もいるだろう。1906年、ドイツ生まれの哲学者。ユダヤ人であった彼女はナチス・ドイツから亡命、紆余曲折を経てアメリカへたどり着く。

戦後、アルゼンチンに身を隠していたナチスの中心人物が逮捕される。アーレントはその人物、アドルフ・オットー・アイヒマンの全裁判に立ち会ったのち、63年に『エルサレムのアイヒマン 悪の陳腐さについての報告』を、雑誌『ザ・ニューヨーカー』に発表する。だが、その内容に驚愕した多くのユダヤ人から、同胞であるにもかかわらずバッシングを受けることになるのだ。

小林正樹監督『東京裁判』（83年）や、オウム真理教を描いた森達也監督『A』シリーズにも通じるが、裁く者の側にも裁かれる者の側にも肩入れをせず、先入観を排除し、客観的な事象をアーレントは見つめたのである。

哲学者は同調圧力を無視し、全体主義を拒否し、正義であろうとさえしないのである。

会社という組織に組み込まれれば、「外部から見れば悪事」と思えることも、自覚の有無にかかわらず任務として遂行してしまう。善人であっても簡単に悪事へ手を染める。そのことをハンナ・アーレントは私たちに示している。

果たして、アーレントは裁く側の内部にも、裁かれる側の内部にも与《くみ》せずに、この「報告」を書き上げた。どのような着眼点が、バッシングを浴びる原因となったのか。実際に本書を通して彼女に並走してほしい。彼女は、このレポートの副題を「悪の陳腐さについての報告」としている。アイヒマンが体現していた「悪」は、あまりにも「陳腐」だったと報告しているのである。

このレポートが書かれた63年といえば、ベルリンの壁が築かれてから2年後であり、ビートルズのファーストアルバムが発売され、マーティン・ルーサー・キングが「私には夢がある」と演説し、ケネディ大統領が暗殺された年だ。48年にイスラエルが建国されてから、15年後である。

その時代に生まれたこの「報告」は、社会に大きな波紋を起こした。自分がドイツ人としてドイツに生まれていたらどうなっていたか、自分が白人としてアメリカに生まれていたらどうなっていたか、自分がユダヤ人としてイスラエルに生まれ育ったらどうなっていたか。陳腐にしか思えない悪、その悪の側に与したのかもしれない——。

豆知識 アーレントはハイデッガー、フッサール、ヤスパースといった面々から、直接教えを受けている。彼らの思想をたどると、さらに彼女を把握できる。

西洋哲学の歴史がわかる世界的ベストセラー

『ソフィーの世界』

ヨースタイン・ゴルデル

池田香代子訳／NHK出版／2011年

ファンタジックなストーリーを読みながら哲学の歴史を体系的に学べる

哲学の知識があまりない人が哲学を学ぼうとするとき、最初から専門書を読んでも理解するのは難しいだろう。そこで、入門書から読むことになるが、なるべく専門家が一般の人向けに、平易な言葉でわかりやすく書いた「通俗本」から手に取るのがよい。

本書は、西洋哲学の通俗本として定評のある作品で、ファンタジックなストーリーを追いながら、哲学の歴史が体系的に学べる内容になっている。ノルウェーの児童文学者であるヨースタイン・ゴルデルが1991年に発表し、世界中でベストセラーとなった。

14歳の少女ソフィーのもとに、ある日、差出人不明の封筒が届く。手紙には、「あなたはだれ？」

「世界はどこからきた?」という問いかけだけが書かれていた。ソフィーは大いに戸惑うが、その後も手紙は毎日のように届き、さらに不思議な出来事が次々と起こっていく。ソフィーは問いへの答えを追い求めながら、哲学の世界にのめり込んでいく。

ソフィーの物語を語りながら、本書はソクラテスやデカルト、カント、ヘーゲルなどの主要哲学者だけでなく、ダーウィンやフロイトといった科学者にも言及する。読んでいるうちに、古代から現代までの思想や哲学についての知識がひととおり身につけられる。

専門的な哲学書は曖昧な説明を嫌うので、厳密な哲学用語を使うことが多い。しかし本書は、平易な言葉で語られ、さまざまな比喩が使われているので、哲学の知識がない人でも読み進めやすい。ミステリーのような構成は読み物としても面白く、飽きさせない。

本の装丁だけ見ると、子ども向けの本のようだが、大人でも十分楽しめる。本書が紹介する哲学の知識はあくまで基礎的なものだが、初心者にとっては重厚といってもいい内容なので、学生時代に哲学を学ぼうとして挫折した大人にこそオススメしたい。

本書を読めば、人は誰でも物心がついた頃は「哲学者」だったが、大人になるにつれて、その気持ちを忘れていったことを知るだろう。あるいは、哲学は専門家や研究者だけのものではなく、誰にでも学ぶ価値があると気づくはずだ。

そして、本書を読み終わったあと、読者は思うだろう。ソフィーに向けられた問いは、自分への問いなのだ、と。

豆知識 ゴルデルはノルウェーの高校で哲学の教師として11年間勤めながら、文学作品を発表していた。子どもは2人で、どちらも男の子だという。

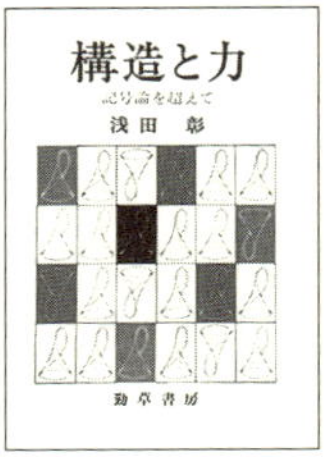

80年代を語るうえで欠かせない思想のテクスト

『構造と力 記号論を超えて』

浅田 彰

勁草書房／1983年

さまざまな分野の文化人を一カ所に引き寄せ どこへ進むべきかを示した80年代の「方向指示器」

哲学というジャンルが比較的身近だった1960年と70年の安保闘争、その後のシラケ世代と呼ばれた文化の劣化・停滞を経て、80年あたりからユニークな潮流が生まれた。

当時20代後半から30代前半だった、坂本龍一や細野晴臣、糸井重里。彼らが、デリダやガタリ、ドゥルーズといった、これまでになかったテクストを展開する思想家について、自身が担当するラジオ・テレビ番組や雑誌を通して平易な言葉で発信し始めたのである。

この発信は吉本隆明といった旧世代の思想家をも刺激した。坂本・糸井・吉本・浅田彰や中沢新一らは度々イベントで一緒になり、社会を刺激する言動を断続的に発信。「ニューアカデミズム」

と呼ばれることになる。

その発信は、当時少年・青年だったいとうせいこうや中森明夫を熱狂させ、はたまた岡崎京子や急逝したナンシー関らにも伝わっていく。ニューアカデミズムに功罪があるとすれば、こういった現在も続く潮流は、功とすべきである。

振り返れば、おかしな話ではなかった。70年安保闘争時、坂本や糸井は高校・大学生だった。哲学書やフリージャズ、ヌーベルバーグ映画を全身で享受しながら全共闘のデモへ参加していた。彼らはその後も継続して、海外や国内の先端的な哲学・現代思想を咀嚼し続けていた。社会に対してどのように立脚すべきか考え続けていたのである。

当時坂本や糸井が紹介した中で、最も脚光を浴びることになったのが、浅田彰の『構造と力』だ。資本主義社会という「大きな物語」を脱構築し、同時期に発表した『逃走論』と併せて「闘争」から「逃走」へ移行すべきだという論調だ。

83年、電車の中では新聞や文庫本ではなく、『週刊少年ジャンプ』を広げる光景が珍しくなかった。『ジャンプ』の発行部数は300万部超。対する『構造と力』は、思想書としては異例のヒット、発刊から30年で54刷にも達した。当時はお笑い番組で「構造と刀」といったパロディーや、頭を傾げた浅田のモノマネさえ登場した。

デリダ、ガタリ、ドゥルーズや浅田の思考は「ポストモダン」と称された。YMOによるシンセサイザーを駆使した音楽などと相まった「超現代」は、やがてバブル経済とその破綻へ向かっていく。逃走は不可能だったのか？ ニューアカは虚構だったのか？ 時代は再びねじ曲がり、ロスジェネへとつながっていく。

豆知識 佐藤優氏は、反ポストモダンであることを公言している。「大きな物語」を無視することが、現在の反知性主義を生み出したという主張だ。

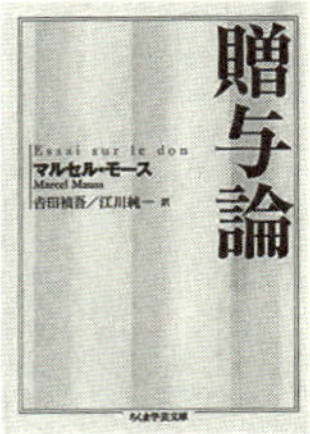

経済原則を超える「贈与」という行為のインパクト

『贈与論』

マルセル・モース

吉田禎吾、江川純一訳／ちくま学芸文庫／2009年

自らを与えること、他者を受け入れること 贈与によってもたらされる双方への影響力

マルセル・モースは1872年フランスのロレーヌに生まれた。統計データの利用など初期社会学に定式化した方法を与えたデュルケームの甥で、ボルドー大学時代から叔父に師事した。デュルケーム創刊の社会学雑誌『社会学年報』の編集寄稿を通し、デュルケームの方法で研究を進めるフランス社会学派の中心的位置で業績を重ねていった。第一次世界大戦末、息子の戦死を期に意気阻喪したデュルケームが亡くなると、師に代わり『社会学年報』を主導、師の死後第一号の同誌に発表したのが『贈与論――アルカイックな社会における交換の形態と理由』である。

本書の取っかかりとして、関連する現代社会の実際の光景を紹介したい。仮にAとするが、若い

Aは専門学校に通いながら、生活費や学費を稼ぐため、若さを武器に夜はバーで働いていた。父親ほどの歳の男性Bが、A目当てに通ってくるようになり、上客と目されるほどの金を落とし、ほんの気持ちとブランド品の贈り物などをくれることもあった。AはBがタイプではなかったが、給料をもらいながら割り切ってやっているので、店でBとおしゃべりをしたりするのは仕事だと思い笑顔を絶やさなかった。店を出れば何の拘束もないと思っていたのだが、最近はBのおしゃべりが何かを示唆するようで、いつしかAはノーと言えない自分を感じる、という相談があったとする。若いAに道を誤らせそうな社会的な背景、謎の力は一体何か。それに答えるバイブルが『贈与論』だ。

『贈与論』はタイトルに「贈与」と銘打ちながら、原著のサブタイトルでいきなり「交換」などと言い始める。贈与というのは贈り物で、物々交換ではない。交換や購入に際して我々は品物のよし悪しを見るが、物をもらう場合には、くれた人の人品の軽重も測ろうとする。その贈与と交換を同じ言葉のように並べるのは、モースがこれらは現実にはグラデーションをなしており、中間的なさまざまな「形態」で現れると考えたためだろう。その意味では経済活動も、今のAを支配する謎の力も、根っこには同じ「理由」がある。

現代社会では個人間の贈与以外にも企業が定式化されたマーケティング手段として物をくれたりするが、気づけば消費者として囲い込まれたりもする。贈与が双方の関係性に影響を与える「理由」とは。

いま、「A」たる私たちには、その「理由」をひもとくバイブルとして本書が必要なのだ。

豆知識 社会学、民族学というと今日ではフィールドワークが当たり前だが、モースはほとんどフィールドワークをしていない。彼は新しい研究者たちのフィールドワークと机の上で向き合った。

戦前を代表する哲学者が唱えた危険な国家論

『歴史的現実』

田辺　元

こぶし文庫／2001年

学生を戦地に送るための「哲学」
国家に身を捧げることを肯定した思想の暴力性

田辺元《はじめ》は、大正から昭和にかけて活躍した哲学者である。東京帝国大学哲学科を卒業し、東北帝大講師を経て、西田幾太郎に招かれて京都帝大哲学科に移る。1927年、同大教授となり、絶対弁証法を構想。その思想は「田辺哲学」とも称された。

本書は、田辺が39年に京都帝大で行った講義をまとめたもので、翌40年に初版が岩波書店から発行された。本書で、田辺は歴史と人間の関係を哲学的に説明しながら、人が生死を超越するということは、「自らの意思を以て死に於ける生を遂行することに他ならない」とした。そのうえで以下のように述べる。

「歴史に於いて個人が国家を通して人類的な立場

に永遠なるものを建設すべく身を捧げることが生死を越えることである」

当時は、日本がアジアで戦線を拡大し、「大東亜戦争」が間近に迫っていた頃。田辺は、戦争が始まれば戦地に向かうかもしれない学生たちに対して、「国家に身を捧げることで生死を越えられる」と説いたのである。

いま聞くとひどく乱暴な話に聞こえるが、本書が当時の若者たちを大いに刺激したことは想像に難くない。実際、学徒出陣兵たちが本書に鼓舞されて特攻に出撃したといわれている。結果的に田辺は「大東亜戦争のイデオローグ」のような存在になったのである。

田辺のこの論理は、死を超越するための思想的解釈のひとつではあった。宗教でも、死によって神の国へ行く、目的を達成する、といった考え方は昔からある。人間には、本来的に自分が信じるもののために自らを犠牲にするという思考や行動パターンがあるのかもしれない。

しかし、神であろうと国家であろうと、自己犠牲を美化する思想は時として非常に危険なものとなる。まして、国家が国民にとって宗教のような存在になってしまえば、国家は容易に国民に死を求めるようになる。国家がいかに暴力装置と化してしまうかは、戦前・戦中の日本を含め、世界各国の歴史がそれを証明している。田辺も自身の哲学が戦争正当化の論理となったことを認め、戦後は自己批判をした。

国家の暴力装置としての機能を、私たちは注意を払って見極める必要がある。そのためにも、思考停止に陥ってはならない。本書から読み解くべきものはそこである。

豆知識 『歴史的現実』は、戦後は岩波書店から刊行されていない。同書は、岩波書店の戦争責任を考えるための資料としても意味を持つ。

第一次世界大戦と世界恐慌がもたらした大東亜共栄圏への視座

『世界史の哲学』

高山岩男

こぶし文庫／2001年

ヨーロッパ的「近代」終焉以後に現れた多極化した世界を俯瞰する「超近代」歴史哲学

西田幾多郎、田辺元《はじめ》によって確立された京都学派哲学者の中でも高山岩男は在学中からその才を注目されていた。

1905年に山形で生まれ、京都帝国大学に進学した高山は、ヘーゲルの『精神現象学』に強い影響を受け、35年に京都学派の視点から同書の考察の再構築を試みた『西田哲学』を出版。その後、観念論のみならず世界民族の比較文化を哲学に援用した『文化類型学』を出版し、視野を文化史へ拡大していった。

18年の第一次世界大戦終結とその後の世界恐慌の激動を目の当たりにした若き高山は、これこそがヨーロッパ思想が規定した「近代」の終焉と考え、多極化した世界の視点に立った歴史観を構想する。

「この世界史の転換が世界史学にも転換を要請し、近代の世界史学に代って新たな世界史学の建設を要請し来るのは当然である」

「近代世界史学の依って立つ根本原理に徹底的な批判を加えると共に、それに代るべき新たな根本原理を建設することを意味するのである」

　このような構想のもと、42年に出版された大著が『世界史の哲学』であった。

　本書はまず世界の文化の多元性から「文化の有機性」＝生物性を説き、ヨーロッパ世界に対する「東亜世界」の歴史文化を考察した。

「主体とは単に精神的なる主観ではない。精神的・身体的なるものが真の主体である。歴史とはこのように意味の主体的行動を俟《ま》って成立するのであって、歴史こそ最も具体的に人間的なものである」

　高山の思想はヘーゲルの観念的統一の段階を脱し、精神と身体の統一が「歴史」であるという新たな次元へ達した。

「歴史はその根底に潜む歴史否定の永遠意志との闘争なくしては成立しない。歴史が善悪の対立を基礎とする道義を離れないのはこのためである」

「そしてこの葛藤の中から創造の意欲と行為とは、遥か歴史を超出せる永遠・絶対のものに連なって輝くのである」

　こうした思想から、本書は出版当時「大東亜共栄圏」を正当化するものとして読まれた。

　高山はヨーロッパの理性的実存に対する「人間的実存」の論理に立脚して近代文明への反省を迫ったのだ。その言葉はグローバリズムとナショナリズムが相対する現代の世界構造を的確に予言していた。

豆知識　高山は晩年（1986年頃とされる）に『世界史の哲学』の修整を構想するメモを残しているが、すべての修整が果たされないまま他界した。

本質を衝くアリストテレス一派の〝稚気〟

『問題集』

アリストテレス

内山勝利、神崎繁、中畑正志編／岩波書店／2014年

性交・飲酒・悪臭・恐怖・肌の色つや……人間の根源たる「問題」に立ち向かう

万学の祖・アリストテレス（紀元前384～322年）には『形而上学』『政治学』など現代も読み継がれ感銘を与える古典的名作が数多いが、本書『問題集』はすでにペリパトス派の弟子たちの手による偽書（擬アリストテレス）との説が確定している書物である。

それでもなお、実験という発想がなかった時代の人間の知的営為の不思議さを現代の私たちに伝えてくれるという、長年読み継がれてきた理由が損なわれることはない。人間の根本にある本質的な「問題」が詰め込まれているからである。

『問題集』は38巻・約900章からなる大作で、ほぼすべての章が「なぜ～なのだろうか」という問いから始まり、「あるいはそれは～だからだろうか」という疑問符つきの仮説を複数並べて解答を模索している。問いは「発汗に関する問題」「飲酒と酩酊に関する問題」など医学的な疑問、「性交」「よい香り」「悪臭」「顔」「肌の色つや」など人間の生理、そして「数学」「空気」などの自然科学や「恐怖と勇気」「正義と不正」「賢さ、知性および知恵」など哲学的テーマにまで及んでいる。その具体例は以下のようなものである。

「なぜ、酩酊している人たちは、性交不能になるのだろう。あるいはそれは、身体の或る部分が他の部分よりいっそう多く熱せられねばならないのに、彼らは体内の熱が多量になるためにそうすることができないからだろうか」（第3巻　33章）

「なぜ、恐怖している者は、陰部が縮こまるのだろうか」（第27巻　11章）

「なぜ、尿は体内に或る時間が長いほど悪臭がひどくなるのに、便は悪臭が少くなるのだろうか」（第13巻　1章）

このような素朴でユニークな問いが数多く羅列されているが、一方で以下のような哲学的な問題にも取り組んでいる。

「なぜ、動物のうちでは人間が最も賢いのであろうか」（第30巻　3章）

「なぜ、われわれは、老いるにつれていっそう知性をもつのに、若いときほどすばやく学んでしまうのだろうか」（第30巻　5章）

これらはアリストテレスと弟子たちの日常的な対話からの採録なのかもしれない。仮説と解答は今日の常識からすれば無邪気で滑稽ですらある。この世に存在する万物に関心を寄せ、現象を自然法則から解明しようとした古代ギリシア人の知的好奇心と論理を素直に楽しめる1冊である。

豆知識 『問題集』は単著としては出ていないが、岩波書店版『アリストテレス全集』13巻（旧版は11巻）に収録されている。ほとんどの公立図書館に収蔵されている。

信仰が必須だった時代に「無神論」という石を投じた

『神学・政治論』

バールーフ・デ・スピノザ

吉田量彦訳／光文社古典新訳文庫／2014年

それでも発刊せずにはいられなかった欧州を極度の緊張に陥れた〝有害図書〟

1632年、ユダヤ人としてオランダに生を受けたバールーフ・デ・スピノザ。ルネサンス、大航海時代、アメリカやアジアの植民地化といった16世紀を経て、17世紀にはイギリス市民革命が蜂起。航海により人類の移動が激化し、ヨーロッパ・アフリカ由来の伝染病がアメリカ先住民を襲う(コロンブスの発見以前3000万人だったメキシコの人口が、17世紀初頭160万人に激減したという)。ヨーロッパではペストが猛威を振るい、アムステルダムなど欧州各都市で、それぞれ数万人から数十万人の死者をもたらした。一方、東インド会社を設立し貿易拡大を成功させたオランダは、かつてない興隆を迎えた。しかし17世紀は戦争の世紀でもあった。オランダはイギリスとの戦争を経て、次世紀を待たずして衰退していく。

当時、ヨーロッパ市民の価値観は大きく揺らいでいたことが想像できる。本書が発刊されたのは1670年。著者名は伏せてあった。常軌を逸する、驚愕すべき内容だったからだ。

神学と哲学は分けて考えるべきである。教会よりも国家が上に立つべきである。自由に思考することは国家の平和に必要なことである。国家は国民を支配せず自由を与えるべきである。聖書は神の言葉そのものではなく教団所属者による著書である。従って聖書は神からの「啓示」ではない。

17世紀の欧州で、キリスト教かユダヤ教を信仰しない者などほとんどいなかった。その中で実質的な無神論を説いたこの本は「卑猥かつ瀆神」「悪魔が地獄で作り出した」「有害で唾棄すべき」と凄まじいバッシングを浴び、極度の緊張状態を起こす。4年後に発禁。その3年後スピノザは病死する。本書への非難は1世紀にわたり収まらなかった。

しかし彼の宗教批判は、18世紀以降の聖書神学に生かされていく。聖書を教会や教義の支配下に置かない。科学的に検証したうえで、史実と神話を区別する。批評的かつ客観的な研究を軸とする、自由主義神学である。

神は人間に対し、超自然的存在を介して「啓示」すなわち宗教的真理を伝達する。聖書も「啓示」のひとつだと考えられている。「啓示」を発する神を神学者が見つめなおす、その手段を提示したのが無神論者であるスピノザだったのだ。

さまざまな社会状況を睨み、それでもスピノザは本書を発刊せずにはいられなかった。17世紀のオランダと現代との類似点が見えてくる。

豆知識 地動説を唱え、有罪判決を受けたガリレイ。神の存在証明を哲学的に論証しようとしたデカルト。スピノザと同じ17世紀の人物だ。

英仏2つの革命は何が異なっていたのか

『フランス革命についての省察』

エドマンド・バーク

中野好之訳／岩波文庫／2000年

「保守主義者の聖典」が詳《つまび》らかにした「理性の限界」過激な民主主義の弱点と行く末

「自由・平等・博愛」の名のもとに絶対王政を打破し、近代民主主義の先駆けになったとしばしば称賛されるフランス革命。だが革命当時より、懐疑的な見解がなかったわけではない。著名な論としては、イギリスの政治思想家エドマンド・バークによって革命の翌年（1790年）に発表された本書『フランス革命についての省察』が真っ先に挙げられよう。「保守主義者の聖典」とも呼ばれる1冊である。

バークは、ただ復古主義的立場からフランス革命を批判したわけではない。むしろホイッグ党（のちの自由党）の下院議員として、トーリー党（のちの保守党）と鋭く対立していた人物である。

ではなぜ、フランス革命に懐疑の目を向けたのか。バークは、革命の理論的支柱を成していた「社会契約論」の欺瞞を糾弾した。ルソーに源をもつフランスの社会契約論は、主権は自由と平等を志向する人民にあり、人民が国家を規定するとした。つまり国民が気に入らなければ、国王を自由に処置できるというわけだ。しかしバークは、長年受け継がれてきた国家と人民の関係は、人々の自由な意志や理性によって簡単に変更できるものではなく、より「本源的な契約」だと批判した。

そのうえでフランス革命と、自国で約100年前に起きた名誉革命（1688年）を比較する。名誉革命においても議会が新国王を招き、旧国王を追放する事態が生じたが、バークはその当時においては「本源的な契約」に対し旧国王の側から侵害があったために、革命は正当化されるとした。

対するフランス革命は、国王からの明確な侵害がないにもかかわらず、人民が国王、あるいは古きよき伝統や法の支配、教会などの中間組織までをも破壊して権利を主張したものであり、到底容認できないとした。このバークの考えは、議会が権力を持ち続けたイギリスの伝統に根ざしたもので、背景にあるイギリス宗教改革まできちんと理解していないとなかなか咀嚼できないだろう。

最後にバークは、フランス革命が今後どのような経緯をたどるかを予見した。いわく「フランスは火と血によって浄化されるべき転生を通り抜けなければならない」と。それは現実のものとなり、ジャコバン独裁による大粛清、そしてナポレオン「皇帝」の誕生と、絶え間なき戦争の時代へと突き進んでいくことになる。

理性の限界と寛容、多元主義の重要性がよくわかる1冊だといえよう。

豆知識 フランス革命を痛烈に批判したバークだが、アメリカ独立革命には好意的であった。しかし本書は、トマス・ジェファーソンたちからすこぶる評判が悪かったという。

個人主義的ヒューマニズムの克服を煽る60年代のベストセラー

『現代のヒューマニズム』

務台理作

岩波新書／1961年

意識と行動の統合を説き闘争による人間解放を追究 60年安保後、左翼運動のバイブルに

1890年生まれの務台理作は京都学派を代表する哲学者であり、社会構造を実存論として考察した『社会存在論』（1939年）は丸山眞男から「驚くべき思索の結晶」と激賞された。終戦後の46年には政府の教育刷新委員に任命され、その後、文部省教育研究所長として教育基本法や六三制など教育改革を推進する。

50年代以降、務台はファシズムを批判し、その克服をめざす「第三ヒューマニズム」を提唱し多くの論文・論考と啓蒙書を執筆した。岩波新書から61年に刊行された本書は、51年に出版された『第三ヒウマニズムと平和』のヒューマニズム論を発展させ一般向けに啓蒙した内容で、60年安保闘争後の運動の理論的背景としてべストセラーになった。

まず務台はヒューマニズムの規定として「人間的なことがらに共感する精神＝センチメンタル・ヒューマニズム」を否定、「ムード的なものがそれだけで終わらずに一定の思想にまで昇華し、この思想と行動とが綜合されるとき、ここにはじめて『思想としてのヒューマニズム』が成立する」とした。さらに、「思想というのは、その中に行動への可能性を含み、非人間的なもの、反人間的なものにたいしてこれと対決しうる力をもった思想です」と説いた。人間はそもそも歴史状況や環境で変わりやすい存在であるから、世界と一体となった「全体的人間」を実現しなければならず、それが未達成だった戦前期の人間のあり方を、実存主義の立場から批判した。

務台が提唱する「第三ヒューマニズム」とは（1）近代の貴族的、個人主義的ヒューマニズム、（2）人権・自由・人格の意識に裏づけられた市民的ヒューマニズムを経て、達成される（3）生活の実感、意見、イデオロギーへの反省的綜合と、科学と論理学とによって十分に媒介された、思想としてのヒューマニズムであった。

務台は高度資本主義における人間の商品化、疎外化に対抗し、闘争によって人間解放が達成されるのが「人類ヒューマニズム」だとし、「未来の歴史の担い手はブルジョワではなく、物質的・知的労働者すなわち生産的人間の手に移ることを信じています」と書いた。また反戦・反核運動や労働運動など闘争行為の正当性を主張したが、一方でそれは武装革命の肯定も含んでおり、そこから派生した70年代左翼運動の悲劇を予見できず、ここに「第三ヒューマニズム」の限界が感じられる。

豆知識 務台理作は故郷である長野県南安曇郡三郷村（現・安曇野市）の小中学校をはじめ、6校の校歌を作詞する詩人でもあった。

マルクス哲学は神学的見解によっていかに克服しうるか

『「現代」への哲学的思惟 マルクス哲学と経済学』

滝沢克己

三一書房／1969年

神学と哲学の融合、もしくは相乗と克服 「滝沢神学」の1960年代的展開

1909年生まれの哲学者・滝沢克己は九州大学文学部哲学科を卒業後、ドイツのボン大学に留学、プロテスタント神学の権威カール・バルトに師事した。それゆえに彼の哲学は「滝沢神学」と呼ばれキリスト教神学の色彩が濃く、バルト神学に立脚した視点から哲学、マルクス主義、仏教、文化一般などを論考しているのが特徴である。

滝沢の活躍した時代は西田幾多郎らの京都学派が席巻しており、彼もまた学生時代にその影響から逃れられなかったが、バルトに学ぶことによって西田哲学を克服する視座を獲得し、独特の哲学理論に到達した。

『「現代」への哲学的思惟』は滝沢の中期にあたる時期の論文集で、神学と哲学の比較検討的なも

のから日本のマルクス研究の第一人者であった宇野弘蔵の批評的論文、さらには「恐慌」の発生に関する考察など5編が収録されている。

いわゆる「滝沢神学」の発展的展開である第1論文『万人の事としての哲学』はフォイエルバッハ、ヘーゲル、マルクスなどを俎上に置き、マルクス以降に発見された哲学の課題を抽出する。

「技術・経済の場と宗教・倫理の場は、実人生の相互に相反する両極として、それぞれ他から独立なStruktur=Dynamikを帯びているが、人生全体の隠れたる原点をとおし、そこに支配する唯一の生ける関係を映して、刻一刻相互に影響しあう」

このように滝沢の文体はきわめて難解な印象を抱かせるが、丁寧に読んでいけば意味を正確に把握することができるはずだ。

第2論文『人間存在における必然と自由』、第3論文『経済学における「具体」と「抽象」』、第4論文『「経済法則」の性格にかんする一哲学徒の省察』はマルクスの『資本論』『ドイツ・イデオロギー』やその研究の第一人者である宇野弘蔵の解釈に対する考察であるが、とくに第4論文はスターリンの「ソ同盟における社会主義の経済的諸問題」の分析と、それに対する宇野弘蔵の見解を丁寧に比較検討して考察している点が秀逸であり、ぜひ一読をオススメしたい。

最後に収められた第5論文『不安と恐慌　覚え書』は20ページ余りの短い論文だが、恐慌が不安の構造から生まれることを解明する。不安は人間の内面である一方、必然的な法則を含む社会的運動形態であると思弁的に証明して見事な哲学論文となっている。ここから本書を読み始めてみると、取っかかりやすいかもしれない。

豆知識　西田幾多郎にバルトの下で学ぶことを薦められた滝沢は、ナチスを批判するバルトはドイツで教職から去っていると思っていたが、ギリギリでボン大学での講義を聴くことができた。滝沢はバルトに心酔、師事することになる。

ファシズムから独裁者の本質を学ぶ

『ムッソリーニ ―イタリア人の物語』

ロマノ・ヴルピッタ

ちくま学芸文庫／2017年

強く実現力のある政権を渇望した国民 独裁者はなぜ生まれたのか

ムッソリーニという名前を聞いて日本人がイメージするのは、第二次世界大戦下でイタリアに君臨していた独裁者の姿だろう。外交の専門家であるロマノ・ヴルピッタがムッソリーニの伝記を執筆した背景には、こうした日本人の乏しい知識に対する落胆があった。「ムッソリーニを軽視する姿勢の裏に、日本人のイタリアそのものに対する評価の低さを感じた」とヴルピッタは振り返る。

1939年、ローマに生まれたヴルピッタは、5歳の時に母親と一緒にムッソリーニの書斎を訪れた経験がある。東京大学に留学し、イタリア外務省を退職した後は京都産業大学で教壇に立つなど、日本通の元外交官だ。

本書には、ムッソリーニを礼賛する反時代的な記述がある一方で、日本人が知らないムッソリーニ像が描き出されている。

ムッソリーニが台頭し始めた頃、イタリアは第一次世界大戦で勝利したものの、国家財政は疲弊し国民の不満が高まっていた。戦争で払った犠牲に妥当な報酬が得られていないと多くの人が不満と挫折を感じていたのだ。

そうした国民の意識を敏感に感じとり、より公正な新しい社会の樹立を謳った政治家が、ファシスト運動のリーダー、ベニート・ムッソリーニだった。古典と哲学に通じた知識人でもあったムッソリーニは、大規模な国家介入によって資本主義的格差の拡大を是正すると訴えた。実行の伴わない政治家にうんざりしていた国民はファシズムの福祉国家的発想に熱狂し、ファシスト党の支持が爆発的に広がっていった。

首相の座に上り詰めた直後、ムッソリーニは国民に向かって呼びかけた。「目標は内閣を組織するに留まらず、決断力がある政権を創出することにある」。大戦後の4年間で5回も内閣が交代した不安定な政治状況で、社会には失望が溢れていた。国民はまさに「強権を行使してでも実現する能力のある政権」を渇望していた。

本書を読むと、ファシズムを称賛する国民の内在論理や心理状況がよくわかる。国民は独裁者に盲目的に従ったのではなく、「強いイタリア」を訴える政治家に希望を感じ、喝采を送ったのだ。

第二次世界大戦が終焉してから75年となる今、状況は当時と酷似している。世界経済が停滞し、社会通念は崩壊、世界は不安定化している。過去の過ちを繰り返さないためにも、本書が伝えるファシズムの構造を今こそ学ぶ必要がある。

豆知識 派手な女性遍歴を持つムッソリーニには浮いた噂が絶えなかった。首相執務室で300人以上の女性と情事にふけったという証言もある。

日本人のルーツを皇位継承とともに考える

『神皇正統記』

北畠親房

岩佐正校注／岩波文庫／1975年

日本の国家体制の基本は寛容性と多元性にあることを説く

著者の北畠親房は村上天皇を開祖とする村上源氏の庶流北畠家の出身。大納言まで出世し政治の表舞台を知りつつも出家。隠居の身ながら、南朝の思想家として、南朝の正当性を主張した本書を著した。本書は中世の歴史書として、慈円の著書『愚管抄』と双肩を並べる。

本書が執筆されたのは1339年頃と推定されている。天皇をとりまく武家の勢力争いが激しくなり、京都の北朝と吉野の南朝、朝廷が2つに分かれるという騒乱の中、天皇は日本国の絶対的王であり、南朝にこそ正当性があるのだと説いている。影響力を失いつつある天皇こそ日本の国王だと主張したのだ。

「大日本者神國也（おおやまとはかみのくになり）」

と、親房は日本を定義する。神道を原理とする国である、ということだ。神代、天皇の祖先により日本列島が創造された。天照大神は日本固有の神であり「異朝」（中国、朝鮮、インド）とは違うのだと説く。こうした記述によって、本書は戦前・戦中に「他国よりも日本は優れているのだ」という思想の根拠として誤読された。

しかし本書は他国よりも日本が優れているなどという排外主義的な言説の書ではない。「神道とは何か」ということを明らかにするために、インドや中国と比較したにすぎないのだ。

親房が神代の時代からひもといた日本という国は、仏教思想をベースに、天皇を中心とした中央集権国家として完成するものの、皇位継承をめぐる内乱や天皇をとりまく公家間の勢力争いに翻弄されていく。その最前線では常に武士が戦っていたが、やがて天皇の権力はまさにその武士に奪われてしまうことになる。

本書は、南朝の正当性を主張する書物という位置づけのみならず、神代から中世に至る歴史的背景、国体における天皇という位置づけをひもとくうえで重要な役割を後世、果たすことになる。

天皇を絶対王としながらも仏教を寛容に取り入れて国家システムの基礎に置いたほか、大陸の文化、技術を積極的に取り入れるなどした柔軟な考え方がその根本にあるとも説いた。

やがて徳川幕府が倒れ、再び天皇を中心とした国家、明治新政府になり、周辺諸国に侵攻することに活路を見出した軍部が台頭すると、本書は右翼思想のバイブルとして扱われるようになる。

本書は時代時代において扱われ方が大きく変容してきた歴史書なのである。

豆知識 佐藤優氏は、親房の多元性と棲み分けの論理こそが社会に必要という説に注目する。異教、異文化を受け入れ尊重しあう社会の寛容性こそ、我が国が存続しえたキーワードと考える。

南朝の君に忠を尽くしながら、身の上をもの思う

『新葉和歌集』

岩佐正校訂／岩波文庫／1992年

三十一文字《みそひともじ》に託された無念と忠誠の思いに日本の思想の源流をみる

『新葉和歌集』が完成したのは1381年、鎌倉時代と室町時代の間、南北それぞれに天皇が存した南北朝時代のこと。

鎌倉時代後半より大覚寺統と持明院統の2つに系統が分裂していた朝廷は、後醍醐天皇による「建武の新政」が失敗したことを契機に、京都に北朝が、吉野に南朝が立ち、完全に分裂することとなった。その間の五十数年が南北朝時代である。この間、北朝では『風雅和歌集』をはじめとして3つの勅撰和歌集が編纂されたが、それらに南朝の人々の和歌が入れられることはなかった。

この仕打ちに黙っていられなかったのが宗良《むねよし》親王（南朝の初代天皇である後醍醐天皇の皇子）である。宗良親王は南朝による和歌集を編纂することを決意、こうして生まれたのが『新葉和歌集』である。

『新葉和歌集』を深く味わうためには、この時代背景に加え、もうひとつ理解しておくべきことがある。それは、南朝の政治的な立ち位置だ。

失政により京を追われた後醍醐天皇は、吉野に行宮《あんぐう》を置いて天皇としての権力回復を図るも、度重なる戦によって弱体化し、流転を余儀なくされる。しかし、苦境にあってもなお、南朝に忠誠を誓う臣下たちがいた。『新葉和歌集』に集められているのは、そうした忠臣たちの声である。

君がため　世のため何か　をしからん
　すててかひある　命なりせば

戦に傷つきながらも君主を思い、かつての都が懐かしく思い出されるほどに、吉野の宮が寒々しく思えて仕方がない……。彼らのそうした切々たる思いが、歌の端々に滲む。和歌を通して、ないがしろにされてきた南朝の人々の無念さ、天皇を中心とした神話の国を愛する思い、その感情の「リアルさ」を肌身で感じることができる点が、『新葉和歌集』の大きな特徴といえよう。

『新葉和歌集』が、南朝の正統性を主張した南朝の思想家、北畠親房による歴史書『神皇正統記』の和歌バージョンといわれている理由がよくわかるだろう。

日本という国を成り立たせているものが何なのか。今後の国家のあり方を考えるうえでも、南朝から学ぶことは多い。歌の技巧としては伝統的かつ保守的なものが多いとされる『新葉和歌集』だが、詠み手の心情とともに味わいたい。

豆知識　南朝和歌の「君への忠誠心を詠う」というその作風は皇国思想と通ずるため、とくに第二次世界大戦以降は積極的な読解がなされなかった。

南朝の正当性を記録した長編軍記物語

『太平記』

長谷川端校注・訳／小学館／1994年

「史実」を伝えているわけではない 戦国の混沌を描き出す長編歴史絵巻

太平記は現存する歴史文学において最長の作品である。南朝の正当性を主張しながら南北朝時代の50年間の皇室と幕府の関係性を記録している。

複数の作者がそれなりの期間にわたって記述しており、文章構成もバラバラで首尾一貫性に欠けている。源氏物語のような文学性もない。長年の読み聞かせ伝承により複数の解釈が混じっている。とにかく脱線が多く私見ばかりで主張がぼけてしまうため、後醍醐天皇の横暴さなどがひと際目立ってしまう。

と、こうして特徴を並べてみると相当にアラが目立つようであるが、鎌倉時代から室町時代の歴史を理解するうえで重要な1冊であることは間違いない。足利尊氏＝ヒール（悪者）、楠木正成＝

ヒーローという固定観念が根づいたのも本書によるところが大きいだろう。

16世紀に入るとキリスト教宣教師が、中世の文化や思想を伝える書物として本国に持ち帰り、『平家物語』とともに欧州に広まった。当時の歴史を学ぶだけでなく日本語を伝える重要なテキストにもなっていたのは興味深い。同時期、戦国時代の武将には兵法書として扱われた。

江戸時代に入ると徳川光圀が『大日本史』を編纂し北朝が皇室家として正統と解釈されると、史実を伝える歴史書としての価値が失われ、講談や浄瑠璃の演目などで歴史物語として扱われるようになる。とくに歌舞伎演目ではモチーフ的役割を担うようになった。

いわば『太平記』は長編軍記小説としての地位を確立したのである。そのうえで、天皇を中心とした中央集権国家の成立、仏教伝来、武士の台頭・政治への介入といった日本の歴史のターニングポイントを理解するために、本書は欠かせない。

物語は人間臭さがないと面白くないが、実際には後醍醐天皇の人間性などがわかる由もない。

ところが江戸時代の大衆娯楽である浄瑠璃、歌舞伎、講談などにおいて人物の面白さがいっそう誇張されるようになった。そのような娯楽書物だからこそ描けるものがあるというのもまた事実。

たとえば、50年にわたる天皇、武家の勢力争いを描く歴史絵巻の終盤、まさに戦国の混沌とした世の中に突入するにあたり、なぜこのような乱世になったのかを問う場面がある。議論しているのは公家と侍と僧侶だ。もちろん創作である。しかし議論を重ねても答えは出ない。史実ではないが、それこそが日本の「歴史」なのである。

豆知識 **佐藤優氏は本書を「下降史観」に通じるととらえる。戦乱の世に突入していく混沌の時代、どんどん悪い方向に進むという考えだ。現代の世界情勢と酷似している。**

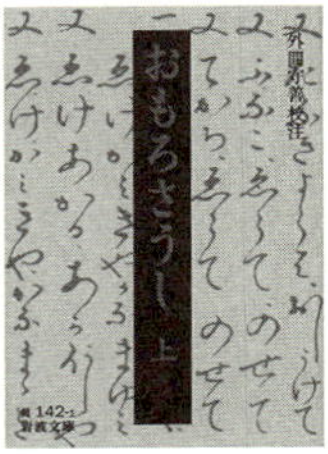

神歌から労働歌までを網羅する沖縄の「歌集」

『おもろさうし』

外間守善校注／岩波文庫／2000年

五穀豊穣や平和を祈る歌から沖縄と日本の源流を感じる

ウチナーンチュ（沖縄人）の世界観察の視座には独特の魅力がある。中国とも東南アジアの島々とも文化的に深くつながり、独自の文化を育んできた琉球。

一方、言語的には大和の言葉と深くつながっていたことが、本書『おもろさうし』などの古い文献から見てとることができる。

これら沖縄の古い文献は、主語―目的語―述語といった文法で書かれており、大和で使われていた古語も随所に見受けられる。言語としてのルーツは大和と共通するもので、主語―述語―目的語という文法で構成された中国語とは異なる。

『おもろさうし』は１５３１年から１６２３年にかけて発刊された沖縄最古の歌集である。言葉に出して伝える、唱えるという意味の古語「ウムイ」が「オモイ（思い）」に転じ「おもろ」となる。それらを1冊に綴じたという意味の「草紙《そうし》」である。

当時あった事件、按司（地方の豪族）、英雄、貿易、航海、労働歌、神事にまつわる歌舞、舞踊の身振り手振り、祭祀を執り行う神女を讃える歌など、さまざまな歌が首里王府によって編纂された。そこには、神歌で国家をまとめあげるという中央集権的な意図もあった。

したがって、神事を司る王を讃える歌もある。その一方で、地方や離島の歌も拾い集められている。地方にはそれぞれ神女がいて、豊穣・豊年といった神事を執り行う。それらに関する歌からは、古代沖縄の土着的な宗教観が伝わってくる。その中には「呪い」があり「祈禱」がある。善と悪、幸福と不幸が並存している。さらには今もって分析が叶わず、意味不明とされる歌もある。

ここでいう「歌」は、明確なメロディが付随する歌ではない。しかしそれらを詠み上げる際、ある程度の節回しはあったかもしれない。それらは琉歌となり、現在の島唄、沖縄民謡へ展開していったとも考えられる。

収められている「おもろ」は沖縄本島だけでなく、久米島の「おもろ」も収録されている。この「おもろ」によれば、世界の中心は久米島という。

岩波書店の『おもろさうし』は、沖縄学の第一人者である外間守善が校注を担当しており、現代語訳として読みやすい。

また慧文社からは、沖縄学の父として知られる伊波普猷《いはふゆう》が注釈を添付した『「おもろさうし」選釈』も出版されている。

豆知識 王府の周辺による歌はヤマトゥを意識し、仏教的な価値観も垣間見える。しかし地方・離島の歌にはそれがない。それぞれを比較するのも面白い。

軽快に日本史の常識を覆す

『異形の王権』

網野善彦

平凡社ライブラリー／1993年

被差別民たる「異形」のパワーを取り込み 南朝における皇族復権を目論んだ後醍醐天皇

日本の歴史学や民俗学においては、ちゃぶ台をひっくり返すように根底を覆し、味わったこともない新説を繰り出す学者が現れる。その度に私たちは知的好奇心を揺さぶられ、夢中でページをめくるのである。これぞ読書の快楽だ。

網野善彦が58歳の時に発表した本書は、南北朝に天皇制が分離した際の南朝・後醍醐天皇が通常では見られない姿・形の者、すなわち「異形」と関わりを持つことで、王権を維持していたことをひもといている。異形とは被差別民、いわゆる「非人」などを指す言葉だ。

網野はいきなり冒頭で「非人」が禁忌を含んだ服を着ていたことを説明する。そのうえで「決してこれを直ちに社会的に差別された人々とは言い難く」「畏敬の目をもって見られる場合すら見出しうる」と続ける。数ページめくっただけでも、ちゃぶ台が、次々とひっくり返される。絵巻物の写真には「非人」が映りこんでおり説得力がある。

では、国家の最上層にいる「天皇」と、最下層にいる「異形」がつながりを持ったのは、なぜなのか。どうして、最も聖なる者と、最も蔑まされる者がつながりを得たのか。さらには、最上層と最下層の間をつないでいたのは律僧、すなわち仏教徒であったが、皇族と仏教が、交わっていくロジックとは何か。後醍醐天皇は、なぜ法衣を着て真言密教の祈禱をするまでに至ったのか。

異形の者たちの禁忌とされる服装が、流行として社会全般に拡散していったと網野は冒頭で述べている。ならば皇族が「非人」や仏教と交わるタブーはどのように成し遂げられていったのか。

しかも、南北朝に別れるという天皇制最大の危機を乗り越えたと思いきや、南朝成立の3年後に後醍醐天皇は52歳で病没する。

鎌倉・室町時代といえば武士の天下だ。しかし後醍醐は鎌倉討幕を試み、脇に押しやられていた皇族という存在を復古させようとする。こうした改革期には、いわゆる身分制度の概念から逸脱した、楠木正成といった悪党（領主に対抗する在野の武士）や被差別民のパワーが露わになる。しかし結果的には足利尊氏の室町幕府誕生を呼び込み、武士の天下はさらに強固なものになる。後醍醐の目論見は完全に逆転した。

網野本人は、戦後の一時期日本共産党に属していた。階級を否定し社会運動に携わっていた網野が、階級を飛び越えタブーを取りこんでいく後醍醐を描いた点もユニークだ。

豆知識 網野の甥・中沢新一氏が書いた『僕の叔父さん　網野善彦』。ジャック・タチ監督・主演『ぼくの伯父さん』からタイトルをもじったところも面白い。

日本人を「人食い人種」としてレポート

『東方見聞録』

マルコ・ポーロ

愛宕松男訳／平凡社ライブラリー／２０００年

西洋人の偏った日本人観がうかがえる〝世界の記述〟の「不都合な真実」

「ヂパング島は黄金の国である」と描いたことで有名な、マルコ・ポーロの旅行記である。「世界の記述」とも呼ばれる本書では、当時の欧州諸国にとっては未開の地であったアジアが紹介され、人々の探求心を大いにくすぐった。

ヴェネツィアの商人の子として１２５４年に生まれたマルコ・ポーロは、家族に従い長い旅に出る。中央アジアを経て、75年には中国の大都（現・北京）に到着する。

当時の中国はモンゴル王朝「元」の支配下にあり、マルコ・ポーロは約17年にわたり皇帝フビライに仕えることとなった。元の使節として中国国内だけでなくビルマ、スリランカ、ベトナムなど、さまざまな国を訪れたという。

ヴェネツィアに帰国後、ジェノヴァとの戦争で捕虜となるが、同じく捕虜となっていた著述家ピサと親密になり、アジアで得た見聞を口述する。のちにその内容が『東方見聞録』として編纂されることとなった。こうした経緯ゆえ、多分に誇張も含まれていると考えられている。

それを考慮しても、なお大きな謎が残る。金が大量に採掘され、「建物の屋根全体が金で覆われている」とも記述したほどの日本を、なぜ商人であるマルコ・ポーロは訪れなかったのだろうか。

その答えは、本書に書かれている。いわく、日本では誘拐ビジネスが横行していて、しかも日本人は「人食い人種」である、からだ。

当時、元王朝は1274年の文永の役、81年の弘安の役と2度にわたる「元寇」を日本に対し強行したが、いずれも失敗に終わった。元の人々の間でも、強大な元軍を「神風」で追い返した日本人の不可思議さが語り継がれており、西洋人であるマルコ・ポーロの目にはなお一層、奇異なものとして映ったに違いない。ちなみに、イスラム社会や元に対する本書の記述には、日本に対するような露骨な偏見は比較的少ない。

現在の日本人は、『東方見聞録』は日本を西欧に紹介した書という一側面しか知らない。日本に紹介される際、我々にとって不都合で不愉快な記述が削除されてしまっていたためだ。半面、ロシア人やイギリス人などは、マルコ・ポーロが紹介した日本人像を正確に知っている。

本書は、西洋人が日本人に対して抱いてきた偏見を知るうえでも、未知のものに対して人がどのように向き合うのかを考えるうえでも、必読の書といえよう。

豆知識 当時はイスラム社会にも黄金の国伝説が流布しており、「ワクワク」と呼ばれていた。日本を示す中国語「倭国」に由来するものと考えられている。

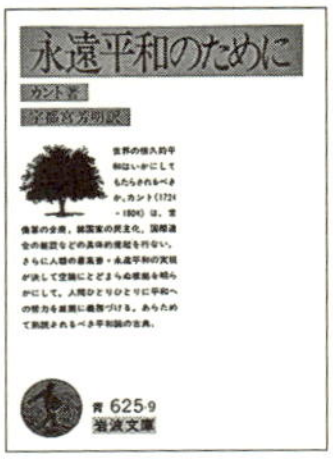

国連、EU、第9条――理念の源流はここにある

『永遠平和のために』

イマヌエル・カント

宇都宮芳明訳／岩波文庫／1985年

人間や国家の本質を直視した「リアリズム」の平和論

1724年に生まれ1804年に没した哲学者、イマヌエル・カントの生きた時代は絶え間ない国家間戦争の時代でもあった。

彼の祖国・プロイセン王国は「大王」フリードリヒ2世のもと、オーストリア継承戦争（1740年）や七年戦争（54年）などを戦い、常備軍は大きく膨れ上がっていた。国家としては拡大期にあったが、やがてフランス革命（89年）とそれに続くナポレオンの台頭の中で、再び戦火に巻き込まれ、危機の時代を迎えていく。

そんな中で晩年のカントが著したのが、本書『永遠平和のために』である。『純粋理性批判』などを通して思索を深めてきた「人間の理性の限界や可能性」の哲学をベースとして、国家間の条約、戦争と経済、憎悪の連鎖といった課題について検討を重ねた。

著名な三批判書（『純粋理性批判』『実践理性批判』『判断力批判』）に比べて本文も短く、また現実の国際政治をテーマとしているため読みやすい。カント思想の全体像を理解するうえでも、ぜひ手に取ってもらいたい1冊だ。

巷間に流布するイメージとは異なり、本書が展開する平和論は、人間や国家の本質に目を背けないリアリティを貫いている。現実の精緻な検証のうえで提唱されるのが、常備軍の廃止、共和制の確立、協和的な国際連合の樹立といった内容だ。

最終的に世界平和国の建設を志向してはいるが、その方法論は強引な世界統一国家への統合や世界市民によるユートピア的な単一国家論ではなく、諸国家による平和的な連合である。平和をもたらすための準備段階としての「予備条項」と、最終的な平和の条件である「確定条項」を明確に区分して記述していることも、段階論的な説得力をもたらしている。

そうした現実主義的な政治観に基づいていたからこそ、カントの平和論は止むことのない戦争の時代にあって、為政者や思想家にも大きな影響を与えた。200年以上も前の書であるが、第一次大戦後に設けられた国際連盟、ならびに現在の国際連合やEUにつながる理念の源流を垣間見ることができる。同様に日本国憲法第9条の原点も、その根本をたどっていけば、カント的な発想に行き着くといえるだろう。

現実的な国際政治のリアリズムの中で、いかにして平和を希求することができるか。本書の示唆するところは現在もなお大きい。

豆知識 カントが半生を過ごしたケーニヒスベルク（現・カリーニングラード）は、第二次世界大戦に至り皮肉にも戦乱の舞台と化す。この都市の歴史からは、戦争と平和を考えさせられる。

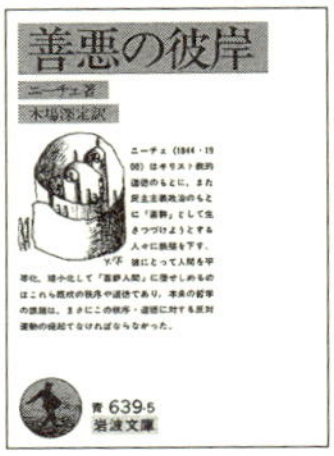

なぜ「神は死んだ」と宣言したのか？

『善悪の彼岸』

フリードリヒ・ニーチェ

木場深定訳／岩波文庫／1970年

道徳は自らの手でつくりあげるべし
欧州人の世界観を一変させた〝画期的〟哲学

フリードリヒ・ニーチェの著作には、その知名度とは裏腹に何を言っているかよくわからないものが実は多い。しかし本書の論旨はわかりやすく、著作の中でも最初に読むべきとよく推される1冊でもある。

1844年プロイセン（のちのドイツ帝国）に生まれた彼は、スイス・バーゼル大学の古典文献学の教授となるが、健康を害し10年足らずで大学を去る。以後、在野の哲学者として「超人」思想や鋭い文明批評を展開するが、孤独の中で精神を侵され生涯を閉じる。

数ある著作の中でも本書は、明確に時代批判の論を展開している点に特徴がある。彼が攻撃の主な対象としたのは、キリスト教的道徳観である。

後発の資本主義国として、重化学工業分野の産業革命に成功しつつあったプロイセンではあったが、絶え間ない富国強兵策の中で人々は生きがいを喪失し、ニヒリズムに陥っていた。ニーチェは、普遍的に浴びせられるキリスト教の愛の教えこそが、弱者を甘やかし大衆的な利己主義に陥らせる元凶であると喝破する。平等、博愛、平和を求める大衆は、えてしてそれらを抑圧する支配階級を悪と称しているが、そうした大衆が信じる善さえも、ルサンチマンに依拠した「畜群」道徳にすぎないというのだ。

こうした状況を脱却するために、ニーチェは前著『ツァラトゥストラはこう言った』において「神は死んだ」と豪語した。道徳について考える場合、キリスト教による刷り込みが前提となっていることに警鐘を鳴らし、それに代わる新しい道徳を自分自身でつくりあげていかなくてはならないと彼は説く。通俗的な善と悪の概念を越えて、その先へ進むべきだというのである。

非キリスト教文化圏の我々日本人には、当たり前のことのように感じられるかもしれない。しかし19世紀末から20世紀の欧州人にとって、ニーチェの無神論は大きな衝撃をもって迎えられた。

ただし注意すべき点もある。従来の価値観を覆したニーチェの書は刺激的で魅力的ではあるが、その虜になると前後の思想や哲学と素直に向き合うことが困難になる。ニーチェがこのような思想を持つに至ったのには歴史的必然性があり、その前後関係を考慮せず彼の哲学だけを切りとることには大きな危険が伴う。西洋の思想哲学の歴史、キリスト教の歴史を学んだうえで、客観的にニーチェに触れることが必要だろう。

豆知識 若き日のニーチェは、当時を代表する作曲家ワーグナーに心酔し、深い親交もあった。古代ギリシャに理想を置いた点で2人には共鳴する部分も多かった。

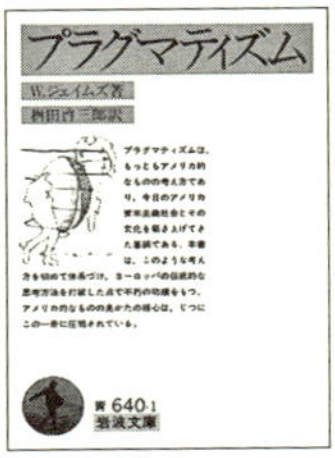

「哲学すれば絶望する」なんて言ったのは誰か

『プラグマティズム』

ウィリアム・ジェイムズ

桝田啓三郎訳／岩波文庫／1957年

「究極の真理」がないからこそ社会は進歩する？ アメリカ心理学の祖による「真理考」

「行動に気をつけなさい、それはいつか習慣になるから／習慣に気をつけなさい、それはいつか性格になるから／性格に気をつけなさい、それはいつか運命になるから」（マザー・テレサ）

「人の2倍考える人間は10倍の収入を得ることができる。3倍考える人間は100倍稼ぐことができる」（大前研一）

「聖」と「俗」、対照的な2人の言葉である。「随分違う」と思いつつ、私たちはこれらを「名言」として受け入れる。そもそも「真実」とは何か。哲学者や科学者の言う「真理」とは何か。

「現代哲学」の揺籃期とされる1870年代、プラグマティズムの創始者らが集うマサチューセッツの「形而上学クラブ」には、哲学者ウィリアム・

ジェイムズとチャールズ・パースのほか、「法の生命は論理ではなく経験であった」の言葉で知られる法律家オリバー・ホームズ・ジュニアなどがいた。一時は隆盛を誇ったプラグマティズムも、早くも1930年代、亡命ヨーロッパ人がアメリカに持ち込んだ論理実証主義に吸収される形で衰退。以後は「現代哲学」の一陣営としてはさほど注目されず、「役立つことが真理、という考え方」といった通俗的な理解が流布している。

だがそんな底の浅い理解でいいのかどうか、本書からジェイムズ自身の言葉を聞いてみよう。

「我々の思考すべての根にある理解できる真実ははっきりしていても微妙であり、それらのどれも優れたものではないので実際に可能な差異以外の何物にも依存しない」

つまり「思惟する人間とは無関係に世界にもともと存在する何ごとかと、人間の思惟が一致したときに、それが真理となる」という伝統的な真理観をジェイムズは批判したのである。

「対象間の関係も対象自体と同程度に現実的である」、あるいは「真理は個人の間にある（間主観的な）ものである」といった、結局何も言っていないような、しかし正面切って否定もできないようなことが世界の真実だと信じていたようだ。

ジェイムズの思想は「真理とは人間の生を促進するもの」とするニーチェとも共通する。だがニーチェが「強い人間は結局『真理』をも無視する」としたのに対しジェイムズは「『真理の相対性』を理解した人々が、社会を漸進的によくしていく可能性を信じた。「悲観論と楽観論の両方を否定する」といいながら結局は楽観的であるところに彼の魅力があるのかもしれない。

豆知識 超常現象にも興味をもったジェイムズは、「信じる人を信じさせるには足るが、疑う人を納得させるには足りない」と、オカルト研究を総括した。

なぜ啓蒙は神話へ退化し、理性は野蛮に転じるのか

『啓蒙の弁証法 哲学的断想』

マックス・ホルクハイマー／テオドール・アドルノ

徳永恂訳／岩波文庫／2007年

近代進歩主義の破綻とともに生まれたナチズム 啓蒙的理性が行き着く先がなぜファシズムなのか

第一次世界大戦による疲弊は、ドイツに新たな思想の潮流をもたらした。それが、西洋文明の没落を予言したシュペングラー『西洋の没落』の大ブレイクであり、これまで信じられていた単線的な近代進歩主義への批判であった。啓蒙の光の中を進んでいけば、文明は進歩していくと信じられた時代は終わりを迎えようとしていた。

そうした流れの中で出てきたのが、ホルクハイマーやアドルノといったフランクフルト学派の思想家たちである。ホルクハイマーが1930年にフランクフルトの「社会研究所」所長に就任したことで、フランクフルトを拠点に活動するフランクフルト学派が生まれたのだ。

彼らは、近代進歩主義によって切り刻まれてきたヨーロッパの体系知を再び構築していこうと試みた。ところが、それとほぼ時を同じくして、ドイツではナチズムが台頭、33年にヒトラー政権が誕生する。

ホルクハイマーやアドルノをはじめ、フランクフルト学派の多くはユダヤ系だったため、彼らはアメリカに亡命せざるをえなかった。第二次世界大戦中、亡命先のアメリカで執筆し、戦後の47年にアムステルダムで発表したのが、二人の共著『啓蒙の弁証法　哲学的断想』である。

「じつのところ、われわれが胸に抱いていたのは他でもない、何故に人類は、真に人間的な状態に踏み入っていく代わりに、一種の新しい野蛮状態へ落ち込んでゆくのかという認識であった」という序文が示すとおり、本書は、理性を基礎にしているはずの近代社会がなぜ、ナチズムのような野蛮な現象を生み出したのかについて、考察を深めている。

なぜ啓蒙が神話へと退化してしまうのか、なぜ理性が野蛮に転化してしまうのか。その考察において興味深いのは、トーキー（音のついた映画のこと。それまでの映画は無音だった）の登場によって、思考よりも感情が先立つメディアが展開され、大衆の扇動が可能になったという点だ。政治が大衆によって消費されていく今の時代は、この地続きにある。

本書は、一見するとナチス・ドイツへの批判に終始しているが、実はアメリカへの強い批判がその根底にある。アメリカ政府の検閲を意識して注意深く書かれているが、表層的な自由と民主主義が行き着く先にある反知性的な全体主義への警鐘として、今の時代に読み直すべき1冊である。

豆知識　アドルノは1934年に『月刊音楽』でヒトラーユーゲント指導者シーラッハの詩を好意的に批評。のちに告発され「深く悔やんでいる」と答えた。

外来文化を取り入れながらも揺るがぬ「古来」

『玉勝間』

本居宣長

村岡典嗣校訂／岩波文庫／1987年

中国から輸入した思想「漢心《からごころ》」に対し「大和心」の規定を試みた国学者

本居宣長といえば江戸中期から後期にかけての国学の大家として知られる。国学の祖・契沖《けいちゅう》を研究し、「日本」を「日本」たらしめているものについて思索を深めた。

1730（亨保15）年に伊勢国松坂（現・三重県松阪市）の商人の家に次男として生まれた宣長は、京都で医学を学び町医者となる。しかし、医師として働くかたわら『古事記』や『先代旧事本紀』といった古代日本の歴史書と出会い、その世界にのめり込み国学の道を志すようになる。

宣長は、日本の学問や思想の多くが、中国から渡ってきたもの、つまり「漢心《からごころ》」なるものを多く取り入れ、それらの基礎の上に築かれてきたものであることを見つめ、一方で、その「漢心」を取り入れながら、それのみに惑わされることなく「古《いにしえ》の心」つまり「大和心」を明らかにすることに「日本」の道があると考えた。

本書は、国学の発展に大きく寄与した宣長が、長年書き連ねてきたさまざまな文章をとりまとめた随筆集である。1793（寛政5）年、宣長が老境の域に入った頃から執筆にとりかかり、1801（享和元）年に71歳で亡くなるまで書き続けた。1795年から1812年にわたり、全15巻（目次1巻・本文14巻）の随筆集として発刊されたが、おそらく宣長はもっと書き連ねたいことがあったはずだ。しかし、書き終える前に寿命が尽きてしまった。

「玉がつま」とは「玉＝美しい」「かつま＝細かく編まれたカゴ」のこと。

第1巻は、次のような巻頭の歌から始まる。

言草のすゞろにたまる玉がつま
つみてこゝろを野べのすさびに

言葉が思いがけずに溜まったので、野に遊ぶように美しいカゴに摘みとって思いを伝えよう、と歌い上げている。

老境に至った宣長が、かねてより書き連ねてきた文章の数々を集め、推敲を重ねて編み上げたという随筆集は、彼の「国学」の集大成といえよう。学問的見識の広さや緻密さをベースに、学問の閉鎖性への批判や、教師との向き合い方、人間の欲望についてなど、筆の及ぶ範囲は多岐にわたる。

「大和心とは何か」を「漢心」から浮き彫りにした彼の思想を網羅的に知ることは、日本のナショナリズムを理解する一助となるだろう。

豆知識 『玉勝間』14巻の途中まで清書したところで宣長が亡くなってしまったので、養子・太平の息子である建正が残りを清書し完成させたという。

東洋史学の碩学が論語を現代語に

『現代語訳　論語』

宮崎市定

岩波現代文庫／2000年

大胆な想像と推理による解釈を加え孔子の真意が現代語でよみがえる

論語は、言わずと知れた中国の古典である。中国春秋時代の思想家である孔子（紀元前552～前479年）の言葉を、その弟子たちがまとめたもの。孔子の思想は儒教として広まり、朝鮮半島や日本にも伝わり、大きな影響を与えた。

日本人の思想の根底には儒教の精神が脈打っているのだが、以前ほど『論語』が読まれなくなっている。1980年代の学習指導要領改定により、古文・漢文の授業が減少したことも要因だろう。そこでオススメなのが『論語』の現代語訳である。

本書は、東西の古典に通じた東洋史学者である宮崎市定が74年に上梓した、「歴史篇」「考証篇」「訳解篇」から成る『論語の新研究』の第3部を文庫化したものだ。論語の全章について、原文と訓読文に加え、著者独自の訳文を掲げる。

宮崎が本書を「新訳」と語る理由のひとつは、「一字一訳の主義」を採らなかったことにある。同じ文字でも、章によって訳を変えることで文体が自然になった。さらに、訳文の語調を整え、意味がわかりやすくなるよう適宜言葉を補っている。

前書きで宮崎は「『論語』は決して孔子の一方的な教訓集ではなく、弟子たちとの合作の対話篇であったはずである」と述べている。さまざまな場面で孔子が発した言葉を弟子たちが抽出して記録したのが『論語』であり、孔子による一方的な教義ではないということだ。

『論語』に書かれていることは、礼の作法に始まり、人としての生き方や、人との交わりの豊かさ、人生の楽しみ方など、そのテーマは多岐にわたり、2500年もの時を超えて、現代の私たちにも気づきを与えてくれるものが少なくない。

たとえば、今も日常的に使われる「巧言令色少なし仁」ということわざの出典は『論語』である。「口先ばかりうまい人間を信用するな」とは、現代の人間関係において示唆に富む。

あるいは、裁判長に3度任命され3度罷免された魯《ろ》の国の柳下恵《りゅうかけい》の言葉。「自分の正しさを貫こうとすれば3度くらいは退けられるもの」。上に拒否されたくないからと妥協ばかりでは意味がない。まさにビジネスシーンで参考にしたい言葉だ。

そこで、『論語』の本義を現代にわかりやすく甦らせるために、宮崎は、孔子と弟子たちとの当時の対話に想像を巡らせ、時に大胆な推理による解釈を盛り込んで現代語訳を編んだ。中国人エリートの内在的論理に大きな影響を与えている『論語』だけに、対中ビジネスに携わる人は必読。

豆知識 『論語』などの古典は、後世の中国人にとっても意味がわかりにくかったため、漢代以降、これを解釈しようとする「訓詁学《くんこがく》」が発達した。

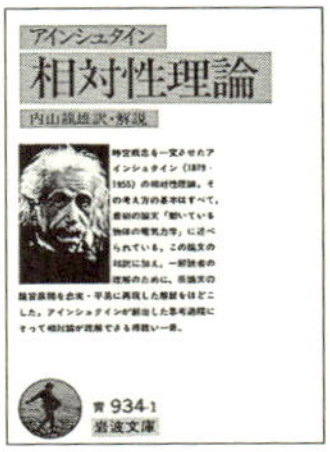

発想の宝庫としての相対性理論

『相対性理論』

アルベルト・アインシュタイン

内山龍雄訳／岩波文庫／1988年

人類が新しい叡智を求めた軌跡
その発想の豊かさに学ぶ

アインシュタインといえば、「よくわからないけれど相対性理論というすごい考え方を明らかにした科学者」というイメージだろう。正確に理解できているかどうか、やや疑わしい説明も多々散見される。「かわいい女の子と一緒に1時間座っていても、1分間ぐらいにしか感じられない。それが相対性だ」。これは明らかになるミスリーディングである。相対性は、そうした心理的なこととは、まったく無関係だ。

アインシュタインの登場以前、物理学のスターといえば、ニュートンとガリレイであった。「力は加速度を生む」「動いているものは動き続ける」といった彼らの原理はたしかに革新的であったが、「全宇宙で均一な時間空間」と「単純な足し算引き算に従う、速度の相対性」の原則は、昔からの常識的な宇宙観を体系づけたものともいえた。ところが19世紀以降、電磁気学が発達しだすと、この世界観がぐらついた。マクスウェルの電磁波方程式において、光すなわち電磁波の速度が、透磁率と誘電率という「空間そのもの」の性質によって「一意的に」表現されてしまったのだ。

どの方向に動いている人が観測しても、光の速さは変わらない。多くの科学者が「マクスウェル方程式は近似式だ」と考えた中、「光速度の不変性こそが宇宙の原則だ」と見破ったアインシュタインは、本物の天才であった。「空間の大きさも、時間の流れも、観測者の立場によってちがってくる」という、特殊相対性理論の一見非常識な結論も、この光速度不変の原理から導かれる。

「中学数学でアインシュタインがわかる」という類の本がいう「相対性理論」とは、特殊相対性理論のことである。「物体が重力を受けることと、等加速度運動することとは、区別できない」という「等価原理」はむしろ単純明快な発想といえるが、時空のゆがみを連続的にとらえるリーマン幾何学は数学的にむずかしく、とても「中学数学で」とはならない。

一般相対性理論はむしろ発想の宝庫である。とくに面白いのは「時空構造と物質分布を結びつける」というアインシュタイン方程式であり、「時空全体が回転しているので同じ歴史が繰り返される」というゲーデルの解などにつながる。特殊相対性理論の $E=mc^2$ にしても、「全宇宙が時間軸に沿って動く」という発想から得られたのだ。

近代、人類が新しい叡智を求めたその軌跡として、一度は挑戦しておきたい1冊である。

豆知識 重力と電磁気力を統合するアインシュタインの「統一場理論」は、「強い核力」と「弱い核力」が発見された現在では失敗した仕事とされる。

廣松哲学の基礎にして完成形となった〝偉大なるデビュー作〟

『世界の共同主観的存在構造』

廣松 渉

岩波文庫／2017年

マルクス主義を生まれ変わらせた哲学者は卓抜した理論家であり行動者だった

廣松渉の『世界の共同主観的存在構造』は、彼が東京大学文学部哲学科に提出した卒業論文が元になっている書である。では、若者が勢いに任せて書いたような本なのかというと、さにあらず。廣松哲学は本書が完成した時点でほぼ完成しており、「偉大なるデビュー作」と、この本を激賞する人も多い。

世界中の、あらゆる哲学の基礎部分のひとつにあるものが「認識論」である。認識とは「主観と客観」との構造によって成り立つというのは、誰もが納得できる考え方だろう。しかし廣松はその認識論の大前提を疑った。「主観」と「客観」もそれぞれ二重の構造になっており、かつ、それは別々のものではなく、「二肢的二重性」といった形で関係し合っているというのが、廣松の説いた「認識論」だった。

これを「四肢的構造連関」といい、廣松哲学の代表的な考え方のひとつである。

現実面の話をすれば、廣松は10代の頃から共産党員だったが、次第に党の掲げるマルクス主義解釈では飽き足らなくなっていく。マルクスと一体の思想家として考えられていたエンゲルスに関し、毛色の違う思想家としてとらえなおそうとしたり、マルクス理解の中心として伝統的に位置づけられていた「疎外論」よりも、ほかの論考を重視したりするなどの行動をとり始め、やがて共産党とは袂を分かつ。廣松は共産党とは敵対する新左翼組織・共産主義者同盟（ブント）の支援者となり、社会からは新左翼の理論的指導者と目されるようになっていった。

戦後徐々にマルクス主義が古臭いものとしてとらえられ始めていた世相の中にあって、廣松の説くマルクス理解は新しかった。彼は日本において、マルクスを新しく生まれ変わらせた哲学者であるという評価も得ていく。

廣松は象牙の塔にこもるタイプの学者ではなく、実際の運動によく関与した人物だった。現在も出版されている思想雑誌『情況』は、廣松が個人で１００万円の出資援助をして創刊されたものだといわれている。１９７０年には、学生運動を支援するために、教員をしていた名古屋大学を辞職したこともある。

最終的には東京大学の教授となり、94年3月に定年退官。その直後の同年5月、肺がんのため60歳で死去した。卓抜した理論家であり、行動者であった。

豆知識 **佐藤優氏は、廣松の哲学思想には仏教の縁起思想が影響を与えており、それをもって「マルクスの土着化」が成功したと分析する。**

科学から神話までを見据えた「巨人」の随筆

『十二支考』

南方熊楠

岩波文庫／1994年

民族学のフィルターを通して執筆された 十二支の動物についての〝熊楠流〟エッセイ

1867年に生まれ、1941年にこの世を去った南方熊楠《みなかたくまぐす》。74年生き抜いた彼を「巨人」や「巨星」と呼ぶ者もいるし、半生を映画化しようとした者もいる。幾度となく大小の「熊楠ブーム」が起こり、91年には水木しげるが『猫楠　南方熊楠の生涯』を連載開始、のちに単行本化された。

7000点以上の菌類（きのこ）を収集する。それを細密画にする。標本にする。真言密教と結び付け、『南方マンダラ』として図にする。革命家・孫文と交流する。民俗学を追究し、小さな集落の神社を統合しようとする明治政府に対し「神社合祀反対運動」を挑む。

博物学、植物学、生物学、民俗学、天文学、鉱物学、宗教学。これらを、生まれた和歌山からアメリカ、キューバ、イギリスまで横断して熊野古道へとぐるりと立ちもどり研究し続ける。イギリス最大の科学雑誌『ネイチャー』に論文が掲載され、世界とつながりを得る。彼の研究は最先端のものであり、評価にふさわしいものだった。

熊楠がキューバに渡ったのは1891年。あの時代に多数の言語を操ったという熊楠。旺盛な行動力と比類なき記憶力は、いずれも「巨人」の名に値する。

本書は、1914年から10年間にわたり雑誌『太陽』に連載されたものをまとめた1冊だ。文字通り十二支の動物についての随筆なのだが、古今東西に関するあらゆる知識の中から、民俗学というフィルターを通して執筆されている。14年の干支だった「虎（寅）」から始まり、「鼠（子）」までの動物たちについて、一般の読者にもわかりやすく、ユーモアも含みながらひもといている。関東大震災で雑誌が休刊してしまい、ついに12番目の「牛（丑）」が書かれることはなかった。

弁当箱にカエルを入れて観察していた少年が、24歳の時には地球の裏側にいた。現地のマッチ箱に、採集した生物を保管する。そうして集めた世界中の標本を箱に入れて帰国する。そして29年、和歌山を行幸する若き昭和天皇へ、粘菌を保管したキャラメル箱を披露した。

世界中から集められた無数の箱。箱の中の生物はすでに死んでいるが、顕微鏡でのぞきこむと、その粘菌は死んでいるようでもあり生きているようでもある。そこに気づけばその先は、自ずと宗教学や哲学へ向かっていく。その先には民俗学があり、神話へつながる。熊楠にとっては、進むべくして進んだ道だった。

豆知識 数少ない熊楠の写真を見ると、2人の顔を連想する人が多いらしい。1人は西郷隆盛。もう1人は佐藤優氏だ。機会があったら見てほしい。

古代を舞台に魂と人の神秘的な交感を描く

『死者の書』

折口信夫

角川ソフィア文庫／2017年

小説の技法で古代の「他界身信仰」を巧みに描いた古代研究の集大成

舞台は752年、東大寺大仏開眼当時の奈良。

「彼の人の眠りは、徐《しず》かに覚めて行った。まっ黒い夜の中に、更に冷え圧するものの澱んでいるなかに、目のあいて来るのを、覚えたのである。した　した　した。耳に伝うように来るのは、水の垂れる音か」

このように、滋賀津彦（大津皇子）が闇の中で目覚める描写から始まる本書は、当麻曼荼羅《たいままんだら》の中将姫《ちゅうじょうひめ》の伝説をモチーフに、藤原南家の姫と、二上山《にじょうさん》に眠る死者・大津皇子の魂との神秘的な交感が描かれた幻想的な小説である。

古代エジプトで死者とともに埋葬された、冥界における手引書・案内書ともいえる『死者の書』と同じタイトルが採用されているが、これは折口信夫が同書を強く意識していたのだと、折口に師事した池田弥三郎は解説している。

折口といえば、「まれびと」論で知られる民俗学者で、柳田國男と双璧をなす存在である。彼独特の、「生と死」「神と人」「この世とかの世界」を結ぶ「まれびと」の世界観が、本書の中にも立ち現れる。

折口が深い憧憬を抱き続けた友人の死、そこに日中戦争（1937年）が始まり、翌年に国家総動員法が発令される。教え子たちが次々と出征していく状況の中、本書は執筆された。

本書は、大阪に生まれ、二上、当麻、大和を徘徊した経験、生涯かけて追い求めた古代に対する深い洞察、そして折口が若い頃から考究してきた古代の他界身信仰の集大成といえる。他界身信仰とは、植物や動物、石や光まで古代人は自分と別種の存在と認識せず、他界に生まれなおした自分の他界身であると感受する信仰のこと。

旧かなづかいや古語、方言が多用され、物語の時系列が前後するので難解と思われがちだが、角川ソフィア文庫版の本書は、池田弥三郎による詳細な補注があり、全容が理解しやすくなっている。

文言の解説だけでなく、時代背景や風習、地理・地形の解説、家系図まで、本文以上の文字数が充てられて丁寧にひもとかれている。葛城山や二上山、飛鳥などの美しい風景描写なども、補注によりさらに鮮烈な印象となって心に響く。

しかし、まずは補注に頼ることなく、幻想的で抒情に満ちた世界を、自分の五感を総動員して楽しみたい。読み返すうちに、一見、整合性がなさそうにも思われた物語が、人と万物が溶け合う「生」と「死」の壮大な世界を紡ぎ出し始めるはずだ。

豆知識 大津皇子を滋賀津彦と称したのは発表時、宮廷に関して敏感であった、時の一部の勢力を意識してのことで折口の本意ではなかったという。

現代社会の危機を予見していた名著

『人間の条件』

ハンナ・アーレント

志水速雄訳／ちくま学芸文庫／1994年

「人間とは条件づけられた存在」他者と対話する「活動」の重要性を説く

『人間の条件』は、ハンナ・アーレント（アレントと表記する場合もある）の代表作と評され、没後45年が経過した今も多くの人に読み継がれている。

20世紀を代表する女性哲学者、アーレントは1906年、ドイツのユダヤ人家庭に生まれた。ナチス政権が成立した33年、迫害を逃れてドイツからフランスに亡命。一度は拘束されフランス国内の強制収容所に送られたが、パリ陥落に乗じて脱出した。

41年、亡命したアメリカで政治思想に関する執筆活動を本格的に始めた。ユダヤ人虐殺という負の歴史を真正面から検証した成果として、初めての大著『全体主義の起源』を51年に刊行した。その7年後の58年、本書『人間の条件』が出版された。本書が世に出たのち、アーレントはプリンストン大学の教授に迎えられ、コロンビア大学、シカゴ大学でも教壇に立った。

アーレントは「人間とは条件づけられた存在」と定義する。そして、人間を条件づける環境に対処する活動力は「労働」「仕事」「活動」という3つの基礎的な側面から考察できると主張した。

現代において、「労働」と「仕事」は同義語だが、アーレントはこの2つが生み出すものに注目し、両者を区別した。「労働」は耐久性のない消費物しか生み出すことができず、社会に痕跡を残すことができない。一方、「仕事」は人間の生命を超えて長く存続するものを創出する。そして、「活動」とはモノや事柄の介入なしに直接、人と人の間で行われるもので、言葉を使って他者に働きかける行為を意味する。

さらにアーレントは、これら3つの活動力が使われる人間の生活を「公的領域」と「私的領域」という2つに分類する。「公的領域」では「活動」が優先されるのに対して、「私的領域」は「労働」に支配される。

アーレントによれば、古代のギリシアでは「活動」が重視され「公的領域」が広く存在していた。しかし近代になると、短期的な経済的利益と大量消費を生む「労働」ばかりを優先する社会に変容していった。「私的領域」が国家規模にまで肥大化し、「公的領域」が失われていった過程を丁寧に考察することで、アーレントは自身が抱く現代社会に対する危機意識を読者に伝えている。

他者と対話する「活動」の重要性を説いたアーレント。異質なものを認めず分断が進む現代を予見したような考察は見事。

豆知識 アーレントを主役にした映画『ハンナ・アーレント』が2012年（日本では13年）に公開された。ナチスの戦犯を「凡庸な悪人」と表現して非難を浴びたアーレントの戦いを描いている。

民族学と構造主義の輝かしい出発点

『悲しき熱帯』

クロード・レヴィ＝ストロース

川田順造訳／中公クラシックス／2001年

人間の考えや行動は「構造」に支配されている
先住民族の研究からたどり着いた画期的視点

20世紀初頭にベルギーで生まれたフランス国籍のユダヤ教徒の男が、かつてはポルトガルの支配下だったブラジルを旅している。当時のブラジルには、まだボサノヴァというジャンルの音楽はなかった。ロックンロールと同じく、ボサノヴァは1950年代に生まれた音楽だった。ただし、サンバの源流は17世紀頃から始まっていたので、その男、クロード・レヴィ＝ストロースは、いくつかのサンバを耳にしたことだろう。彼はブラジルの奥地へ進んでいく。先住民族と出会い、その事実を本書に刻む。南アジアにも赴き、ヒンドゥーやイスラムの世界にも触れる。

西洋文明が破壊してきた〝未開〟とされる地を歩きながら、レヴィ＝ストロースは、それぞれの地におけるルールには､近親婚のタブーなどの「構造」があることを見出した。各地の先住民族が「野生的な知」によって豊かな生活を営んでいること、さらには、それらが西洋中心主義によって蹂躙されているという現実を、独自の視点で分析してみせたのである。

20代後半でこの旅を開始する前、レヴィ＝ストロースはマルクス主義を経て、社会主義運動に加わっていた。旅を終えた後は、ナチスを恐れてアメリカへ亡命する。その後、ネイティブ・アメリカンのフィールドワークを重ねた。

民族学・人類学・言語学をまたぎ、宗教学や神話学をも網羅し「構造主義」という20世紀の要となる思想へと至る。

私たちの社会や文化には、目に見えない「構造」というものがあるのではないか。自由にふるまっているように思えても、実は「構造」により制限を受けているのではないか。このような構造主義の思想は60年代後半以降、ポスト構造主義へと流れていく。日本ではポストモダンから80年代のニューアカデミズムへ結実していく。

本書『悲しき熱帯』は55年に出版された。日本での初版本は77年。ページをめくると、当時の「新世界」への旅が始まる。先住民族の顔。その子どもたちが描いた動物の絵。レヴィ＝ストロースが見ていた景色が広がる。

国際人権団体アムネスティによると、ブラジルの先住民族は100万人から300万人いたとされる。現在では民族そのものが消滅したケースもあり、人口としては20万人ほどだという。レヴィ＝ストロースが出会った、カデュヴェオ族やボロロ族の子孫はどうなっているのだろう。

豆知識 村上龍氏の短編小説集『悲しき熱帯』。もちろんレヴィ=ストロースからとった題名だが、その後あるロックの曲名をもじり改題してしまった。

一流の科学者たちに愛される物理学の名著

『不思議の国のトムキンス』

ジョージ・ガモフ

伏見康治訳／白揚社／2016年

不思議な世界での奇想天外な体験を通じ相対性理論を平易に解き明かす科学読み物

銀行のしがない事務員、トムキンスが不思議な世界で体験する奇想天外なできごとを通じ、相対性理論や空間の湾曲・引力などについて解き明かす科学読み物である。

とある休日、トムキンスは朝刊の片隅に物理学の講演の告知を見つけて出かけていく。そこで相対性理論の話を聞き、思考を巡らせているうちに眠ってしまった。夢の中に現れたのは、速度の限界が低い「のろい町」。そこでは平べったい人間が自転車に乗り、汽車に乗って帰ってきた人が孫よりも若いなど、奇妙なことが次々と起こる。しかしすべての現象は、彼が講演で聴いた相対性理論で説明がつくのだ。

著者のジョージ・ガモフは〝ビッグバン宇宙論〟

を提唱した理論物理学者である。レニングラード大学を卒業後、米国に移り住み、ジョージ・ワシントン大学やコロラド大学で教壇に立った。同時に、難解な物理学をわかりやすく解説する読み物を多数執筆したことでも知られる。

本書は１９４０年に原書が刊行され、日本では創元科学叢書の１冊として42年に邦訳が刊行された。その後、第二次世界大戦後に版権を取得した白揚社が、50年に『不思議の國のトムキンス』と続編の『原子探検のトムキンス』を、さらに続けて『ガモフ全集』を刊行した。

２０１６年に白揚社の創業１００周年を記念して復刊。現在では、昭和の科学少年や少女たちが愛読したままの形で読み返すことができる。

難解な書物を「通俗化」して出版することは、ロシアをはじめ各国で行われている（『ロウソクの科学』など）。本書の場合は「通俗化」からさらに1歩進み、相対性理論や量子力学などの難解な理論を子どもにもわかりやすく説いた画期的な1冊といえるだろう。

宇宙飛行士の毛利衛、物理学者の佐藤勝彦、村山斉など、多くの科学者が子ども時代に本書を愛読していたという。

「（10歳のときに兄の本棚から借りて読んだ本書は）未知の大人の世界をゾクゾク感じさせてくれた」（毛利衛）

「この本は、私たちの世代にとっては子ども向けの当時最高の相対性理論や量子論の解説書だった」（佐藤勝彦）

子どもの好奇心をくすぐる種がふんだんにつまった本書は、大人にも科学の楽しさにワクワクしていたかつての気持ちを思い出させてくれる。

豆知識 ガモフについて湯川秀樹は「現代科学を巧妙な話術によって、科学者以外の人たちにも親しみあるものと感じさせ、興味を持たせる特別の才能に恵まれている」と語っている。

圧政からの独立を導く「第三国」の英雄

『アラビアのロレンス』

ロバート・グレーヴズ

小野忍訳／平凡社ライブラリー／2000年

民衆、ゲリラ、独立――それら最初期のモデルとなった男

欧米の作家が海外における戦争を描き、映画化された、文学史・映画史に名を残す例は多い。たとえば、ピエール・ブール『戦場にかける橋』、ポール・ブリックヒル『大脱走』など。ボリス・パステルナーク『ドクトル・ジバゴ』は、ロシア革命に触れている。トルストイ『戦争と平和』の主演はオードリー・ヘプバーンだ。そしてロバート・グレーヴズによる『アラビアのロレンス』は、オスマン帝国に対するアラブの反乱を描いたものだ。自由を渇望するカタルシス、理想を具現化せんと活躍するヒロイズム、欧米のエキゾチシズム趣味も相まって、絶賛を浴びることになる。

1895年、イギリス生まれのグレーヴズは詩人であるが、1914年の第一次世界大戦に志願して出兵。戦後、24歳からオックスフォード大学へ通う。そこでアラブから還ってきたトーマス・エドワード・ロレンスと出会う。

20世紀は、科学の世紀とも革命の世紀とも戦争の世紀ともいえよう。オスマン皇帝による帝国の圧政にアラブの民衆が蜂起する。そのゲリラを支援する第三国イギリス。イギリス軍兵士ロレンスは、大戦下の14年にカイロへ赴任し、19年までの5年間、アラブ蜂起を先導した。

思えば、キューバ革命の闘士チェ・ゲバラもキューバ人ではなくアルゼンチン人だった。満州国を独立建国したのは、清の皇帝・溥儀ではなく日本人である。

第三国から当該国に入り込み、民衆の力を導き工作活動を行う。日本の諜報訓練機関の陸軍中野学校は、ロレンスをテクストとして活用していた。

またベトナム戦争時には、アメリカに抵抗する解放戦線も参考にしていたようだ。

驚くことに映画『戦場にかける橋』『アラビアのロレンス』『ドクトル・ジバゴ』は、すべてデビッド・リーン監督作品だ。さらに後者2作の音楽は、モーリス・ジャールが担当。その圧倒的なスコアにより、2作ともアカデミー賞作曲賞を受賞した。世代によっては、ほとんどの市民がメロディを記憶しているほどだ。

ロレンスを演じたピーター・オトゥールは、満州建国と崩壊を描いた『ラストエンペラー』にも、溥儀の家庭教師役として出演。民衆の英雄ロレンスを演じた彼が、歴史に翻弄される溥儀を俯瞰する役回りに立ったことが興味深い。イタリア人監督、ベルナルド・ベルトルッチのキャスティングの妙である。

豆知識 アラブはその後、サイクス・ピコ協定やフサイン＝マクマホン協定などにより、欧州による理不尽な国境分割にさらされることになる。

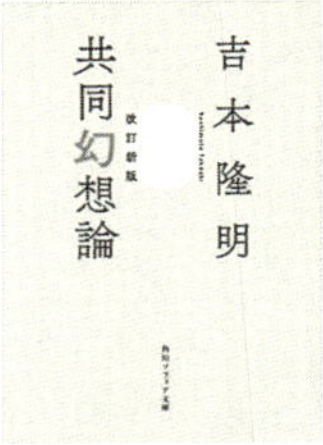

全共闘世代の青春の書

『改訂新版 共同幻想論』

吉本隆明

角川ソフィア文庫／2020年

「共同幻想」「対幻想」「自己幻想」思想・哲学書ではなく本質は宗教書である

全共闘運動盛んなりし1968年に初版が出され、学生たちに圧倒的に読まれた『共同幻想論』。とはいえ実は「最後まで読んでいない」「通読したが内容を覚えていない」という人も多い。

本書における論の展開は比較的簡単である。

「僕の考えでは、一つは共同幻想ということの問題がある。つまり共同幻想の構造という問題がある。それが国家とか法とかいう問題になると思います。

もう一つは、僕がそういう言葉を使っているわけですけれども、対幻想、つまりペアになっている幻想ですね、そういう軸が一つある。それはいままでの概念でいえば家族論の問題であり、セックスの問題、つまり男女の関係の問題である。そういうものは大体対幻想という軸を設定すれば構造ははっきりする。

もう一つは自己幻想、あるいは個体の幻想でもいいですけれども、自己幻想という軸を設定すればいい。芸術理論、文学理論、文芸分野というのはみんなそういうところにいく」

しかし果たして、この範疇分けは的確か。そもそも、芸術や文学などは、自己完結しているわけではなく、公共の場において発信されて受け手が存在することで完成するとも考えられ、その意味では共同幻想に属するはずだ。

このような批判は、本書の性質上、あまり重要ではない。なぜならば、本書は思想書や哲学書の体裁をもって書かれているが、本質的には論理整合性をさほど重視しない一種の宗教書であるからだ。では何に対する信仰なのかといえば、共同幻想や対幻想に対抗していく自己幻想の力への信仰ということになるだろう。

民主主義、社会主義、イスラム原理主義など、国家が柱とする教義はさまざまだが、いずれも神話がベースとなっている。つまり、どの国家も共同幻想にすぎないということだ。さらには、どこの夫婦や家族の絆も対幻想にすぎない。

こうした認識は、ある種の諦観となり、組織的暴走を防ぐという意味では一定の実用性がある。しかし一方で、これらを超克するために残されたのは自己幻想となり、結果として個人の自立に過度に依存した自己責任型の新自由主義社会の到来を招いてしまったのである。

党派的行動を超えて自立した個の確立を追求した全共闘運動が『共同幻想論』と共鳴したゆえんでもあろう。

豆知識 80年代サブカルチャーを評価するなどにより資本主義への転向との批判を受けた吉本は、晩年、自らを「新・新左翼」と称することもあった。

国家を監視する「公共圏」の変質

『第2版 公共性の構造転換 市民社会の一カテゴリーについての探究』

ユルゲン・ハーバーマス

細谷貞雄、山田正行訳／未來社／1994年

大衆民主主義が有効であるためには「公共圏」の回復が必要である

イギリスの社会人類学者アーネスト・ゲルナーによれば、人間社会は3段階の発展を遂げるという。現在は、その第3段階である「産業社会」であり、租税や労役を社会から収奪する存在として国家がある。

そのような収奪の実態をあからさまにしないために、国家は社会から過剰に収奪して一部を社会に返還することで、市民社会の福利厚生のための役割を果たしているとか、ほかの国家から自らの縄張りを守るために必要な業務を遂行する中立的なサービス機関であるかのように振る舞う。

たしかに、社会と国家は「他国からの収奪を防ぐ」という利害を共有している面もあるが、国家の本質は収奪機関であり、社会はこれを監視しな

くてはならないのだ。

国家が社会から収奪しようとし、社会が国家を監視しようとするその「出会いの場」が、本書でハーバーマスがいうところの「公共圏」である。

この「出会いの場」は17～18世紀、イギリスの喫茶店から始まった。喫茶店には社会的身分に関係なく誰でも出入りすることができ、そこでは自由な討論が可能だ。喫茶店はその後、政治色を強め、絶対王権を規制する議会へと発展していく。

そこでの自由な討論の基礎となるのは、各人の教養である。そして、教養は多くの場合「読書」から得られるものであった。しかし印刷機の発明によって出版事業が金儲けの道具となってしまったことから、教養は徐々に力を奪われていく。

私企業であるメディアの発信する情報はさまざまな形で利益を誘導するためのものである。こうしたビジネスの論理が公共圏に入ると「面白おかしく、カネが儲かればいい」という場となり果て、国家を監視・規制するという機能が失われてしまうのだ。まさしく、テレビなどの普及によって真偽不明の情報がばらまかれ、市民たちには、その真偽を明らかにするための教養の力が失われつつある今の状況のことである。

ハーバーマスは、「社会国家的な大衆民主主義は、その規範的な自己理解にしたがえば、政治的に機能する公共圏の要請を真剣に受けとめるかぎりでのみ、自由主義的な法治国家の原則との連続性を保っているといえるだろう」と、公共圏の回復に期待する。

果たして公共圏は本当に回復できるのか否か。しかし今、私たちが選択している大衆民主主義は、公共圏の復活なしにまともに機能はしないのだ。

豆知識 2020年時点で91歳、存命のハーバーマスは、日本でも人気の高いジャック・デリダとデリダ派のポストモダニズム思想への批判の論争でも知られる。

「愚かさの女神」の大独演会！

『痴愚神礼讃』

デジデリウス・エラスムス

沓掛良彦訳／中公文庫／2014年

痛烈な批判には正しい知識とユーモアが不可欠である

ルネサンスを代表する人文主義者デジデリウス・エラスムスは、カトリックの司祭、神学者でありながら、カトリック体制を根本から揺さぶった16世紀の知の巨人である。

同時代の人文主義者で、著作『ユートピア』で知られるイギリスのトマス・モアと深い親交があり、着想を得てモアの自宅で書き上げた風刺書が本書『痴愚神礼賛』だ。

著述は、愚かさを司る女神モリアーが聴衆の前でひたすら自画自賛を繰り返す、という体で軽妙に進む。享楽に耽ることがいかに素晴らしいことかと女神に吹聴させることによって、逆説的に現実の腐敗を批判しているわけだ。その矛先は、哲学者や神学者、王侯貴族、果てはカトリック教会や神学者に及ぶ。

当時のカトリック教会は、世俗権力と結託して土地の支配権や徴税権を握り、資金源として贖宥状を販売するなど、キリスト教本来の精神からかけ離れていた。

「至るところで愛を強調していますが、先天的な愛と後天的な愛とを区別していません し、愛が偶然的なものか本質的なものか、創造されたものか創造されざるものか、説明はしておりません」

なるほど、実に痛いところを突いている。聖書研究、古典研究を基にした多数の引用が説得力を与え、当代一流の知識人としての力量をうかがい知ることができる。

過激で命がけともいえるカトリック批判を展開した本書は欧州で一大ベストセラーとなり、宗教改革の中心人物であるマルティン・ルターにも大きな影響を与えた。しかしエラスムス自身はプロテスタントに行くことはなく、先鋭化していくルターとは次第に袂を分かっていった。新約聖書の校訂を行い高く評価されるなど、あくまでもカトリックの信者であり、内側からの改革、教会の一致を求め続けた。

翻って現代、お笑い芸人の「イジリ」がもてはやされ、SNS上では他人の言動や失敗を面白おかしく批判する言説が溢れかえっている。我々が本書から学ぶべき点のひとつは、ユーモアと侮辱の境界線ではないだろうか。自らの言動がユーモアを踏み越えて侮辱に至っていないか、絶えず自省する必要がある。

そのためには、正しい知識を身につけることが何よりも有効であろう。古典を学ぶことが現代にも活きるゆえんである。

豆知識 栃木県の龍江院には長年、エラスムス像が安置されていた。江戸時代に来日したリーフデ号の船尾像と判明するまでは、中国の偉人像とみなされていた。

不確実な時代を生きるのに不可欠な〝諦観〟

『星の王子さま』

アントワーヌ・ド・サン＝テグジュペリ

小島俊明訳／中公文庫／2006年

うまくいくこともあれば、いかないこともある あらゆるものは変化し、そして消えていく

パイロットでもあったフランス人作家のアントワーヌ・ド・サン＝テグジュペリが、１９４３年に米国ニューヨークで出版した小説『星の王子さま』。今や２００以上の国と地域の言語に翻訳され、総販売部数１億５０００万を超える世界的ベストセラーとなっている。

本人の手による挿絵は愛らしいが、そこに描かれる世界観は観念的で哲学的だ。不思議な雰囲気をまといながら、大人から子どもまで世界中の人々に読まれている作品はそうないだろう。

サン＝テグジュペリは、26年に作家デビュー。その後もパイロットとして活躍していた。35年にはフランス・ベトナム間の最短時間飛行記録に挑戦。ところが、サン＝テグジュペリが乗った飛行機は機体トラブルでリビア砂漠（サハラ砂漠）に不時着、一時は生存が絶望視された。

3日後、地元の人と偶然出会って水を飲ませてもらうなどしながら奇跡的に生還。この体験を通じて孤独や死の恐怖、人とのつながりの意味などを考えさせられたことが『星の王子さま』を書くうえでの原点になったといわれている。

物語は、操縦士の「ぼく」の乗った飛行機がサハラ砂漠に不時着するところから始まる。「ぼく」は、人のいる土地から1000マイルも離れた砂漠のど真ん中で孤独に夜を過ごした。翌日、目を覚ました彼は1人の少年と出会う。話をするうちに、少年は別の惑星から来た王子であることがわかってくる。

この作品では、王子が今まで経験してきた旅の話を通して「大人」の姿が子どもの王子との対比によって滑稽に描かれる。うぬぼれ屋、酔っぱらい、ビジネスマン、点灯夫ら……ユニークな「大人」のキャラクターたちは本作の醍醐味のひとつだ。

この作品が世界中で愛されている最大の理由は、子どもの心を失った大人たちに向けて作中に散りばめられた、示唆に富んだ名言の数々だろう。中でも格別なのが、王子が地球で仲よくなったキツネから教えられた「秘密」の言葉だ。

「心で見なくちゃ、ものごとはよく見えない。いちばん大切なことは目に見えないんだよ」

心でものが見えたとしても、見えたとたんに変化がおとずれることもある。惑星に咲く1本のバラが自分にとって大切だったことに気づいた王子と、「ぼく」との別れの時。

あらゆるものは変化し消えていく。その〝諦観〟が生きる力になることは少なくない。

豆知識 本作出版の翌44年、サン=テグジュペリの乗った偵察機が地中海上空で行方不明に。後年、乗機の残骸が海中から引き揚げられた。

異質なものをどこまで呑み込めるか

『寛容論』

ヴォルテール

中川信訳／中公文庫／2011年

対立の根源にあるのは宗教的不寛容
異質なものとの対話はなぜ難しいのか

本書は、18世紀を代表するフランスの啓蒙思想家、ヴォルテールの著作である。啓蒙思想とは、従来までの封建社会下における世界観を離れ、人間の理性を基盤とした知によって世界を把握する試みである。ヴォルテールは、名誉革命（1688年）を経たイギリスに滞在し、その自由な政治体制や社会風土に感銘を受けた経験から、帰国後、絶対王政下にあるフランスの旧態依然とした社会を批判した。プロイセンのフリードリヒ2世に招かれるなど、彼の思想は多方面に影響を与え、近代化の先駆けとなった。

本書『寛容論』は、宗教における「寛容（トレランス）」の重要性を説いたものである。プロテスタントの信徒が処刑された「カラス事件」において、ヴォルテールは彼の冤罪を晴らすべく、旧来のカトリックを批判し本書をまとめた。

「一切の宗教は人間が作り出したものであり、使徒が建立したローマ・カトリック教会こそ神の唯一の御業であると、あなたは答えるであろう。だが歯に衣を着せずに申せば、われわれの宗教が神聖であるという理由で、憎悪や義憤に駆られ、追放、財産没収、投獄、拷問、殺人行為をほしいままにし、またこうした殺人行為を神に感謝することによって、われわれの宗教はこの世を支配しなければならぬものであろうか。キリスト教が神聖であればあるほど、それを管理するのは人間であってはならない。(中略)不寛容は偽善者でなければ反逆者しか作り出さぬ」

一神教的な世界観には、常に不寛容論が生まれるものである。こうしたものの見方は、現代のイスラム世界を理解する際にも有効だ。カトリックは自分たちが絶対に正しいと思い、プロテスタントも自分たちが絶対に正しいと思い譲らない。これはイスラムのシーア派、スンナ派においても同様のことがいえる。日本人にはあまり馴染みのない、宗教における不寛容な感覚が、本書ではリアルな体験として描き出されている。

ヴォルテールの言葉として、「私はあなたの意見には反対だ。だがあなたがそれを主張する権利は命をかけて守る」という有名な一節が語り継がれている。実はこれは彼自身の言葉ではなく、彼を見た第三者による描写との説が有力だが、いずれにせよ寛容を説く彼らしい態度といえよう。しかし現実には、異なる文明間の対話は決して容易ではない。

その理由を本書から読み解いて欲しい。

豆知識 ヴォルテールは、同時代のフランスを代表する啓蒙思想家ルソーとは、思想的な対立により不仲であったという。寛容の境地に至るのは、やはり困難なのか。

中世の残虐と敬虔を「秋」としてとらえ叙事的に回顧

『中世の秋』

ヨハン・ホイジンガ

堀越孝一 訳／中公文庫プレミアム／2018年

のちに反ナチス・レジスタンスとなる歴史学者が描いた「中世の崩壊」

ヨハン・ホイジンガが生きた、１８７２年から１９４５年までの72年間。彼の住むオランダは、二度の世界大戦ではいずれも中立を表明。第一次世界大戦では戦火を逃れたものの、40年にはナチスに侵攻されて国王はイギリスへ亡命。国内は親ナチスのファシストに支配される。

オランダはかつて東インド会社を設立、ジャワ島に総督を置き、貿易により繁栄を得ていた。しかし彼の生まれる数十年前に、ベルギーが分離独立。加えて支配下にあった東インド、現在のインドネシアで独立運動が起こり、宗主国オランダはその制圧に追われる。

ホイジンガが研究していたサンスクリット語は、インドやインドネシアを含む東南アジアで使われていた古代の言語だ。大学ではバラモン教や仏教を講じる一方、ホイジンガ自身は歴史学者として認識されていく。後年では「人間の文化はすべて遊びの中から発生した」と文化人類学的に論ずる『ホモ・ルーデンス』も上梓している。

19年発刊の本書は、14～15世紀といった中世の文化・生活・思考を探ったもの。キリスト教信仰、神秘主義、芸術と美的観念、騎士道、身分社会を描き、さらには死のイメージ（メメント・モリ）についても論じる。科学的な価値を維持しつつも、ドラマチックで主観的な歴史解釈をもって書かれ、当時の欧米諸国で広く読まれた。

「いつの時代も一層美しい世界へと憧れるものである。混乱した現在への絶望と苦痛が深まるほど、ますますその憧れは激しい」と記し、当時の喜びと絶望を切り取ってみせる。加えて、中世末期の堕落した人々を浮き彫りにする。

当時の飢饉・疫病・戦争は、庶民のみならず君主・貴族にも苦痛を与えた。一方で、八つ裂きの刑などの残虐性に、信仰において敬虔であるはずの庶民たちが熱狂していた。

人間を取り巻く文化は自然が支配している。その自然の中には悪魔が潜んでいるのではないか。そして、自然の分析を科学と呼ぶのであれば、近代科学は悪魔についての考察を内包しているのではないか。こうした自然・悪魔・科学と文化の関連性をホイジンガは「秋」という季節に喩える。

執筆後、彼は反ナチス・レジスタンス運動に身を投じる。収監・釈放されたあとも、軟禁されたまま死に至る。ホイジンガ自身が生きたその時代、そして21世紀の現在は、いずれも「秋」なのだろうか。本書をたぐり、考えてみたい。

豆知識 ホイジンガが生まれる直前のオランダは、鎖国状態の日本と国交があった。プロテスタント国家・オランダは布教を行わないと幕府に約束したからだ。

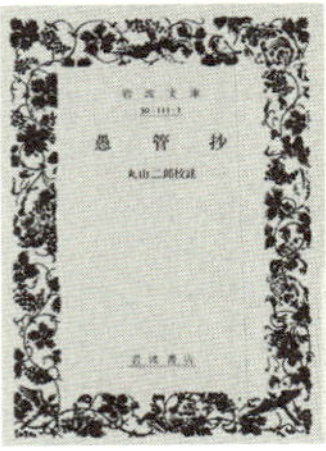

いかにフラットに歴史を見るか

『愚管抄』

慈円

丸山二郎校註／岩波文庫／1949年

時代の「道理」から社会を鋭く分析した日本中世史を知るうえで必読の文献

『愚管抄』は鎌倉時代の1220（承久2）年に、天台宗の僧侶だった慈円によって書かれた歴史書である。

その前年、鎌倉幕府の第三代将軍・源実朝が甥の公暁《くぎょう》に暗殺され、その直後に公暁自身も幕府に討たれるという大事件が発生する。これをもって鎌倉幕府の創始者・源頼朝の直系は絶えた。当時の朝廷の実力者であった後鳥羽上皇はこれを好機ととらえ、武士階級に奪われた政治の実権を朝廷に取り戻すべく、各種の策動を開始。その動きは承久3年に朝廷と幕府の武力衝突、承久の乱を引き起こすこととなる（結果は幕府が圧勝し、武家政権の力がますます確固たるものとなった）。『愚管抄』とは、そのような時代背景の中で書かれた歴史書である。

慈円は有力貴族・藤原氏の出身で、出自から言えば朝廷寄りの人物であった。しかし彼はきわめてフラットなものの見方ができる人間で、時代環境の変化などから、武士階級が政治の実権を手にしたことは自然な流れであったことを認識していた。『愚管抄』とはまさに、そんな彼の偏りのない歴史観に立って書かれた史書である。それゆえに、中世の日本史を知るためには必読の文献だともされている。

慈円は『愚管抄』の中で、「道理」の重要性を説く。それぞれの時代においては、世の中に秩序をもたらす法則である「道理」というものが存在し、政治とはその「道理」に沿った形で行わねばならないものなのである。しかし「道理」は時代によって変化する。平安時代末期以降、それまでの政治を司ってきた朝廷に、変化した「道理」に対応する政治を行う能力は存在しないと慈円は見た。慈円にとって、新時代の「道理」に対応する能力を持った集団こそが武士階級であり、とくに源頼朝に関しては朝廷の敵であるどころか、朝廷のために私心なく働き、世の中を安定させるために汗を流している「朝家ノタカラ」（朝廷の宝）だと呼んで絶賛している。

ちなみに仏教思想の立場で言えば、鎌倉時代以降は本来の仏の教えが廃れる「末法」の世であり、従来の仏教では救われないと思う人々が念仏や禅といった新潮流、「鎌倉新仏教」を生み出していった。慈円の「道理」の概念も、この末法思想に影響されたのだろうという説がある。しかしその僧侶としての感覚こそが、フラットで鋭い歴史観を育んだのだとしたら興味深い。

豆知識 慈円のフラットさは現代社会の中でインテリジェンスを考える際にも有用とされ、佐藤優氏も『愚管抄』を愛読書と呼ぶ。

稀有なる哲学入門書

『哲学に何ができるか』

五木寛之／廣松 渉

中公文庫／1996年

戦後日本を代表する哲学者に国民的作家が挑んだ哲学問答

本書が最初に出版されたのは、今から40年近く前の1978年（朝日出版社）のことである。五木寛之といえば現在でこそ『大河の一滴』や『親鸞』などといった、宗教的・哲学的な作風で知られる〝重厚な作家〟である。しかし、そのキャリアの前半期はジャズ音楽や放浪旅行といったテーマの文章を得意とした、どちらかといえばサブカル文筆人にカテゴライズされることさえあった書き手である。そんな五木が、自身より1歳年長で、新左翼の重要な理論家とみなされていた哲学者の廣松渉と語り合ったのが、この『哲学に何ができるか』である。

基本的には五木が、〝哲学の素人〟という立場から廣松に質問を発し、廣松がそれに回答していくという体裁で進んでいく。五木は〝哲学の素人〟ながら、のちの〝重厚な作家〟の基礎部分をすでに見せているとでもいうべきか、質問は的確であり、廣松はそれに対して真正面から手加減なしの回答を出していく。

廣松は本書のなかで、哲学には大きく分けて3つの流れがあると主張する。マルクス主義哲学、実存主義哲学、分析哲学の3つである。出版当時の時代的背景からか、五木・廣松両氏とも、この中のマルクス主義哲学に対する好感を隠そうとはせず、読み進めていくうちに「現代哲学は結局、マルクス主義を超えることはできていないし、またできないのではないか」という感想を、読者の心中に自然に起こさせるような力さえ本書は持っている。

無論、そうした時代的背景を織り込んだうえでも、戦後日本を代表した哲学者だった廣松が、五木という一級の聞き手を得て、対談方式という形でわかりやすく、世界の哲学の流れを語っていくという本書の価値は減じない。西洋哲学全般の流れを語りながら、まさにその哲学に「何ができるか」という観点で、2人の会話はスペイン戦争やナチス・ドイツなどの話題に小気味よく脱線していく。

周知のとおり、21世紀の現在、マルクス主義哲学はその力を大きく失っている。実存主義哲学もまた同じように、多くの支持者を得ている考えではすでにない。しかし、だからこそ「それらはどうして成立したのか」「これから哲学はどうなるのか」の視点を、本書は今でも読者に与えてくれる。戦後日本が生んだ稀有な哲学入門書と本書が評されるゆえんは、まさにそこにある。

豆知識 近代哲学はデカルトやヒュームで終わっており、あとはそのバリエーションにすぎないなどといった、廣松氏独自の主張も読みどころのひとつ。

ノーベル化学賞受賞者を育てた科学の通俗本

『ロウソクの科学』

マイケル・ファラデー

三石巌訳／角川文庫／2012年

1本のロウソクで科学の面白さを伝え科学を「通俗化」したファラデーの名講義

学問の普及に「通俗化」は不可欠だ。

一般の人にニュートン力学は理解しづらいが、数々の通俗科学書が出ることで広まっていった。『論語』を読む人は多くないが『論語の読み方』はよく売れる。海外に目を向けると、ロシアはソ連時代から通俗化に優れた国だった。いかなる知識であれ学問であれ、まずはソ連全体に浸透させてから、コミンテルン（共産主義インターナショナル＝国際共産党）に加盟する支部（各国共産党）が所在する異なる言語の国に情報を普及させねばならないからだ。民族や地域差を想定して、自分たちの歴史観や知識や教養を浸透させていくために、1つのテーマについて、何層かに分けた通俗化が必要だったのだ。

海外生まれの通俗本として真っ先に思いつくのが、この『ロウソクの科学』である。イギリスの偉大な科学者・物理学者のマイケル・ファラデーが、１８６０年のクリスマス休暇に、ロンドンの王立研究所で行った全６回の講演を記録したものだ。ファラデーは、19世紀最大の科学者とまでいわれる人物だが、実はロンドンの貧しい鍛冶屋の次男として生まれた。小学校に通う年頃には、製本屋の弟子として働き始めたというが、一方で科学に興味を持ち、夜に屋根裏部屋で実験をしては友人と科学を論じたという。

その後、22歳で化学者ハンフリー・デービーの助手になり、当時の階級社会の中で苦労を重ねながら、電磁誘導やベンゼンの発見、電気分解の法則、光の磁気効果の発見など、輝かしい科学的業績を歴史に残した。

ファラデーは、自然の秘密を嗅ぎつける独特の感性を持っていたといわれるが、本書でも、自然との深い交わりから聞き取った「声」が、少年少女に対して、わかりやすい言葉で語られている。

導入で彼は、全６種のロウソクを１本ずつ取り出し、牛脂でつくられたもの、マッコウクジラの油を使ったもの、和ロウソクなど、それぞれのつくり方を解説しながら、科学の根本に触れていく。さらには、24の実験を聴衆の目前で行い、ロウソクの燃焼という現象と、科学の法則との関連を、ドラマティックに実証していくのだ。

これこそ、通俗本のすごさである。世界中の少年少女、大人までをも科学の面白さに目覚めさせ、熱中させてきた大ロングセラーは、ノーベル化学賞を受賞した吉野彰をはじめ、偉大な科学者たちを科学の道へと導いた原点でもある。

豆知識 佐藤優氏は、通俗本を見下すような風潮に異を唱える「通俗本礼賛論者」なのだとか。それは、通俗本の威力をロシアで体感したことが大きいという。

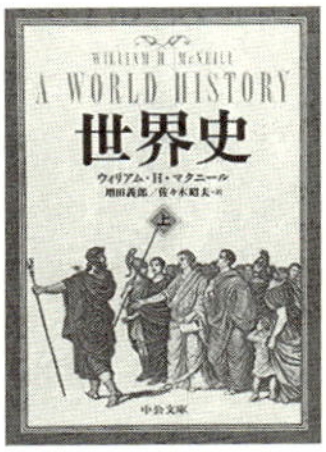

新型コロナウイルスは予見されていた!?

『世界史』

ウィリアム・ハーディー・マクニール

増田義郎、佐々木昭夫訳／中公文庫／2008年

巨視的な視点で描かれた壮大な世界の通史「現代」は歴史上いかなる時代なのか？

膨大な世界史の歩みを、これほど高い質の「通史」としてまとめあげた書は珍しいといえるだろう。巨視的な観点で世界史を学びたい人にはうってつけの1冊だ。

1917年生まれ、シカゴ大学で教壇に立ち続けた著者、ウィリアム・ハーディー・マクニールの世界観は一貫していてわかりやすい。すなわち、最終的には世界はひとつになるという、アメリカの典型的な考え方だ。

「人々は現代をふりかえり、地球的規模でのコスモポリタニズムがはじめて現実となった時代として、なみなみならぬ達成の時期とみなすことであろう」

その過程でどんな問題が起こりうるか。とくに興味深いのが、45年以降の人口変化が将来にわたって問題となり続けると、危機感をもってとらえている点だ。「人口の圧力は、最近の多くの政治動乱、民族紛争、宗教対立などの一因になっている」と本書は指摘する。

「もっと重要な反応は、移住である。（中略）農村から都市に移動する。その結果異なった民族が混じりあって、国の性格がぼやけ、あらゆる種類の地域摩擦がひきおこされる」

これは移民の問題を指した予言であり、現代におけるグローバリゼーション、とりわけ欧州社会の現実を見れば、けだし慧眼であった。

その一方で、より驚くべき予見もあった。

「伝染病がまた復活する明らかな兆候がある」と述べ、20世紀のような人口急増は繰り返されないとも言っているのだ。

この警告にも似た予見は、新型コロナウイルスの感染拡大という新たなる脅威の登場によって、現実のものとなりつつある。

移民、伝染病、そして新型コロナ以前から欧米に広がり始めていた排外主義的傾向。これらは決して不可分の問題ではない。たゆまぬ人類の歴史の歩みを考察する中で、マクニールはそうした未来像を的確に見抜いていたのだ。

最後に感染症の怖ろしさがわかる書も、いくつか紹介しておこう。

まずマクニールの『疫病と世界史』（中公文庫）。天然痘、ペスト、コレラなど、人類を危機に陥れた疫病に焦点を当てた歴史書だ。池上彰氏の『おとなの教養』（NHK出版新書）も、以前から感染症の危機に触れていた。小説では、ダン・ブラウンの『インフェルノ』（角川文庫）も興味深い。

豆知識 本書に最新の改訂が加えられたのは1999年のことである。はや20年も先となった「現代」を、これほど鮮明に描いていたことは、やはり驚嘆すべき事実だ。

佐藤優の古典攻略法②　古典を読むことで「型」を知る

教養なき無知蒙昧な「型破り」は単なる「デタラメ」にすぎない

教養を軽んじる社会は危険である。

SNSなどでは冷笑主義が蔓延《まんえん》しやすい。真摯《しんし》に思考することに対し〝(笑)〟で片付けてしまうような風潮である。ポストモダンの時代を生きる私たちは、すべてを包括するような大きな物語は今や必要ないという立場に立っている。とはいえ、誰かと文脈を共有するときには一定の教養が必要となる。誰ともいかなる文脈も共有できないような共同体は、もはや共同体の体《てい》をなさないだろう。

本来の意味での「教養主義からの脱却」は、「守破離」の原則がその根底にある。

茶道や武道などの鍛錬における「守破離」、すなわち「守」で基本的な「型」を徹底的に守ることを学んだうえで、「破」で複数の型を知りつつ自分の型を破り、さらに「離」で自分の型から離れて新たな方法論を見出していく——。

松岡正剛さんの編集工学研究所で実践しているのがまさにこれである。「守」コースを経て「破」

コースへ進み、最終的に「離」コースへと至る。これこそが本来の教養主義からの脱却のしかるべき手続きであるはずだが、今やただの無知蒙昧《むちもうまい》を「脱教養」と言ってはばからない。

たとえば、ある抽象画があったとして、きちんとしたデッサンができる人が描いたものなのか、あるいは基礎もなくデタラメを描いているのかは、パッと見ただけではわからないかもしれない。しかし、プロが見れば一目瞭然なのである。現代詩も同様だ。思いつきのままポエムを書いているのか、きちんとした詩の訓練を受けているのかプロが読めば即座にわかる。

デタラメと型破りはまったく異なる。いくら型を破ろうとしても、そもそも型にはめた経験がなければ、破ることはできない。ただのデタラメをやるしかなくなるのだ。

教養主義というのは型にはめることであり、ショーペンハウアーが『読書について』で指摘しているように、読書というのは他人の頭で考えることだから、そこで思考が停止してしまう危険性に気をつけなければいけない。つまり教養主義に陥って型の中にはまり込んでしまうことのないよう、そこから脱却していく「破」と「離」が必要になるわけだ。

しかし、教養主義を脱却するにもまず、教養という「型」を知っておかなければ脱却のしようがないのである。これらの「型」を身につけるためのテキストが古典だ。

できるだけ若いうちに、しかもあまり余計な時間をかけないで「型」を知っておいたほうがいい。そのうえで自分の「型」を破って教養主義を超えていくのである。

思想は教養で〝解毒〟できるのか

「思想は毒薬である」という考え方がある。確かに思想は毒薬となることがある。では、教養によってそれを解毒できるのか。私は、毒は毒としてそのまま見せるべきだと考える。

たとえば、教養をもってヒトラーの『わが闘争』を果たして解毒できるのか。あるいは、村田沙耶香さんの『地球星人』という小説は最後には人肉食にまで至るわけだが、それを文学として解毒できたのかといえば、解毒などしていない。毒は毒として見せている。これは毒だと気づかせることが重要なのである。

ジャレド・ダイアモンドは『銃・病原菌・鉄』の中で、野生のアーモンドについて触れている。野生のアーモンドには青酸カリになる物質が含まれているため苦くて危険なのだが、突然変異した毒性のないアーモンドが畑で育てられるようになったという。

これを読んでふと思ったのが、あらゆるものが解毒されてしまったら人間は毒に気づくことができなくなり、うっかり野生のアーモンドを無防備に口にしてしまうだろうということだ。毒は毒として知っておけば、「これを食べると死んでしまう」ということが認識できる。

毒としての古典というのも、実は非常に重要なのである。

第三章

政治・経済・社会の本質を知る

「論理」一辺倒でなく、「情緒」と「形」の回復を訴える

『国家の品格』

藤原正彦

新潮新書／2005年

論理と合理による世界の荒廃を救うのは日本の誇るべき「国柄」である

数学者の藤原正彦が講演記録に加筆して著した本書は、タイトルどおり、現在の日本に失われてしまった「国家の品格」を取り戻すことを呼びかけたもの。2005年11月に刊行され、翌06年にかけて200万部以上を売り上げた。

30歳前後、アメリカで教壇に立っていた著者は、帰国後、アメリカ流の「論理」を通そうとするが、うまくいかなかった。40代前半にイギリスで暮らした際には論理より伝統を重んじる人々と出会って心地よさを感じ、日本に戻ってからは、数学者でありながら論理を疑うようになる。

近現代を振り返ると、「欧米にしてやられた時代」だったと藤原はいう。論理や近代的合理精神を手に入れたヨーロッパで産業革命が起こり、科学技術文明が発展した。しかし、その結果、戦争や環境破壊、犯罪、家庭崩壊などが増加し、世界は荒廃してしまった。

論理がまったくいけないというわけではない。論理は大事だが、人間はそれだけではやっていけないと、藤原は強調する。そして、論理とともに重要視すべきなのが、日本人が古来から持っていた「情緒」と「形」であるとする。

情緒とは「懐かしさとかもののあわれといった、教育によって培われるもの」で、形とは「武士道精神からくる行動基準」だという。ともに日本人を特徴づける「国柄」であるが、昭和初期頃から失われ始め、バブル崩壊後は「崖から突き落とされるように」捨てられてしまったと考える藤原は、これを復活させるべきだと訴える。

なぜ論理だけではいけないのか、なぜ情緒と形が大事なのか、武士道精神とはどういうことかを、藤原はさまざまな事例やエピソードをあげて説明していく。これまで絶対的に正しいと思われていた「自由、平等、民主主義」への疑問や、初等教育段階での英語教育の否定など、藤原らしい数々の「卓見」が小気味好い。

本書が注目された06年には第一次安倍内閣が発足し、教育基本法を改正して「愛国心」という言葉を盛り込んだ。本書がベストセラーとなったことは、一見、当時の風潮を物語っているようにも見える。昨今も、いわゆる「日本礼賛本」と呼ばれるジャンルの本が多く出版されている。

しかし、本書がその走りだと思うのは誤解だ。丁寧に読めば、世の中は多元的であり、寛容の精神を持つことが重要なのだという彼の主張の真髄に気づくだろう。

豆知識 藤原の父は作家の新田次郎で、母は同じく作家の藤原てい。本書では、新田に「武士道精神」を叩き込まれていた話も紹介している。

現代社会にも水脈のようにつながる危険な思想

『わが闘争』

アドルフ・ヒトラー

平野一郎、将積茂訳／角川文庫／1973年

21世紀によみがえるナチズムの負の遺産
令和の時代に批判的に読んでおくべき1冊

書名はよく知られているのに実際にはあまり読まれていない1冊が、ナチスの指導者アドルフ・ヒトラーによる著作『わが闘争』だろう。

ヒトラーの著作権はドイツのバイエルン州が持っており、これまではその復刊を認めてこなかったが、2015年に死後70年が経過、著作権が消滅したため、誰でも『わが闘争』を刊行できるようになった。ヒトラーの影響が広がることを危惧したミュンヘンの現代史研究所が、これに合わせて註釈つきの分厚い『わが闘争』を刊行した。

それほどまでに『わが闘争』は注意して読まねばならない1冊なのだ。というのも、ヒトラーの思想は彼の死とともに消え去ったわけではなく、ナチズムの負の遺産は社会のあちらこちらにその芽を残しているからである。

つい先日も、ある政党の政治家が「命の選別をするのが政治だ」と発言し、除籍処分となった。ナチズムの「優生思想」に容易につながる発言である。ナチズムは過去のものではなく、現代社会のいたるところでその亡霊が彷徨っている。

ヒトラーは「人種の純粋保持」を国家の優先事項として掲げていた。

「民族主義国家は子どもが民族の最も貴重な財宝であることを明らかにせねばならない。ただ健全であるものだけが、子どもを生むべきで、自分が病身であり欠陥があるにもかかわらず子どもをつくることはただ恥辱であり、むしろ子どもを生むことを断念することが、最高の名誉である、ということに留意しなければならない。しかし反対に、国民の健全な子どもを生まないことは、非難されねばならない。その場合国家は、幾千年もの未来の保護者として考えられねばならず、この未来に対しては、個人の希望や我欲などはなんでもないものと考え、犠牲にしなければならない。国家はかかる認識を実行するために、最新の医学的手段を用いるべきである」

少子高齢化の日本においても、人間を「生産性」によって数値化するような発想がすぐに頭をもたげてくる。戦前の日本も「産めよ増やせよ」と富国強兵のための出産が奨励された。命を強制されない自由は民主主義の根幹である。

ちなみに、戦前に翻訳されていた『わが闘争』からは日本を侮辱する記述が削減されている。日本に文化はなく、アーリア民族の科学技術による労作でしかない、というくだりだが、日独提携の障害になるとして削除されたようである。

豆知識 アメリカ合衆国の国立公文書館から発見されたヒトラーの外交政策に関する口述タイプ原稿をまとめたものが『続・わが闘争』の邦題で出版されている。

「自由経済の守護神」は、なぜ植民地政策に反対したか

『国富論』

アダム・スミス

大河内一男訳／中公文庫／1978年

自由な市場こそが経済を活性化させる 穏健なエリート・インテリが見通した未来

しばしば「経済学の祖」と称される18世紀の人、アダム・スミスは、母校グラスゴー大学の教授を務めたのち、青年貴族の「グランド・ツアー」に同行した見返りとして執筆専念に十分な年金を受け、『国富論』を完成させた。自由経済思想の元祖と目される彼が、このように「体制」から支援を得ていたことは、次世紀のマルクスが在野の思想家として生涯を送ったことと比べても、いくらか意外な印象を与える。

フランスのケネーやヴォルテール、アメリカのフランクリンなど、イギリス国外の知識人と親交があったことも、彼の伝記的事実をたどっていると目につく。そういう人物が「自由」経済思想を主張したことの背景には無論、当時のイギリスと関係諸国をとりまく歴史的状況があった。

『諸国民の富』とも題する本書は、貨幣（貴金属）そのものを富ととらえる重商主義を、輸出品獲得のための植民地拡大、したがって軍備拡張を要請する不経済な思想だと批判。農業のみが生産的だとする重農主義は批判しつつも、本当の富は貨幣ではないとする点には賛同している。ピン製造から「分業」の効果を提示したことでも知られるスミスは、当然に農業だけでなく工業も生産的だととらえた。商品の販売から得られる剰余の一部が蓄積されて資本となり、生産力をさらに向上させることを重視したことで、逆に消費を重視する重商主義の「ストックよりフロー重視」思想を、いよいよ批判せざるをえなかったのだ。

歴史的には特権商人の利益を擁護すべく建設された植民地が、武力を背景に非効率な産業を存続させていると喝破したスミスは、アメリカが独立して「自由」を得れば、経済力でイギリスを凌駕するとさえ予見していた。

商業社会においては、賃金・利潤・地代の適切な水準に規定された「自然価格」が存在すると信じ、植民地政策は「特殊利益に基づく不自然」なものであると反対した。「自然価格」論は階級社会を前提とする「支配労働価値説」にも依拠していたが、彼は不自然な政策がなければ社会の状態も「自然に」改善されると信じていたのだ。

しかし「自然価格」機構の有効な作動は、公正さを含む「市場」参加者の共感が前提とされていたことに注意する必要がある。基本的に自由貿易を支持しつつも、現実に損害を被る人がいるなら「自由化」は漸次的にすべきだとした側面も、現代において記憶されるべきだろう。

豆知識 『国富論』の熱心な読者ジョセフ・ブラックは、「潜熱」概念を提唱する一方で、「熱の物質説」論者を多く弟子に持つ、「過渡期の物理学者」であった。

貧困はいかにして生まれるのか

『人口論』

ロバート・マルサス

永井義雄訳／中公文庫／2019年

「労働価値説」を縛る鎖は人口なのか？ 財の希少性に着目した経済学の名著

1766年生まれのロバート・マルサスが著した、経済学における古典中の古典である。アダム・スミス『国富論』とともに、イギリスが生んだ「古典派経済学」を代表する書であるが、両者ともその知名度の割にはあまり読まれていない。

本書『人口論』は、以下のくだりが有名だ。

「人口は、さまたげられないばあい、等比数列において増大し、人間のための生活資料は等差数列において増大すると、わたくしはのべた」

マルサスは、人口は幾何級数的に増加するが、食糧は算術数的にしか増加しないと主張する。そのため、人類が貧困から脱出する方法は人口抑制しかないという。

この論理展開は実は、『国富論』とは大きく異なっている。人間の労働が価値を生み、注ぎ込まれた労働量が商品の価値を決めるという「労働価値説」が、『国富論』の説く古典派経済学の基本だ。しかしマルサスの論によれば、労働量ではなく、人口増加に対し食糧供給が追いつかないという環境要因によって、食糧価格はどんどん上がっていってしまうことになる。

こうして生ずる貧困を回避するためには人口抑制（時には戦争や飢饉といった形での）が必要となり、結果、社会全体が動員できる労働量も減少してしまう羽目になる。環境による制約のために結局人は豊かにはなれないという、かなり悲観的な見方だ。

一連のこうした現象は「マルサスの罠」と呼ばれ、フランス革命後のヨーロッパ世界に大きな衝撃を与えた。

しかしその後の産業革命の進展に伴い、農業も科学によって改革され、化学肥料の誕生等により食糧の生産効率は飛躍的に向上した。また、マルサス没後のイギリスにおいては、穀物法の廃止（1846年）等により自由貿易が加速し、海外から安価な商品が大量に流入するようになっていった。こうした状況から、必ずしもマルサスの主張だけで社会の貧困を説明しきることはできなくなっている。

ただ、財の希少性を指摘したという意味では非常に画期的な論であり、今日においてもなお示唆に富んでいる。食糧問題にかぎらず、いつの時代も環境による制約はつきものだからだ。

ぜひ、相反する考え方の『国富論』と併せて読んでみてもらいたい。現在の世界を席巻する、資本主義の根本を理解する一助になるはずだ。

豆知識 マルサスは、晩婚化や婚前交渉の抑制といった「理性的」な人口抑制も可能と考えた。こうした「生き残り戦略」の考え方は、ダーウィンの進化論にも影響を与えたという。

春秋時代の兵書を現代のインテリジェンスに応用する

『兵法 孫子 戦わずして勝つ』

大橋武雄

PHP文庫／2005年

知なき者を使い、戦わず勝利を手に 古代中国のインテリジェンス兵法の極意

『孫子』は古代中国の春秋時代（前７７０～前４５０年頃）に呉の国王に仕えた孫武（前５４１～前４８２年頃）によって著されたとされる兵法書である。孫武は戦争法則を科学的に研究・分析した最初の人物とされる。それ以前の兵法書は占いや運などで勝負が決するとする内容が多く、『孫子』の登場は当時革命的だった。

この『孫子』を現代経営の指南書としてアレンジしたのが１９０６年生まれの大橋武雄による本書だ。大橋は27年に陸軍士官学校を卒業、陸軍重砲兵学校教官を経て東部軍参謀として中国大陸での謀略活動を指揮した。戦後に東洋精密工業を再建して経営手腕が認められ、70年代に古代中国の兵法と企業経営を結びつけた「大橋兵法経理塾」

を主催する。

大橋は『孫子』の成立を次のように説く。

「当時は興亡常なき戦乱の時代で、人民の教養は低かった。孫武らの使った兵士は、浮浪人か一旗組を金と威力でかき集めた烏合の衆が多く、国や君主に対する忠誠心や高級な戦法を理解することは無理であった。彼（孫武）はこの現実を素直に認め、人間心理の機微をつくことにより、どんな人間でも使いこなせる統御術を工夫した」

大橋は『孫子』の要諦を「戦わずして勝つ」の一点にあるとし、しかもその本質は「策をめぐらすことだけで勝てると」思い込むことなく「戦ったら勝つだけの実力を持ち、それをいつでも効果的に発動できる準備を十分にしておかねばならない」ことにあると書いている。

本書の特徴は序盤で『孫子』の中の名言を引き、経営やコミュニケーションに適用しうる方法をわかりやすく説明し、後半に掲載する『孫子』原典の該当ページへ導きつつ解説をしている点だ。

「百戦百勝は善の善なるものにあらず。戦わずして人の兵を屈するが善の善なるものなり。

通解
戦いはしてはならない。やむをえず戦うなら勝たねばならない。それには、正奇を併用し、風林火山、兵法の秘術をつくして敵の弱点をつき、易々と勝つことが大切で、ファイン・プレーなどない方がよい。しかし、最上は、戦わないで勝つことである」

古典のエッセンスを楽しみながら、原典まで導く構成が巧みでとても読みやすく、中国古典の入門書としても面白い。インテリジェンスの観点からも有益な1冊だ。

豆知識 『孫子』を経営やコミュニケーションの戦略書として応用した本は現在も数多く出版されており、本書はその先駆けとなった古典的名著だ。

戦争は必要悪なのか、それとも絶対悪なのか

『三つの会話 戦争・平和・終末』

ウラジーミル・ソロヴィヨフ

鷲巣繁男解説／御子柴道夫訳／刀水書房／２０１０年

トルストイの平和主義の欺瞞性を批判した男 ロシア帝国末期における彼の戦争論とは

ウラジーミル・ソロヴィヨフは、ロシア帝国末期の時代に生きた詩人で、かつ哲学者だった人物である。

若き日、彼はモスクワ大学で物理学や西欧哲学を学ぶ学生だったのだが、エジプト旅行中に「幻の女性」に出会うという神秘体験をし、以後、その言動に深い宗教性が加わっていくこととなる。

彼が生きた崩壊直前のロシア帝国では、自由や民主主義を求める政治運動家たちがさまざまな活動をしていた。その代表的存在のひとつが、農民を啓蒙して革命勢力に再編しようとしていたナロードニキであった。１８８１年、ソロヴィヨフはサンクトペテルブルク大学で教壇に立っていたのだが、逮捕されたナロードニキの運動家らを死刑に処すという政府の方針に反対する演説をして大学を追放されたりもしている。彼もまた、末期の帝政ロシアの中で自由を求めた、多くの青年のひとりだったのである。

だが彼は、当時のロシア帝国に多数いた、空想的な平和主義者とは一線を画していた。当時のロシアにいた代表的な平和主義者とは、いうまでもなく非暴力主義を掲げるトルストイ主義者だった。ソロヴィヨフは、トルストイ主義の激しい批判者でもあった。

ソロヴィヨフが死んだ1900年に発表された彼の代表的著作『三つの会話』は、まさにトルストイ主義の欺瞞性を批判し続けたソロヴィヨフの集大成と呼ぶべき1冊だろう。

ソロヴィヨフは本書の中に、それぞれ戦争を必要悪と考えているか、あるいは絶対悪と考えている5人の登場人物を配置する。彼らは侃々諤々の議論を続け、最終的に読者にわかりやすい形で結論が出るわけではない。ソロヴィヨフ自身が戦争をどうとらえていたのかという真意も、この本から容易にわかるわけではない。

ただ、そうした葛藤を人生の最後まで自身の中で繰り返したのがソロヴィヨフという人物だったのである。その真摯さを貫いた彼にとって、トルストイの非暴力主義、平和主義は、空想的な欺瞞思想でしかなかった。

宗教的人間だったソロヴィヨフは、イエス・キリストがそうであったような、神と人間の性質が合体した「神人」が、いつかこの世に現れると信じていた。「神の国」の到来を真剣に待ち望んでもいたが、ロシア帝国の崩壊さえ見ず、1900年に47歳で死んだ。

豆知識 『三つの会話』の中には、日本がやがて大帝国を編成し、キリスト教世界に侵攻するという黄禍論の基礎となった物語が出てくる。

共産主義者から見た民族の定義とは

『マルクス主義と民族問題』

ヨシフ・スターリン

平沢三郎訳／大月書店／1953年

ユダヤ人は民族ではない!? 未来の独裁者が語った民族論の落とし穴

ヨシフ・スターリンといえば、ソ連の残酷な独裁者といったイメージを持つ人が多いだろうが、この『マルクス主義と民族問題』は1913年、まだソ連が成立していない頃、ロシアの左派政治集団「ボリシェヴィキ」の指導者、ウラジミール・レーニンの指示によってスターリンが著したものである。つまり本書は、のちにソビエト連邦を形成する政治集団が、「民族」なるものをどのように見ていたのかということを示す教科書なのである。

本書の中でスターリンは民族について次のように定義している。

「民族とは、言語、地域、経済生活、および文化の共通性のうちにあらわれる心理状態の共通性を基礎として生じたところの、歴史的に構成された、人々の堅固な共同体である」

一読して、とくに違和感を覚えるという人は多くはないのではなかろうか。しかし、実はそこに罠がある。

少なくとも当時のユダヤ人たちはイスラエルという国家を持っているわけでもなく、世界中を放浪していた流浪の民である。するとスターリンが定義したところの「地域」という「共通性」は持っていない。一般に、ユダヤ人はユダヤ教という信仰を共通性とする宗教的民族とされているが、スターリンの民族の定義に「宗教」という確固たる表記はない。

またスターリンは「『民族的性格』は、いちどあたえられたらそれきりのものではなく、生活の諸条件とともに変化する」と説いている。要するに、戦争や天変地異などで、ひとつの民族の住む「地域」がバラバラに分割され「文化の共通性」が維持できなくなるなどすれば、それはもう「民族」ではないということになる。

もうおわかりだろう。やがて社会主義革命が世界を覆い、あらゆる民族がマルクス主義を奉じて暮らすようになれば、民族の定義も「生活の諸条件とともに変化」し、つまりあらゆる民族は解消してひとつになると、スターリンは言っているのである。

「その本質からしてブルジョア的なものである民族運動の運命が、ブルジョアジーの運命とむすびついているのは当然である。民族運動の最後的な衰退は、ブルジョアジーの没落があってはじめて可能である」

しかしソ連は結局その目標を達成できなかった。

豆知識 佐藤優氏は本書の記述から、共産党は本質的にナショナリズムの力を認めることができないと看破している。

政治家に必要な資質は古今東西変わらない

『職業としての政治』

マックス・ヴェーバー

脇圭平訳／岩波文庫／1980年

距離感を読み取る「目測力」の重要性 情熱と責任が結びつき初めて政治家が生まれる

　ドイツを代表する社会学者マックス・ヴェーバーは1864年4月、プロイセン王国（現・ドイツ）エアフルトに生まれた。政治家の父を持ち、子どもの頃から政治や哲学書を愛読していたといわれる。『職業としての政治』は、彼の代表作であり、日本の政治学者にも大きな影響を与えている。

　1919年1月、ヴェーバーはミュンヘンの学生団体（自由学生同盟）のために公開講演を行った。収容人数150人程度の書店内の会場で開かれた講演会だったが、その内容が後日まとめられ出版されたのが本書だ。同様の講演録に『職業としての学問』がある。

　当時、ドイツは第一次世界大戦で敗北を喫し、若者を中心に社会主義革命の機運が高まり、知識人たちはマルクス主義に強い関心を寄せていた。ヴェーバーは、前衛的で血気盛んな若者たちに向けて、「政治と倫理」に関する問題を厳しく提起したのだ。

ヴェーバーは、政治の本質的な属性は権力にあり、「政治とは権力の分け前に預かり、権力の配分関係に影響を及ぼそうとする努力である」と定義する。

では具体的に、政治を実践し職業とする人物が備えるべき資質とは何なのか。ヴェーバーは、「情熱、責任感、目測力の三つの資質がとくに重要」だと言い切る。中でも本書の肝といえるのは、3つ目の「目測力」だろう。政治を職業とするには単なる情熱だけでは十分でない。それが責任と強く結びつくことで、初めて政治家が生まれる。そして、情熱と責任を結合させるために必要な資質こそが、目測力だというのだ。

では、目測力とは何か。ヴェーバーは「精神を集中して冷静さを失わず、現実をあるがままに受け止める能力」だとする。微妙な人間関係の間合いをつかむ距離感覚で、理想と現実のバランスを慎重に読み取り複雑な政治問題を乗り切る能力ともいえるだろう。

本書では、これらの資質を持たない政治家の危険性も指摘している。無責任な政治家は、権力に溺れたナルシストとなり、政治の力を堕落させ歪めさせる。耳の痛い政治家は少なくないはずだ。

この講演の翌20年6月、ヴェーバーはスペイン風邪（鳥インフルエンザ）による肺炎で亡くなった。新型コロナウイルスによる肺炎が世界中に蔓延した2020年は奇しくも没後100年目にあたる。100年経っても彼の言葉は色褪せない。

豆知識 原文で目測力は「Augenmaβ」。Augenはドイツ語で目。故・中曽根康弘元首相も宰相の条件として「目測力」「結合力」「説得力」を挙げていた。

「民族」を掲げることで生じる求心力

『復興亜細亜の諸問題 新亜細亜小論』

大川周明

中公文庫プレミアム／2016年

A級戦犯でもあった右翼の巨魁が問うた「アジアとは何か」に関する古典的名著

大川周明は、第二次世界大戦敗戦後の極東国際軍事裁判、通称「東京裁判」でA級戦犯として起訴された唯一の民間人である。

大川はもともと、法学博士号を持つ学者で、拓殖大学や法政大学で教壇に立っていた人物だった。しかし、いわゆる昭和維新運動の中で三月事件や血盟団事件といった、テロ、クーデター計画に関与。逮捕、服役も経験し、戦前の日本では右翼のイデオローグとして認知されていた。

『復興亜細亜の諸問題』は1922年、大川が初めて世に問うた本格的著作である。タイトルが示すとおりアジア主義に関する本で、現在ではそのアジア主義の代表的古典のひとつともされている。

アジア主義とは明治時代以降、日本の右翼陣営の中に根強く存在した考え方である。つまり、欧米列強の前にアジアは植民地化の危機にさらされている。これに抵抗するためには、アジア諸国は連帯し、団結してこの勢力に対抗しなければならない。そう訴えた思想だ。

ただし、大川が本書において指摘しているように「支那を除く亜細亜諸国の研究は、従来殆ど等閑に附せられて居た。従って亜細亜に関する国民の知識は、予想以外に貧弱」であった。それではアジア諸国との連帯は望めない。そこで大川は本書の中で、アジア全体に対して、そこがどういう場所なのか、またアジアに対して欧米人勢力がどのような野心を抱いているのかといったことを、詳細に論述しつつひもとき、人々の心をつかんだ。出版当時では、ほとんど類書がないような意欲的著作であり、広範に読まれた1冊である。

特筆すべきは、大川が本書で、アフガニスタンやペルシャ（イラン）といったイスラム教圏に関し、非常に力を入れて解説している点である。また、それらイスラム圏に対する「労農ロシア」（ソ連のこと）の影響力をも詳述していく内容は、今日の目から見ても意義を失っていない。

とくに、マルクス主義的な観点ではなく、民族解放という謳い文句によってイスラム勢力を共産党へと引きつけたというソ連の戦略に対する分析は秀逸である。民族主義にはイデオロギーを超えた吸引力があるということを見きわめていた。

なお、大川は東京裁判において、精神異常状態にあると判断されたため、裁判の対象から除外されるも、退院したあとには社会復帰を果たし、戦後の右翼界において一定の存在感を保ち続け、1957年に死去した。

豆知識 当時のソ連の手法に関し、偏見を挟むことなく、対象の内在的論理を冷静に分析した大川の手法は元ロシア担当外交官であった佐藤優氏も高く評価する。

現代社会にも活きる戦時中の対敵宣伝

『プロパガンダ戦史』

池田徳眞

中公文庫／2015年

敵国放送を傍受し続けた男が明かす 欧米各国「プロパガンダ活動」の巧拙

著者の池田徳眞は、戦時中、アメリカ向けのプロパガンダラジオ放送『日の丸アワー』を担当していた人物だ。外務省ラヂオ室で、敵国からの短波放送を傍受するという職務を担っていた池田の目から見た、各国のプロパガンダ事情は非常に興味深い。

「ドイツは理論派」「フランスは平時派」「アメリカは報道派」「イギリスは謀略派」と各国の対敵宣伝をわかりやすいたとえで説明する。

中でもゲッベルスに代表されるナチスドイツと聞けば、華々しいプロパガンダ活動を繰り広げていた印象を持ってしまうが、池田によると、それはあくまで国内向けのプロパガンダ活動に限定したものであったという。対敵宣伝、すなわち交戦国に対してのプロパガンダ活動においては、ドイツはからっきしダメだったと振り返り、その原因を何ごとも「理屈」で押し通す国民性にあると分析する。つまり、「摩訶不思議な動きをする人間心理が対象」の対敵宣伝に、ドイツの国民性は不向きであったというのだ。加えて、尚武《しょうぶ》の国であったプロイセン以来の「武力で勝てばいいんだろう」という考えが対敵宣伝の重要性を弱めたのではないかと見る。

一方でイギリスの対敵宣伝は、「戦争の渦のなかにあってもまことに冷静である」と高く評価。その代表的な事例として、第一次世界大戦でドイツ軍に処刑されたイギリス人女性看護師の事件を挙げている。ここでイギリスの繰り広げたプロパガンダは、〈愛犬と一緒に写る彼女の写真を世界中にばらまく〉ことであった。純粋無垢な看護師が残忍なドイツ軍に殺害されたという事実を、ことさらにフレームアップしてリリースしたわけである。当時、遠い極東の島国に暮らす小学生であった池田にも、この写真つきの報道は強い印象を残したというから、イギリス側の狙いは大当たりだったといえるだろう。

あるいは、「日本は負ける」「降伏せよ」とストレートに訴えることなく、日本軍兵士に心理戦を仕掛けるべくビルマ戦線でばらまかれたイギリスの『軍陣新聞』のエピソードも、まさに「謀略」というにふさわしい。

インターネット環境の拡充により、時には一国の政権の運命を左右しかねないフェイクニュースがあふれる現代。誰がどのような立ち位置からどのような意図で発信した情報なのか、発信側の意図を冷静に読み解く知力が求められる。

豆知識 巻末につけられた『対敵宣伝放送の原理』も併せて読んでおきたい。池田が作成に関わった戦時中の日本におけるプロパガンダ活動の一端を知ることができる貴重な資料だ。

捕虜体験で感じたヨーロッパ人の人種主義的偏見を考察

『アーロン収容所 西欧ヒューマニズムの限界 改版』

会田雄次

中公新書／2018年

捕虜に対する英軍の非人間的残虐性に見る東洋人への絶対的な優越感

大東亜戦争中、教育召集によって歩兵連隊に入隊し、ビルマ（現・ミャンマー）で終戦を迎えた会田雄次が、英軍捕虜として過ごした約2年間の収容所生活をまとめたものである。中公新書の初版は1962年発行で、2018年に改版が出た。

強制労働に服する中で、会田はイギリス人への反感を強めていく。労働の過酷さからというより、自分たち捕虜に対する非人間的な扱いのためだ。タバコをくれるというが床に放り、あごで拾えとしゃくる。家畜飼料として使用している米を支給する。飢えさせて、病原菌のいるカニを食べざるをえない状況に追い込む。会田はこうしたエピソードをこれでもかと紹介し、イギリス人は「なんという尊大傲慢な人種だろうか」と嘆く。しかしやがて、東洋人に対する絶対的な優越感はイギリス人にとって自然なもので、彼らにとっては当然のことなのだと気づく。

会田は、日本軍に残虐行為がなかったとは言わない。英軍のやり方には、日本軍が英軍捕虜に行なったことへの復讐の意味があったとも推測する。問題はそのやり方だ。英軍は、日本軍がしたような暴力行為はほとんど見せない。しかし、「一見いかにも合理的な処置の奥底に、この上なく執拗な、極度の軽蔑と、猫がネズミをなぶるような復讐がこめられていたように思う」と綴る。

本書ではイギリス人だけでなく、ビルマ人やインド人、グルカ兵（ネパール人民兵）らとの交流やその特徴にも触れており、当時の民族性や文化の比較も興味深い。収容所での人間模様の描写は、時にユーモラスですらある。しかし、強調するのは、やはり英軍の残虐性である。

さらに怖いのは、最初は反発心を感じていた捕虜たちが、次第にそれをなくしていくことだ。「無意味で過重で単調な労働の連続」は、捕虜たちの反抗心を失わせ、希望をなくさせ、虚脱した人間にさせていった。

長年植民地経営をしてきたイギリスは、捕虜を飼いならし、諦めさせる技術に長けていた。会田は、多数の家畜を飼育してきたヨーロッパ人ならではの方法論だと見る。勝利者が都合よく描いた「歴史」ではなく「史実」がここにある。

ナチズムを経験したヨーロッパだが、世界は人種主義を克服したとはいえない。アメリカから始まった「ブラック・ライブズ・マター」運動にも見られるように、人種主義的偏見は、今も世界に根深く巣食っている。

豆知識 47年に帰国した会田は、のちにビルマを再訪。その旅行記やビルマ文化論などをまとめた『アーロン収容所再訪』も著した。

熱狂的右翼が自縄自縛に陥った思想の罠

『国防哲学』

蓑田胸喜

慧文社／２００７年

「狂気」の名で知られた右翼人が説く裏づけなき「最強の日本」の姿

１８９４年熊本生まれの蓑田胸喜《きょうき》は、戦前の右翼思想家で、その言動はきわめてファナティックであった。一時は慶應大学で教壇に立ち、論理学などを担当していたが、当時の学生の回顧によると、論理学についてではなく、延々とマルクス主義批判を展開するといった講義をしていたようだ。

極端な国粋主義者で、１９３３年の滝川事件、35年の天皇機関説事件、39年の津田事件など、当時のアカデミズムの世界で、国粋主義的な思想に相容れない学者たちが大学を追われたような事件の背後には、たいていこの蓑田の存在があった。

そもそも「統治権は国家にあり、それを最高機関である天皇が行使する」とした天皇機関説は、当時の官界にも問題なく受け入れられていた学説だったはずだ。あるいは、津田事件で早稲田大学を追われた津田左右吉が行っていたのは、聖徳太子は本当に実在したのかという、今でも多くの学者が取り組んでいる実証的な研究にすぎなかった。

しかし、蓑田にとっては、それすらも日本をおとしめる、許しがたい行為に見えた。蓑田は彼らを罵り攻撃し排除し、日本社会を極右思想で染めあげていく。名前の「胸喜」を「狂気」に読み替えて、彼の暴走ぶりを揶揄する者も多かったという。

『国防哲学』は、そんな蓑田が対米開戦直前の41年7月に刊行した著書である。タイトルどおり、一応「国家防衛とはどうあるべきか」といったことを語る体裁の本であり、第一次世界大戦時のドイツの軍人で、総力戦理論の提唱者でもあるエーリヒ・ルーデンドルフに対する言及などもある。

ただし、理論面においては破綻した記述が散見され、当時の右翼思想がいかに暴走していったのかという典型例として読むことができるだろう。

たとえば蓑田は、日本軍の精強さは「日本人道精神の仁愛無敵の然らしむるところ」であると語り、「日本は既に、成就せられたる世界文化単位である」のだという。そのうえで、日本人の行う戦争は「日本国体に対する神聖観念、日本文化に対する崇高なる信念」がなければ遂行しえないとし、「帝国大学の反国体学風と大新聞大雑誌の亜流無気力風潮」に対する批判を加える。本書は万事この調子で、具体的な提言は実に乏しい。彼は、生真面目になればなるほど、自縄自縛に陥っていったのである。

戦後の46年1月、蓑田は縊死する。絶対的に正しいと盲信していた国体の変容ぶりに耐えられなかったのだろうか。

豆知識 本書からは「絶対に正しいことを信じる右翼思想の陥穽を読み取ることが重要だ」と佐藤優氏は述べる。絶対的に正しい社会を実現しようとする世直しの罠のひとつである。

「国を揺さぶるには大衆から」という鉄則

『謀略　現代に生きる明石工作とゾルゲ事件』

大橋武夫

時事新書／1964年

大日本帝国陸軍の元中佐が執筆した謀略工作の入門書ともいうべき1冊

大橋武夫は中佐の階級まで上った日本陸軍の軍人で、日中戦争の際には中国の最前線で戦っていた軍歴の持ち主である。

戦後、大橋は時計会社の社長をしていたが、並行してビジネスに活かす観点から軍事学解説書などの執筆を始め、幅広い読者を獲得する作家となった。

徳川家康やナポレオンの生涯を軍事学の観点から解説、あるいはマキャベリズムを会社経営にどう生かすかといった大橋の著作群は、とくに当時の中小企業経営者たちによく読まれたものらしい。書き手としては読ませ上手なプロ作家で、難しい軍事学の用語や概念などを、とにかく平易に解説することを心がけた。「（自分の著作を）漫画で出したらわかりやすいのではないか」などといったことも、よく口にしていたという。彼の著作にはロングセラーとなっているものも多く、死後30年以上を経た今でも、大橋の著作の愛読者がなお一定数いるのである。

『謀略』はそんな大橋が1964年に出版した1冊である。「現代に生きる明石工作とゾルゲ事件」との副題にあるとおり、日露戦争時に対ロシア謀略工作を主導した日本陸軍の明石元二郎《もとじろう》と、第二次世界大戦前夜に日本で活動していたソ連のスパイ、リヒャルト・ゾルゲに関する記述を中心とする。加えて、大橋自身が日中戦争において謀略工作を行っていた経歴の持ち主で、そうした自身の経験も巧みに織り込みながら綴られていく本書は読みやすく面白い。単なる「歴史の解説書」にとどまらない魅力がある。

大橋はいう。「昔は、国家というものは一部権力者のものであったが、今は大衆のものである」と。であるから、現代の謀略工作とは大衆を相手にしたものでなくてはならないのだ。大橋は、「現代の謀略は国民大衆を狙わなければ、その国をゆさぶることはできない」とまでいう。

その観点から大橋が重視したのがマスコミで、とにかくその報道を常に注視することの重要性を説き、また「いかに言論統制をやっていても、必ず尻尾がでる」とも語っている。そういう主張とリンクさせる形で、明石元二郎やゾルゲのエピソードを織り交ぜ、大橋の著述は進んでいくのだから、やはり作家としての腕は抜群で、まったく古さを感じさせない。

80年代から、大橋は「兵法経営塾」というセミナーも始め、多くの人が集まったという。

豆知識 佐藤優氏は同書を「謀略の哲学」の理解を促す「インテリジェンスの入門書として最適」と評価している。

「ナショナリズムとは何か」の問いに答えようとした名著

『民族とナショナリズム』

アーネスト・ゲルナー

加藤節訳／岩波書店／2000年

近代産業社会が「ナショナリズム」を必要とし、物語によって「民族」が生まれた

ナショナリズムという概念は、1789年のフランス革命で国民国家ができたことから現れたとされる。ナポレオン戦争を機に、この思想が19世紀ヨーロッパに広まり、多くの民族が国民意識に目覚めた。そして「民族自決」のスローガンのもと、中東欧を中心に、自治・独立を求める運動が進んだ。

今も同様の動きは各地で見られる。近年でもスペインのカタルーニャ地方やイギリスのスコットランドなどで分離独立の動きが起きている。

1925年生まれのアーネスト・ゲルナーは、幼少時をプラハで過ごしたユダヤ人の社会人類学者。ナチスの迫害を逃れイギリスに亡命するも、ロンドンでも移民として苦労し、ナショナリズムの怖さを実感した。本書は、そんなゲルナーが「ナショナリズムとは何か」という問いに答えようとして、83年に著したものである。

ゲルナーはナショナリズムの定義を「第一義的には、政治的な単位と民族的な単位とが一致しなければならないと主張する一つの政治的原理である」とする。そして、ナショナリズムが生まれたのは、近代産業社会が出現したためだったと説いている。

産業社会では人々が流動化し、知らない人同士がコミュニケーションを取るために共通の言語を学ぶ必要が出てくる。そこで国家が領内の教育制度を整え、言語を標準化する。それにより、人々が文化的な同質性を持つようになり、そこからナショナリズムが成立していくというのである。

つまり、民族が先にあってナショナリズムが生まれるのではなく、まずナショナリズムの運動が起こり、その過程で人々に「我らが民族」という意識が生まれるのだとゲルナーは喝破した。

本書でゲルナーは、「以前から存在し歴史的に継承されてきた文化あるいは文化財の果実を利用するが、しかしナショナリズムはそれらをきわめて選択的に利用し、しかも多くの場合それらを根本的に変造してしまう」と述べる。民族は生来的に存在するものではなく、国家がつくった物語によって形づくられるというわけだ。

グローバル資本主義は世界中で格差を生み、人々の心の空洞化を招いている。この空洞を埋めるべく「自国ファースト」で過剰にナショナリズムが煽られる時代。知的洗練度においては「くだらない」思想であるナショナリズムであるが、影響力の大きさは無視できないのである。

豆知識 ゲルナーによれば、世界には8000もの言語がある。潜在的なナショナリズムの数は、現存する国の数を圧倒していることになる。

出版と資本主義とナショナリズムの切っても切れない関係

『定本 想像の共同体 ナショナリズムの起源と流行』

ベネディクト・アンダーソン　白石隆、白石さや訳／書籍工房早山／2007年

「国民」や「民族」といったものは想像の産物でしかない、と見抜いた政治学者

本書はナショナリズム研究の名著とされ、最初に発表されてからまだ30年ほどしか経っていないが、すでに古典としての評価を確立しつつある1冊だ。

世界には、国民・民族と定義される集団が存在する。いわゆる領域国民国家の集合体をもって「国際社会」が形成されている現代にあって、国民・民族とは、社会における基本的な人間集団の単位のごとくとらえられることもある。しかし、アメリカの政治学者だったベネディクト・アンダーソンは、国民・民族といったものは「想像された共同体」でしかないとする。

アンダーソンによる「国民」の定義はこうだ。「国民とはイメージとして心に描かれた想像の政

治共同体である——そしてそれは、本来的に限定され、かつ主権的なもの（最高の意思決定主体）として想像される」

そして、実際に世界の歴史をひもといてみると、今日的な意味で想定される「国民」なる集団は、18世紀後半より前には、どこの地域でも観測できないとアンダーソンはいう。その頃、フランス革命などによって立ち現れた「国民国家」という行政組織が、その存続を確かなものとするために、さまざまにフィクショナルな要素をも振りまきながら成立させたものが「国民」であり「民族」であると、アンダーソンは説くのである。

その18世紀後半以降に、そうした国民・民族を誕生させる「想像力」の形成を強力にプッシュしたものが、出版文化の交流だった。数多くの新聞が日々発行され、それを基盤とするマスコミが発達し、さらにそのビジネスを強力に下支えする資本主義社会の発展があった。それらのすべてが、「想像の共同体」を形成する大きな力になっていった。

つまり、少なくとも近代において、「ナショナリズム」とは一般に広く想像されるような、素朴かつ自然な共同体意識などではないのである。そもそも、その「共同体」が想像の産物であるのだから、当たり前である。アンダーソンは、とくに19世紀後半以降に見られるナショナリズムに関し「公定ナショナリズム」と呼び、それは国家政府の統治上の都合から、トップダウンの形で創造された、政治的意図の産物だというのである。

そして人類は、その「想像の共同体」のために二度の世界大戦を引き起こし、今なお、ナショナリズムは世界中の戦争の基礎にある。

豆知識 佐藤優氏は、「ベネディクト・アンダーソンの定義を無視して民族問題に取り組むことはできない」と本書を評価する。

革命する「近代の軍神」が世界の謎を解く

『資本論』

カール・マルクス

フリードリヒ・エンゲルス編／向坂逸郎訳／岩波文庫／1969年

資本に「取り憑かれる」ことの真の怖さを知るための必読書

かつてマルクス自身が「共産主義という妖怪が、ヨーロッパを徘徊している」と言ったのとは別の意味で、マルクス主義の妖怪（むしろ亡霊）が世界を徘徊している。ただし「共産主義いまだ死なず」ではなく、思想や社会科学に関わる者にとってマルクス主義は無視できないという意味でだ。『資本論』は今でも、アダム・スミスの『国富論』やケインズの『一般理論』と並んで、経済学の三大古典とも称される。一方マルクス主義はかつて、実存主義（ハイデッガーやサルトルなど）や分析哲学（とプラグマティズム）とともに、「現代哲学」の一角を成すものとされていた。経済学でもあり哲学でもあるマルクス主義とは一体何物か。社会主義国がほぼ壊滅した現在であればこそ、なおさら気になる存在である。

「三大古典」の中でも最大の長さをほこる『資本論』。とくに第1巻、細部の小ネタが面白いとはいえ、全体系の基石にしてつまずきの石にもなりうるのが、やはり労働価値の概念である。

たとえば、ある社会に、1日8時間労働で1着のシャツを作る生産者Aと、1日8時間労働で7着のシャツを作る生産者Bがいるとする。社会全体として平均すれば、1着当たり2時間の労働が費やされていることになり、Aは2時間労働分の価値を、Bは14労働時間分の価値を、それぞれ手にすることになる。「労働のみが本源的な生産要素である」とする労働価値説は人々の心情に訴えるところがあるものの、労働価値と現実の商品価格の間には矛盾がある。もっともマルクス自身は『資本論』第3巻の生産価格論でこの問題を解決しているが、ほとんどの読者が第3巻を読まずに第1巻だけで議論しているのは残念だ。

「労働者の窮乏化」や「利潤率の低下」から資本主義の崩壊、さらには革命へとつなぐのは強引であり、そもそも実証科学の範疇を逸脱している。

マルクスの分析を現代に生かそうとするのであればむしろ、資本家とは「増殖する貨幣」としての資本に取り憑かれた人々であり、資本主義が続くかぎり彼らもまた「解放」されないという点であろう。「取り憑かれること」の本当の怖さを知らず、時に資本によって強権的に圧殺しようとする現在のポピュリストは、かつての社会主義者と同じ過ちを犯している。労働者を「選民」視する「福音」ももはや信じられないが、とりあえず経済活動「それ自体を目的としない」社会関係の構築から再検討すべきだろう。

豆知識 ローマ皇帝アウレリウスの名はMarcusであってMarxとは異なるが、どちらも軍神マルスからきていて語源は同一である。

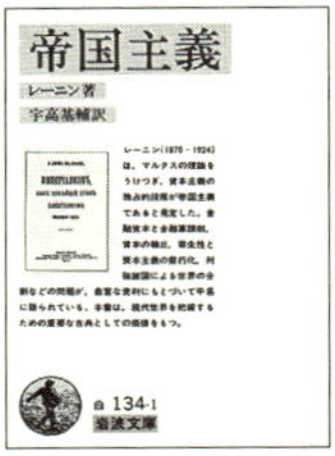

社会主義運動をゆがめ戦争を支持するのは誰か

『帝国主義』

ウラジミール・レーニン

宇高基輔訳／岩波文庫／1956年

「グローバル競争からの離脱、そして革命」は途上国にとって福音となるのか

スターリンがすっかり「化けの皮をはがされた」のに対して、レーニンは今でも「理論家としても一流」と目されている。「天才革命家にして、経済学者、哲学者としても優れた人物」とはどういうことか。まずは次の文章を紹介する。

「もし二十世紀の初めにあたる歴史的・具体的時代としての金融資本の時代の『純経済的』諸条件について語るなら、『超帝国主義』という死んだ抽象（これはもっぱら、現存する諸矛盾の根底から人々の目をそらせようとする反動的目的に役立つものである）…云々というカウツキーの空虚なおしゃべりは、とりわけ、金融資本の支配が世界経済の内部の不均等性と矛盾とを弱める」

学術的に厳密であろうとする意思と、政治的アジテーションがまじった、マルクスにさらに輪をかけたような、独特の文体である。

　金融資本と産業資本が融合した独占体に政治まで支配された先進各国が、過剰資本の輸出先をめぐって武力で争うとする本書の記述は、第一次世界大戦という世相のもとで圧倒的なリアリティを発揮した。だが本書で最も注目すべきは実はそこではなく、そもそも資本が「過剰」になるのは、搾取された国内大衆が貧困なままでおかれるからだという一方で、「資本輸出による超過利潤」で「買収」された「労働貴族」が、社会（民主）主義運動をゆがめて戦争を支持しているとも論じているところである。

　積極参戦より列強の協調（世界の「共同統治」）をよしとした、カウツキーらの「超帝国主義」論をレーニンは激しく批判したわけだが、共産主義（「レーニン主義」）対社会民主主義といった当時の国際社会主義運動における構図を、そこに見ることができる。

「国家独占資本主義」あるいは「資本主義の最後の段階としての帝国主義」など、本書に端を発していると思われる概念も多い。しかし一方で、「グローバル資本主義が労働者を豊かにするのか、それとも貧しくするのか」という問題について、かなり「揺れのある」説明がされていることを、思い出さなくてはならない。

　さしずめ現在であれば、「労働貴族」は先進国民で、上記「国内大衆」は発展途上国民だということになるだろうか。しかし搾取「だけ」が貧困の原因なのかという問題も、社会主義が対案になりうるのかという問題とともに問い直さねばならないだろう。

豆知識　ソ連崩壊後にレーニン像が引き倒されたことはよく知られるが、本物の彼の遺体は廟に展示されており、いまだに埋葬されていない。

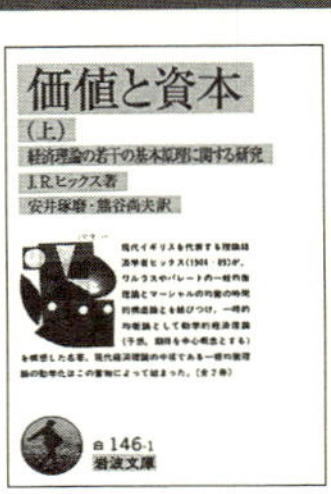

経済市場における「ゲーム」の基本ルールを知る

『価値と資本 経済理論の若干の基本原理に関する研究』

ジョン・リチャード・ヒックス 安井琢磨、熊谷尚夫訳／岩波文庫／1995年

ミクロ経済学の基礎として読み継がれる画期的な数理的解明「動学的経済理論」

1939年に出版された『価値と資本』はケインズの『雇用・利子および貨幣の一般理論』（36年）とともに近代経済学の古典とされる。ケインズの経済学がマクロ経済学と呼ばれるのに対し、ヒックスの経済学はミクロ経済学と呼ばれる。ミクロ経済学は商品価格などの市場情報を基礎に個人や企業がどのような経済行動をとるかを分析する研究だ。個人や企業が満足度を最大にするために行動した結果、帰結した経済状態を「均衡」と呼ぶが、ミクロ経済学は「均衡」に至るさまざまな状況を数理的な理論を用いて解明しようとする。

レオン・ワルラス『純粋経済学要論』やアルフレッド・マーシャル『産業経済学』などによって確立されたこれらの数式理論をさらに精密に進化

させたのがヒックスの『価値と資本』だった。ここには市場における経済取引をゲームとみた場合の、基本ルールの解明がある。

1904年イングランド生まれのヒックスはオックスフォード大学に学び、ケンブリッジ大学やマンチェスター大学で教壇に立ちながら本書を執筆した。その要点はワルラスによって基礎がつくられた一般均衡理論とマーシャルが提唱した時間的構造論を接続し、時間によって短期間に変化する「動学的経済理論」の数式化であった。ヒックスは本書の緒論で次のように書いている。

「わたくしが資本について研究しはじめたときには、わたくしは全く新たな動学理論を——多くの著作家が求めながらも、当時まだ誰もつくり出していなかった理論を、つくり出すであろうという望みをもっていた。ケインズ氏が第一着となったために、このような望みは打ち砕かれたのである。(略)なおその上に、わたくしは彼があまり明らかにしないままで残しておいた幾多の重要な事柄を解明したと思う」

これについてヒックスは、貯蓄と投資の関係、生産期間、短期・長期貸出、賃金、資本蓄積の過程などの議論が画期的であったと自賛している。

あくまでも経済動向のミクロ的分析を追求したヒックスは戦後の65年に自らの動学理論を更新する『資本と成長』を発表、69年には数理経済学とは対極にある史学的経済研究『経済史の理論』を発表し、世界を驚かせた。

岩波文庫版・下巻巻末には「数学附録」として彼の理論の数式モデルが示されている。大学教養課程レベルの数学知識(微分積分は必須)があればヒックス理論を数理的には理解できよう。

豆知識 大学の「経済学概論」程度の知識がなければ本書を読み進めるのは難しい。経済学初心者は新書レベルのミクロ経済学入門書で予習するのが賢明だ。

〝自由、繁栄および平和〟をもたらしたのは、やはりこの人？

『雇用、利子および貨幣の一般理論』

ジョン・メイナード・ケインズ

間宮陽介訳／岩波文庫／2008年

〝資本主義の危機〟を抜け出すために現代にこそ読むべき「処方箋」としての書

ケインズとはいかなる人物であろうか。

スミス『国富論』、マルクス『資本論』と並ぶ、「一般理論」をものした歴史上の大経済学者か。あるいは大恐慌（と社会主義革命）から世界を救った、資本主義の救世主か。はたまたそれとは反対に、「大きな政府」路線で政治をダメにして、インフレと財政赤字で経済もダメにした自由社会の敵と言うべきか。

そのどれもが多少は事実であり、同時に若干見当外れでもある。さまざまな見方が存在すること自体が、彼の仕事が（失敗も含め）偉大であったことの証しだといえよう。

「ケインズ理論とは、新古典派経済学（いわゆる『近代経済学の標準理論』）に『賃金の下方硬直性』

を付加したもの」といわれるように、たしかにケインズは、1930年代当時、大部分の経済学者が主張していた、「労働組合が賃下げに同意しないから失業が減らない」といった理論を批判していた。だが彼はむしろ、「供給はみずから需要を作り出す」という（新）古典派の前提のほうに嚙み付いたのである。

カネがモノと引き換えられるためだけに存在しているのなら、モノを作るために支出されたカネはいずれ回収されるしかない。しかしこれから景気が悪化し、カネが回ってこなくなりそうだと予想すれば、人々は生きのびるためにカネを手元に置いておこうとする。この予想が現実になるのが恐慌である。これを打破するためには、政府が率先してカネを市中に流して、「これからカネ回りがよくなる」という正反対の予想が社会に広まるようにすればよい……。

彼は複雑な経済をこのように単純化して人々に希望を与えたが、現実の歴史は複雑だった。ニューディールより第二次世界大戦のほうがはるかに大きな経済効果をもたらし、戦後世界の高度成長も「ケインズ政策」よりむしろ、民間主導の技術革新がもたらしたものであった。

その意味で、一昔前は「ケインズ主義は終わった」との言説も広まっていた。しかし、彼の提言の中には、資本主義の危機を抜け出すための処方箋として学ぶべきものが大いにある。

実際、リーマンショック以降、資本主義社会が疲弊する中、ケインズは再評価されてきている。本書は、彼が1936年に著したものだが、市場経済と平和の両立を志向した彼の経済理論を学ぶうえでの必読書である。

豆知識 国際通貨基金において「ペーパー・ゴールド」とも称されるSDR（特別引き出し権）は、ケインズの「バンコール」案を引き継いだものである。

政治の本質は酒宴の席に潜む!?

『三酔人経綸問答』

中江兆民

岩波文庫／1965年

日本の左翼思想の源流を包含した粋でユーモラスな酔っ払い談義

これほどまでユーモラスに、日本の政治思想を描き切った書は珍しいだろう。自由民権運動の理論的指導者にして、「東洋のルソー」とも渾名される中江兆民の手によるこの1冊は、社会主義思想、リベラリズムといった日本の左翼思想の原型をすべて盛り込んでいるといっても過言ではない。

1847年、土佐藩の足軽の子として生まれ、岩倉使節団の一員として渡仏した兆民は、ルソーの『社会契約論』を翻訳し『民約訳解』を刊行。フランス流の急進的民主主義理論を日本に紹介した。理想としての民主共和制を追求しながらも、同時に尊皇家でもあった兆民は、日本においては立憲君主制を経て段階的に政治を改革していくことを主張した。

第1回衆議院議員総選挙（90年）に出馬、当選し議員にもなったが、翌年には自ら「アルコール中毒だから」と辞職、再び思索の道に戻る。このエピソードからして、相当な変わり者であったことがうかがえる。

『三酔人経綸問答』も、スマートな身なりの「洋学紳士」、羽織袴の「豪傑君」が、酒好きの「南海先生」宅を訪ね酒盛りを始めるという体で始まる。洋学紳士は社会進化論をベースに、日本は完全民主制に移行し、同時に非武装中立も実現すべしと主張する。対する豪傑君は、国権を強化し、西欧列強に対抗すべくアジアを侵略すべしと主張する。2人の間で喧々諤々の議論が展開される中、南海先生は現実的な案を出し、調停するといった流れだ。

3人の考えすべてが兆民の思想を反映しているとする見方、あるいは中庸的な南海先生の見解こそが兆民の真意であるとする見方いずれも成り立ちうるが、ユーモラスな議論を通じて西欧合理主義、国粋主義、それに代わる第三の道の模索といったエッセンスが相互に絡まり合って披瀝される点にダイナミズムを感じる。それと同時に、南海先生に「政治なんて酔っ払いの仕事だ」と言わせて、政治を小馬鹿にしているところに、彼一流の諧謔《かいぎゃく》とリアリズムが秘められている。

たしかに政治は、酔っ払いの戯事《ざれごと》という側面もあるかもしれない。実際、赤坂の料亭で真っ裸になる政治家や官僚の姿などが目撃されたこともある。そうやって築き上げた関係が、政治を動かす原動力となることすらあろう。

酔いに任せて繰り広げられる饒舌の中に、日本近代思想の粋をぜひ見出してみてほしい。

豆知識 本家のルソー同様、兆民は数々の奇行で知られる。中には、陰嚢に酒を注いで人に飲ませたという逸話も。『中江兆民奇行談』（岩崎徂堂）なる書まで残されている。

かつての失敗から、我々は何を学べるか

『失敗の本質 日本軍の組織論的研究』

戸部良一／寺本義也／鎌田伸一／杉之尾孝生／村井友秀／野中郁次郎

中公文庫／1991年

独善や情緒に流されていないか？
組織を見つめ直す示唆を戦争の失敗から学ぶ

すでに、古典中の古典となることが運命づけられている1冊である。「大東亜戦争」（戦場が太平洋地域にかぎられていないことから本書ではこう記す）において、日本は何を誤ったのか。戦争に突入した理由ではなく、戦争に負けた理由について、軍事論、組織論双方から学際的に分析している。

「失敗の序曲」として、本書は1939年のノモンハン事件を位置づける。このソ連との戦闘は、実は日本にとって、04年の日露戦争以来、久々の「実戦」であった。

第一次世界大戦において、実は日本は戦闘らしい戦闘をしていない。31年の満州事変も相手が弱すぎたと考えられる。久々に遭遇した本格的な近代戦において、日本は大惨敗を喫した。ところがこの惨敗から何も学び取ることができなかったところに、失敗の始まりがあったという。

「ソ連軍の攻勢の結果、多数の日本軍第一線部隊の連隊長クラスが戦死し、あるいは戦闘の最終段階で自決した。また生き残った部隊長のある者は、独断で陣地を放棄して後退したとしてきびしく非難され、自決を強要された。日本軍は生き残ることを怯懦《きょうだ》とみなし、高価な体験をその後に生かす道を自ら閉ざしてしまった」

つめ腹を切らされるのがこの時代であったのかもしれないが、その前の聞き取りさえ十分になされなかった。だから教訓が何も残らない。学習の欠如が組織を誤らせていくのだ。

本書を通じて痛感させられるのが、「企画立案」「政策実行」「評価」をすべて同一主体が行うことの危険性である。日本陸軍には、この3つを同じメンバーで行っていた痕跡がある。ゆえに評価は「成功」か「大成功」としてしか総括されなくなってしまう。

これは現代の日本においても同様のことがいえるだろう。企画立案は霞が関が、政策実行は政治が、評価はマスメディアが、互いに緊張関係をもって分業していなければ危うい。

本書の特筆すべき指摘はもうひとつある。日本軍は「戦前において高度の官僚制を採用した最も合理的な組織であったはずであるにもかかわらず、その実体は、官僚制のなかに情緒性を混在させ、インフォーマルな人的ネットワークが強力に機能するという特異な組織」だったとする点だ。

いわゆる情緒性を混在させることで合理的な判断ができなくなるといったことは、今の時代もさまざまな組織で起こりがちである。

豆知識 本書の著者のひとり、戸部良一は組織論の傑作『外務省革新派』を著している。外務省という組織がいかにあの戦争に関与したか。こちらも必読の1冊だ。

パリコミューンの蜂起と失敗の記録

『フランスの内乱』

カール・マルクス

木下半治訳／岩波文庫／1952年

時事評論家としてのマルクスが書いたフランス労働者たちの戦記

カール・マルクスといえば現在、『資本論』の著者にして共産主義の父といった評価、見方が一般的であろうし、それは別に間違ってもいない。しかしマルクスはその生前、一級の時事評論家としても知られていた人物なのである。世界中の武力紛争や政争についての評論を新聞などにしばしば寄稿し、それがかなり的確だというので評判が高かった人物で、そうした彼の仕事のひとつの象徴が、ナポレオン3世のクーデター（1851年）について論じた『ルイ・ボナパルトのブリュメール18日』であろう。

本書『フランスの内乱』は、そうしたマルクスの時事評論家としての、これまた代表的な仕事のひとつである。歴史上最初のプロレタリア革命だったとされている、フランスのパリ・コミューンの蜂起と失敗（1871年）に関する、ルポルタージュ的な評論作品だ。

マルクスはまずこう書いている。

「コミューンは本質的に労働者階級の政府であり、横領者階級に対する生産者階級の闘争の所産であり、労働者階級の経済的解放を実現するために、ついに発見された政治形態である」

マルクスは原則としてパリ・コミューンを高く評価していたのだ。

1871年の普仏戦争の敗北は、多くのフランス国民に衝撃を与えた。為政者、ナポレオン3世の無能を怒る声はフランス全土にこだまし、これに呼応するかのようにパリ・コミューンは蜂起。71年3月18日から、コミューンは首都パリの全権を掌握する。

ただし、パリ・コミューンはその内部での派閥抗争や、地方勢力との連携不足などで次第に不協和音を響かせるようになり、約2カ月で政府軍の巻き返し攻撃の前に敗れ、崩壊した。約4万人が逮捕され、270人が死刑となったその結果は、「血の1週間」とも呼ばれる。

『フランスの内乱』はこの過程について、マルクスが時事評論家としての能力をふるって書きあげた1冊である。「労働者階級はできあいの国家機構をそのまま掌握して、自分自身の目的のために行使することはできない」というのが、本書におけるマルクスのひとつの結論だった。

本書は多くの社会主義陣営の人々に、参考になる教科書のように読まれた。のちにソ連をつくりあげるレーニンも愛読し、ソ連建国の際の参考にしていたとの話は有名である。

豆知識 マルクスのパリ・コミューン評にはひいきがあるともいわれ、佐藤優氏も「本書を読めば、共産主義の無理がよくわかる」と言う。

近代の礎を築いた18世紀ロンドンの喧噪

『コーヒー・ハウス 18世紀ロンドン、都市の生活史』

小林章夫

講談社学術文庫／2000年

政治を論じ、権力を批判する「市井サロン」が英国社会に与えた影響

17〜18世紀に、イギリスで繁栄を見せたコーヒー・ハウス。そこは、多くの市民が集う情報交換の場であり、政治議論や経済活動の拠点でもあった。さらに文学者たちが集い、そこから新聞などの近代ジャーナリズムが育まれたともいう。本書では、喫茶店の原型であるコーヒー・ハウスが英国に与えた多大な影響を、多数の資料から面白おかしく読み解いていく。

本書が最初に刊行されたのは1984年のこと。著者はイギリス文学者であり、当時同志社女子大学で教壇に立っていた小林章夫である。小林は18世紀イギリス文学を研究する中で、「個々の文学作品の背後に長い歴史と文化とが確固たる地位を占めている」ことを常々感じていたという。

そこで、文学作品を背景から切り離して現代の目で見るのではなく、「18世紀という時代に我が身を置いてみよう」との立場で筆をとった。そして、18世紀のイギリスを語るためにフォーカスしたのが、コーヒー・ハウスだったのだ。

イギリス人というと紅茶のイメージが強いが、それはインドを植民地化した以降のこと。本書を読めば、元来はコーヒーの国だったことがよくわかる。英国初のコーヒー・ハウスがオックスフォードにオープンしたのは1650年。その2年後にはロンドン初のコーヒー・ハウスが開店。18世紀初めには全土で2000店にも達したという。

中でも王立取引所周辺のコーヒー・ハウスは、経済活動の中心となった。商人たちは取引所ではなく、近くのコーヒー・ハウスで商売の情報を交換し、実際に取引も行った。17世紀後半には店内で巻きたばこが販売され、船舶の競売まで行われるようになったという。世界最大の保険会社といわれるロイズが、小さなコーヒー・ハウスから始まったというエピソードも興味深い。

コーヒー・ハウスには貴族や政治家に加え、ニセ医者やペテン師までもが集い、身分にかかわらず平等に政治を論じ権力を批判した。ここが陰謀の温床となるのを恐れた当局は、スパイを送り込み、集まる人々の動向に目を光らせたほど。

ソ連全土からコーヒー・ハウスをなくしてしまったスターリンは、市井のサロンの可能性をよく理解していたのだろう。その証拠に、喫茶店が残されたバルト三国では、やがてそこが陰謀の場へと発展していったのである。

一方、現代の日本では、このようなエネルギーを持つ市井の社交場はどこにあるのだろうか。

豆知識 佐藤優氏は、ハーバーマスの『公共性の構造転換』が難解で読み進められないという人に対し、「先に読んでおくと理解が深まる」として本書を勧めている。

「共産主義」とは何かを世界に伝えた最初の1冊

『共産党宣言』

カール・マルクス／フリードリヒ・エンゲルス

大内兵衛、向坂逸郎訳／岩波文庫／1971年

「万国のプロレタリア団結せよ」今なお色褪せぬ〝革命入門〟

「ヨーロッパに幽霊が出る――共産主義という幽霊である」という冒頭の文章とともに、『共産党宣言』は大変有名な書物として知られている。

共産主義の祖であるカール・マルクス、フリードリヒ・エンゲルスの代表的著作といえば、まず『資本論』が挙げられるだろう。ただし岩波文庫にして全9冊の分量を誇るその精緻な大著を完璧に読みこなし、身につけた者は、今も昔も決して多くはいない。

それに対して『共産党宣言』は1848年、当時祖国プロイセンを追われて亡命生活を送っていたマルクスが、共産主義のドイツ系亡命者らとつくりあげた秘密結社「共産主義者同盟」の綱領として、エンゲルスの協力を得ながら書きあげた政治的パンフレットであった。

つまり『共産党宣言』とは、厳密さ、正確さにはやや欠けるものの、「共産主義とは何か」を大づかみに人々へ示すための簡略な文書であり、実際に岩波文庫版でも126ページというコンパクトさである。マルクス主義、左翼思想などに興味を持った初学者たちの多くが、まず手に取ってきた本のひとつと言っても過言ではないだろう。

本書の第1章『ブルジョアとプロレタリア』は、「今日までのあらゆる社会の歴史は階級闘争の歴史である」という、これまた有名な文句で始まる。かつ、終章である第4章『種々の反対党に対する共産主義者の立場』の末尾こそが、さらに有名な「万国のプロレタリア団結せよ」の語なのである。

一部の金持ち階級だけが肥え太る資本主義社会は多くの矛盾を生み出しており、その崩壊は不可避であって、そのあとに来る理想的新社会を建設するため、労働者は立ちあがらなければならないと説く『共産党宣言』は、語弊を怖れずに言えば人類史上最も人の心をつかんだ政治的なアジビラであった。実際にこの本を読んで、多くの人々が左翼的革命闘争に身を投じていき、その結果としてソ連や中国、キューバといった国々がつくられ、いま現在でさえ、共産主義の理想郷建設に燃える若者たちを新たに生み出している。

もっとも『共産党宣言』には暴力革命を肯定しているのではないか、私有財産の保有を禁止しているのではないかといった批判が常につきまとい、反共産主義勢力が「マルクスの誤謬」を衝く際の最初の入り口ともなっている事実がある。しかしそれこそが、本書のあまりにも大きな影響力を示しているのではないだろうか。

豆知識 佐藤優氏は中学生時代に本書に出会い、歴史には法則がある、人類は必然的に進歩するといったマルクスの考えに新鮮さを感じたという。

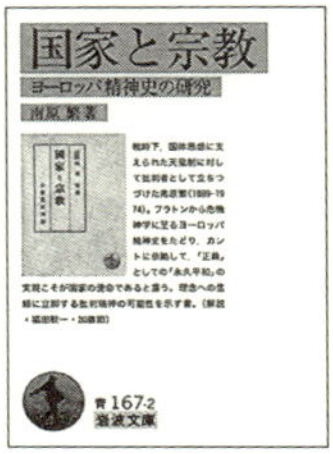

「まつりごと」の奥底にあるもの

『国家と宗教　ヨーロッパ精神史の研究』

南原　繁

岩波文庫／2014年

「曲学阿世」と批判された東大総長が政治の中に見出していた「理性」への期待

政治の「政」と書いて「まつりごと」と読む。そこからもわかるように、かつて、政治と宗教は密接な関係にあった。それどころかローマ帝国やオスマン・トルコといった国家の姿に見られるように、宗教性を帯びない国家は存在することができないような時代さえ、歴史の中にはあったのである。

本書は、終戦直後の1945年12月から51年にかけて東京大学総長を務めた政治学者・南原繁が戦時中に著した第1作である。副題に『ヨーロッパ精神史の研究』とあり、文字通り古代ギリシャにまでさかのぼってひもときながら、ヨーロッパの国々と宗教はいかなる関係性にあったのかを詳述していく。

南原は、古代の国家において、その政治と密接に結びついた宗教はむしろ個々人の人間性を高め、よりよい社会を形成する基礎となっていったと評価している。しかし、中世に入ると国家とキリスト教会の組織的な結びつきが過度な権力性を帯びていき、それが人間性の没落を招いていったと批判している。

では近現代に入って欧米社会から発生した「政教分離」の考え方は、人間を宗教の圧迫から解き放ったのであろうか。いや、そうした体制から現れたのが、人間性というものをまったく顧みなかったナチス・ドイツではなかったのか。

南原によれば、かつての国家とは宗教の教義に従属するものでさえあり、「国家」そのものには、実はこれといった理想、目的が存在しなかったという。南原は、そういう状況において中世の国家が人間性の没落を招いたことを批判しているのだが、だからといって本書は「政教分離をすれば全部解決」というような、短絡的な主張をするものではない。繰り返すように、その結果、登場したのがナチスであり、実際にアドルフ・ヒトラーのキリスト教嫌いは有名であった。

南原自身は、内村鑑三の影響も受けたキリスト教徒であった。そうした思索から南原はドイツの哲学者・カントの唱えた実践理性、人間の倫理観に基づいた理性に期待し、実際に本書の結論もそのカントに立脚している

南原は、日本が第二次世界大戦の講和を結ぶ際、ソ連を含めた全交戦国と全面的な平和条約を結ばねばならぬと主張。当時の吉田茂首相に、現実感覚を欠く「曲学阿世《きょくがくあせい》」と批判されたが、本書はそんな南原の奥深さを示す1冊である。

豆知識 南原は歌人としても有名だった。「戦いに死すともいのち甦り君とことはに国をまもらぬ」は戦没学生に捧げた一首。

戦争が究極的に行き着く先は恒久の平和なのか

『最終戦争論』

石原莞爾

中公文庫BIBLIO20世紀／2001年

戦争こそが世界平和の実現に不可欠であり、その未来には恒久平和がある

大日本帝国陸軍軍人、石原莞爾《かんじ》による戦争に対する考察。1940年5月の石原自身の講演がその元になっている。関東軍参謀だった石原は、周知のとおり日中戦争の引き金となった柳条湖事件の首謀者である。石原は、戦争は恒久平和のために必要であると主張する。

1889年山形県に生まれ、幼少より成績優秀だった石原は東京の陸軍士官学校に進学。乃木希《まれ》典《すけ》、大隈重信に師事し、在外武官としてドイツに留学する。欧州の戦争史に触れたこともあり、異なる民族、宗教間の争いが生んだ数々の戦争に関して独自の解釈、考察を持つようになる。

帰国後は関東軍参謀として満州事変を牽引、1万人程度の関東軍で日本国土総面積の3倍にあたる中国東北部を占領、満州国建国に奔走した。

石原は生粋の国粋主義者ではない。事実、満州国建国の意義を「侵略」ではなく「民族協和」と考え、日本人も日本国籍を捨てて全国民が満州人になるべきであり、それこそが来たるアメリカとの最終戦争に勝利し、世界に平和を実現させる足がかりになると主張する。

ドイツ留学時代には原子爆弾の開発に関わる研究などに触れていたとも考えられ、その大量殺戮兵器の実用化をも予見していたのだろう。未来の戦争では兵器の格段の進歩により、短期的かつ最小限の被害で終わると考えた。

これはそのまま広島、長崎に投下された原子爆弾からアメリカ、ソビエト両国を軸に繰り広げられた核兵器開発競争、東西冷戦に結びつく。発射ボタンを押せば世界が終わるという緊張したパワーバランスで逆に平和の均衡がかろうじて保たれていたが、ソビエト崩壊後においてもそれは続く。

石原はテクノロジーの発達が近代兵器をさらに進化させ、やがて恒久平和をもたらす手段になるはずで、人類の滅亡をもたらすことにはならないと考えた。無人爆撃機がドローン操作でテロリストだけを追いつめる未来が見えていたのかもしれない。

ところが、中東では依然テロ掃討を旗印にした紛争が泥沼状態にある。北朝鮮、中国、アフリカ各地の独裁国家などの火種は消えていない。

世界平和とは多くの犠牲の上に成り立つ、戦争こそ平和をもたらす手段だという石原の考えは、先の世界大戦で多くの人命を奪った。その代償は計りしれない。時代の失敗として一度は読むべきテキストである。

豆知識 石原莞爾は、日蓮主義から国家主義へと結びつき、国柱会を設立して「八紘一宇」を掲げた田中智学の影響を大きく受けていた。

大正デモクラシーを牽引した思想家の代表的主張

『憲政の本義 吉野作造デモクラシー論集』

吉野作造

中公文庫／2016年

「一般民衆」の意思を重んじ日本に普通選挙をもたらした一編

明治維新とは、徳川幕府に反感を持った薩摩や長州といった有力諸藩が「尊皇攘夷」のスローガンのもとに、幕府を倒して新政府を立ちあげた、一種の武力クーデターである。民主主義社会の建設といったことは、明治政府中枢ではあまり考えられておらず、維新後、政府は長く藩閥勢力によって牛耳られていた。

しかし、そうした状況への反発は徐々に強くなり、大正時代に入ると、いわゆる「大正デモクラシー」と呼ばれる、政治の民主化要求運動が全国規模で盛りあがった。

そういう中で雑誌『中央公論』の1916年1月号に発表されたのが、当時東京大学で教壇に立っていた吉野作造の論文『憲政の本義を説いて其有終の美を済すの途を論ず』であった。これが現在では『憲政の本義』と略され、吉野の代表的な主張として伝えられている。

吉野はこの論文の冒頭で、「民本主義」という概念を提唱した。大日本帝国憲法は天皇を国家元首と明確に定めており、「民主主義」とうたうとそこに抵触する可能性があったために考え出された造語だが、ともかく吉野はこの論文の中で、政治の目的とは「一般民衆の利福」を向上させることであると主張。また政治の決定は「一般民衆の意嚮（意向）」に沿って行われねばならないものだとした。現代では何でもないような主張ではあるが、当時の日本の民衆にとっては画期的な提言であり、大正デモクラシーはますます過熱した。25年、成年男子すべてに選挙権を与える普通選挙法の制定をひとつの頂点に、民本主義熱は盛り上がっていく。吉野はそうした運動の中の、まさに理論的支柱だったといえる。

吉野自身は、たとえば一般民衆が総理大臣のような高位の政治権力者になることまでは想定していなかったとされ、民衆が権力者の候補を選ぶことができる状態にあれば、それでいいと考えていたようである。また、天皇の存在を否定するつもりもなく、社会主義者、共産主義者などからは、嫌われてもいた。

そのため吉野は徐々に、マルクス主義を奉じるインテリ学生などから「古い思想の持ち主」と批判されるようになっていた経緯があり、焦りもあったのか、晩年は社会主義への接近も見せた。しかし33年、55歳の若さで病死する。生きながらえていたならば、その後どのような思想的遍歴をたどったのか、興味深い。

豆知識 佐藤優氏は吉野の民本主義を評価しながらも、農本主義など、そのほかの民主化の流れもあったと指摘している。

自然との化学戦に未来はない

『沈黙の春』

レイチェル・カーソン

青樹簗一訳／新潮文庫／1974年

地球環境の不可逆的な破壊を予言した先駆的な警告の書

本書は、アメリカの海洋生物学者であるレイチェル・カーソンが、さまざまな化学薬品による生命と環境の均衡の破壊という深刻な事態を告発したものである。原著は『Silent Spring』なるタイトルで1962年にアメリカで発刊された。同じ頃、日本では水俣病やイタイイタイ病といった公害病が人々を蝕みつつあった。

当時の日本は高度経済成長の真っ只中、大量生産大量消費が加速していた頃である。日本でもアメリカでも、人間中心の「効率化」「合理化」によって、凄まじい規模と速度で化学物質がつくり出され、環境中に放出されていた。単一作物の栽培が推し進められ、それに伴い特定の生き物が「害虫」とされ、それをターゲットにした殺虫剤が開発されてばら撒かれ、長い年月をかけて築かれた地球の生態系のバランスがみるみるうちに崩れていったが、それがいかに危険なことであるかを認識していた人は、当時はまだ多くはなかった。

そんな時代に、多くの実証データに基づき、広い知識と洞察力でまとめ上げたカーソンの警告の書は、多くの人々を震撼《しんかん》させ、そして人間を含めた地球上のあらゆる生命を自分たちの手で蝕んでいるという恐るべき現実を知らしめた。

日本では当初『生と死の妙薬』とのタイトルで初版が出されたが、科学書というよりミステリーのような印象を与えてしまったため、原題に忠実な『沈黙の春』と改題して74年に文庫化された。

春はなぜ沈黙したのか。本来であれば、若芽が一斉に芽吹き、命が萌え出ずる春であるが、もはや木々は芽吹かず、鳥たちのさえずりもなく、川を泳ぐ魚の姿もない。このような、生命の火が消えた「沈黙の春」が、このままでは現実のものとなる。そうカーソンは警告したのだ。

あれから60年近く経ち、環境問題は広く世界の人々の問題意識として共有されるようになったものの、依然として環境破壊は私たちの喫緊の課題であり続けている。

時代に先駆けてカーソンが発した警告の書は、今もなお、私たちの心臓をえぐる鋭さに満ちている。それは、とりもなおさず、カーソンが提起した問題に対する答えをいまだに私たち人類が見出していないからにほかならない。地球という生命体が途方もなく長い年月をかけてつくり上げた精巧な生態系のバランスを、人類は傍若無人に切り刻んできた。近い未来に「沈黙の春」を迎えないためにも、いま改めて広く読まれるべき1冊だ。

豆知識 化学工場の廃水に混じっていたメチル水銀が原因の水俣病の発生が公式に確認されたのは1956年だが、国が公害認定したのは68年だった。

日本人性を気候風土から読み解く

『風土 人間学的考察』

和辻哲郎

岩波文庫／1979年

気候風土から導き出した「日本的なもの」が日本式ファシズムと結びついていった

日本人には元号によって時代を区分するという独自の歴史認識がある。中華文化圏の影響を強く受けつつも日本独自の文化を保全し、これがミーム（文化の遺伝子）となって歴史に影響を与える。目には見えないが確実に存在する日本人性。

1889年生まれの哲学者で倫理学者、和辻哲郎は、戦前、本書『風土』において、世界各地域の民族・文化・社会の特質をそれぞれの気候風土から読み解こうと試みた。

まず和辻は世界各地の風土をモンスーン型、砂漠型、牧場型という3つのパターンに類別した。

モンスーン型は日本を含めた東アジアに特徴的な風土で、高温多湿な気候がそこに暮らす人々を受容的かつ忍従的にさせるとする。

砂漠型はアラビア半島に典型的で、乾燥した過酷な自然がそこに暮らす人々を戦闘的にし、全体意思への絶対服従的な態度をとらせるとする。

牧場型はヨーロッパに見られるもので、そこの自然は穏やかで従順である。そのため人々は合理的で規則的な態度をとるようになる――。

和辻はこの3類型を「対等なもの」だとしているる。そこには当時の「西洋こそが進んでいる」とする論調への反発があったと考えられる。

「日本人とは何か」という結論ありきで、それを説明するために風土を持ち出したというきらいはあるものの、地政学というひとつの「型」をつくりあげ、それを最初に披露したことが本書の一定の評価につながった。

一見すると社会学や文化論のように見える本書だが、個人と自然の関わりから集団としての国家の特性を示そうとするその手法は、和辻が倫理学について「倫理とは人間共同態の存在根底としての秩序である」としたことと通底し、政治的実践とも容易に結びつきやすい。

かつて、地政学がナチスドイツの公認イデオロギーであったように、本書もまた日本型ナショナリズム・ファシズムへとつながるものだったのだ。

そうした経緯から、戦後は「イデオロギーに直結しやすい学問」として、地政学は半ば封印されてしまい、触れる機会に乏しくなっている。

しかし、過去に対して蓋をするのではなく、和辻の提唱した地政学が日本回帰を一気に推し進め、全体主義の中に取り込まれていっただけでなく、むしろ積極的に人々の背中を押すような役割を果たしたのはなぜなのかを見きわめることは、同じ過ちを繰り返さないためにも重要だろう。

豆知識 フランスの地理学者オギュスタン・ベルクは「風土という考え方が過度なグローバリゼーションをとどめる」として本書を評価している。

沖縄県に残る異国「琉球」の歴史

『琉球王国』

高良倉吉

岩波新書／1993年

幕藩体制の中の異国・沖縄 450年続いた独自の歴史を分析

沖縄県は19世紀後半まで「琉球王国」と呼ばれる独立国だった。本書の著者、高良倉吉《たからくらよし》は、15世紀から450年続いた琉球の歴史を詳細に分析することで、現代も色濃く残る沖縄の特徴を浮き立たせていく。それは沖縄県誕生以前に「日本列島の国家とは異なる統治機構が存在していた」という歴史と深く関わっている。

中国を長く支配してきたモンゴル人国家「元」が滅び、漢族の「明」が建国されたのは14世紀。その頃、琉球は3つの勢力圏が出現し、覇権を争う時代だった。1429年、三大勢力のひとつ「中山の尚巴志《しょうはし》」がすべての地域を制圧し統一王朝としての琉球王国が誕生する。

当時の中国は諸外国に従属的な外交関係を結ば

せ皇帝の権威を中心においた秩序をつくる冊封《さくほう》体制を打ち出していた。琉球王国は冊封体制に組み込まれながらも、地理的条件を活かし、アジアに交易を展開する国家として繁栄した。

琉球王国は1609年、徳川家康の意向を受けた薩摩藩によって侵攻され、幕藩体制の中に組み込まれる。しかし、薩摩に征服され「琉球藩」と名を変えたあとも、明治政府に併合されるまで実質的に王国体制は残った。行政の執行権だけでなく、中国皇帝との外交関係も維持していたのだ。

本書には、このような歴史の解説だけでなく、高良が苦労しながら琉球の姿を読み解いていった研究過程も描かれている。第3章の後半からは琉球時代の交易地を訪問する様子や、史料を見つけるために沖縄の各地を歩いた場面がルポルタージュのようなタッチでまとめられている。

高良は終章で、歴史家としての信念をはっきりと表明している。日本の体制に組み込まれながらも、中国の冊封体制下にもあるという琉球の存在を、「幕藩体制の中の異国」と表現する。そのうえで「日本社会は太古の昔から一枚岩的にあったものではなく、さまざまな要素を吸収しながら歴史的に形成されてきたものであり、今も形成されつつある社会だ」との考えを明らかにする。

第二次世界大戦後のアメリカによる占領期を経て、1972年に日本へ施政権が返還された沖縄。日本の政治や課題を考えるうえでも重要な地域のひとつでありながら、政府との関係は今でもギクシャクしている。本書に書かれた視点から分析すると、「日本は単一民族」と発言する政治家を重用する政府と沖縄県の考えが、いつまでたっても噛み合わない理由が見えてくるだろう。

豆知識 高良は首里城復元に向けた技術検討委員会の委員長。1993年のNHK大河ドラマ『琉球の風』では監修責任者として時代考証を担当した。

生に対する強固な信念は、現代でも通用するのか

『イワン・デニーソヴィチの一日』

アレクサンドル・ソルジェニーツィン

木村浩訳／新潮文庫／1963年

強制収容所での日々を淡々と描き「生きる」意味を問う体験的小説

アレクサンドル・ソルジェニーツィンの、89年間にわたる生涯をたどってみよう。1918年にソ連で生まれ、2008年にロシアで死去。本書を1962年に発表し、69年にソ連作家同盟から除名される。翌70年にノーベル文学賞を受賞した。74年に国外へ追放され、94年に帰還。

一体本書には、何が描かれているのだろうか。

朝5時。レールをハンマーで叩く起床の合図。「看守」「禁止区」「私物保管所」「班長」といった言葉が飛び込んでくる。点呼までの1時間半は自分の時間に使える、とも書かれている。

やがて、主人公シューホフはラーゲルと呼ばれる処におり、市民権をはく奪されていることがわかる。ラーゲルとは、強制収容所を指す言葉だ。

髭をいつごろ剃ってもらおうか。煙草を仲間から恵んでもらおうか。夜になって寝るまでの1日が淡々と、しかし活き活きと綴られている。そこにはユーモアさえ感じられる。

ソルジェニーツィン自身、スターリンを批判したという理由で逮捕され、11年もの長期にわたり、収容所及び流刑地に囚われた。スターリン、フルシチョフ、ブレジネフと為政者が変わるたびに、彼への評価は目まぐるしく変わり、ついに国外へ追放されることになる。

当時のソ連には国を追われた芸術家が多くいた。圧倒的な称賛を受けていた映画監督アンドレイ・タルコフスキーも亡命に至った。その体は、ソ連の崩壊まで持ちこたえられず、国外で病死している。

一日が終わりに近づく。小説が終わろうとしている。

「いまのシューホフは、何にたいしても、不満めいたことをいっさい感じなかった。長い刑期に対しても、長い一日にたいしても、ふたたび日曜がつぶれるということにたいしても。いま、彼の頭にある考えは、つぎのことにつきた。生きのびよう！神の思召しで、こいつが終わるときまで、なんとしても生きのびるのだ！」

「主よ、おかげさまで、また一日が過ぎてくれました！」

ソルジェニーツィン自身が生涯抱き続けたであろうこの言葉の意味が、決して安楽ではない時代を生きている私たちに問いかけられている。

スラブ系民族国家としてのロシア再建を主張したソルジェニーツィンは、帰国後、プーチンから民間人への最高栄誉、国家褒賞を授与された。

豆知識 1974年に離婚した前妻が回想記『私のソルジェニーツィン』を英語で出版。ロシア語版が出されなかったところにも注目したい。

新自由主義経済に欠如したピースを埋める思想

『恐慌論』

宇野弘蔵

岩波文庫／2010年

思想的イデオロギーとしてではなく経済的「知恵」としてのマルクスの教え

アメリカや日本など大多数の先進資本主義国は現在、新自由主義経済のもとに政策を打ち出し、法律を制定している。企業に対する法的な縛り・制限を極力かけず、自由に競争させ、利潤追求を行わせる。これが新自由主義だ。税負担の軽減、労働時間や給与も含め、巨大企業に配慮した法律づくりを行う。一方で税収は逼迫《ひっぱく》し、福祉・教育・医療の財源が乏しくなる。そこで「自助」の概念を強く押し出す。これもまた国民を縛らず自由に行動させるという考えに基づく。

新自由主義者は「貨幣の暴走はコントロールできる」とする。これは、マルクスの「貨幣動向は管理できない」といった主張と異なる。

しかし一方で、新自由主義経済は破綻の一端を見せ始めている。新自由主義以前、ほぼすべての経済学者はマルクスを学んだ。マルクスを経由して、資本主義を把握しようと努めていた。現在、その視点を見失ってはいないだろうか。

日本におけるマルクス主義研究の第一人者、宇野弘蔵による本書は、好況・恐慌・不況をそれぞれ分析し、恐慌は定期的に繰り返すものだと説く。その際にマルクス経済学を、社会主義構築のためのイデオロギーとはとらえず、資本主義を内側から解明するための知恵としてとらえ直している。

好況を迎えると労働力が不足する。労働力を確保すべく賃金を上げる、つまり労働力という商品の価格が上昇する。そうなると企業は利潤を減らすことになり、賃金高騰により恐慌が起きる。

恐慌に対して、国家の介入は強くあるべきだと考えれば、それは全体主義・ファシズムへつながりかねない。新自由主義の思想とは水と油のものである。にもかかわらず、ファシズムへの欲求は常に存在する。

しかし、ファシズムで恐慌は解決しない。恐慌から好況へのサイクルを続けるためには、生産手段の更新とともに、失業した「労働力＝商品」を、企業が「買い取る＝雇用する」ことが必須となる。新自由主義とて、これを無視しては資本主義を維持できないはずだ。

最終章の第5章には、こんな一節がある。

「慢性的不況化や戦争の必然性は恐慌の必然性と同様の抽象性をもって論証し得られるものではない。（中略）それは恐慌のようにほとんど絶対的に避け得られないというものでもない」

資本主義経済の行きづまり感が強い今こそ必読の1冊といえよう。

豆知識 宇野はイデオロギー過剰で、恐慌を社会主義革命の前哨ととらえる経済学者をマルクス主義経済学者と規定。自身は社会主義者ではなくマルクス経済学者だとして一線を画した。

戦争は政治の延長か?

『戦争論』

カール・フォン・クラウゼヴィッツ

清水多吉訳/中公文庫/2001年

「核兵器を使わない戦争」の時代に再び戦争の本質をとらえ直す

「戦争とは他の手段をもってする政治の継続に他ならない」

この一節が非常に有名な、古典中の古典である。

著者カール・フォン・クラウゼヴィッツは1780年生まれ、プロイセン王国の軍人である。ナポレオン戦争に自らも従軍し、イエナ・アウエルシュタットの戦い(1806年)において手痛い敗北の末、フランス軍の捕虜となる。戦争終盤に軍に復帰するかたわら、『戦争論』の執筆を始め、死後、その成果が公表された。

近代初の大規模戦といえるナポレオン戦争に着想を得た本書は、近代戦の本質を突く古典的名著とされている。いわく、戦争は憎悪と暴力性、蓋然性と偶然性、政治的目的の三要素が相互に影響し合って展開されるものと位置づけ、目的に合致した戦略が必要であると説く。つまり戦争は、何らかの政治的目的を達成するためにとられる手段であって、目的を考慮することなしに具体的な戦略など検討できないというわけだ。

彼のこうした考えは、プロイセンをはじめとした各国の軍部指導者、あるいは革命を目指すマルクス主義者にまで浸透した。レーニンや毛沢東も、クラウゼヴィッツに影響を受けたとされる。

しかし、核兵器の発明によって状況は変化する。甚大な被害を引き起こす核兵器は、目的を達成する手段としてはあまりに強力すぎる。そうした技術がある中で戦争を政治の延長として行ってしまえば、人類の殲滅にまでつながりかねない。それゆえ『戦争論』は、第二次世界大戦後の国際社会においては通用しない考え方であるとする見方が主流となっていった。

ただ、昨今の国際情勢を鑑みるに、核兵器を使わず、政治の延長として戦争をする技巧を身につけているのではないかと思われる例が登場し始めている。シリアの内戦、過激派組織「イスラム国(IS)」、ウクライナ紛争等に、その具体例を見ることができる。現代の戦争は必ずしも国家間紛争ではなく、むしろ中小規模の組織の政治的思惑が複雑に絡まり合う様相を呈している。

そうした意味で、やはり『戦争論』は現代にも通用する名著でありうるのだ。現にクラウゼヴィッツが提唱した「摩擦」「戦場の霧」「重心」「軍事的天才」といった戦略の概念は、軍事学における基本的な教養として今に至るまで語り継がれている。戦争の本質をとらえるうえでは、押さえておきたい1冊だ。

豆知識 『戦争論』はクラウゼヴィッツの死後、マリー夫人が遺稿を編纂する形で出版された。2人は生涯良好な関係にあり、本書出版は教養豊かな夫人による餞でもあった。

世界の革命家に影響を与えた思想は是か非か

『抗日遊撃戦争論』

毛沢東

小野信爾、藤田敬一、吉田富夫訳／中公文庫／2014年

毛沢東の思想エッセンスが詰まった中国という国の理解に欠かせない1冊

20世紀の歴史を変えた偉大なる革命家、ある人は彼のことをそう呼ぶであろう。だがその一方で文化大革命をはじめとした誤った指導により、数千万の無辜《むこ》の民を迫害した独裁者だと激しく彼を糾弾する者もいるだろう。

毛沢東ほど後世の歴史家によって、その評価が大きく異なる人物も珍しい。

毛沢東とはいかなる人物でどのような考えの基に革命を推し進めようとしていたのか。本書はその思想のエッセンスたる『湖南省農民運動視察報告』『抗日遊撃戦争の戦略問題』『文芸講話』の3つをまとめた論文集である。

彼の革命家としての人生は、1921年、中国共産党創立大会に参加したことから始まる。その後、地主からの圧制に苦しむ農民の解放を訴えた『湖南省農民運動視察報告』を27年に発表する。その時まだ三十代前半、中国共産党の主導権を確立する前段階ではあるが、すでに彼の思想の源はできあがっていたのだ。

蔣介石率いる国民党軍の攻撃に追われた毛沢東をはじめとした共産党指導部は、いわゆる「長征」を開始。その途上の遵義会議で指導部の実権を握った彼は延安を革命根拠地として定め、日本軍に対するゲリラ戦の重要性を説く『抗日遊撃戦争の戦略問題』、さらに延安に集った作家、芸術家などの知識人は労働者、農民の立場に立った創作活動を行うべきだという『文芸講話』を著すのだ。その後、日本軍の敗戦、国共内戦に勝利した毛沢東は49年に中華人民共和国の建国を宣言する。

まとめられた3つの論文をいま読み返しても、言葉のひとつひとつに革命へのパッションが溢れていることに驚かされる。とくに「革命は、暴動であり、ひとつの階級が他の階級を打倒する激烈な行動である」というフレーズが、いわゆる〝政治の季節〟の若者たちを大いに奮い立たせたことは想像に難くない。

しかしながら地主・資本家を「三角帽子をかぶせて村を引き回せ」「銃殺せよ」または「祖先廟、族長の族権・土地の守り神の神権を打倒せよ」と呼びかける一節には恐怖を感じざるをえない。

その教えを「正しく」実践した文化大革命の紅衛兵、あるいはカンボジア・ポルポト政権の蛮行が浮かんできてしまうからだ。

いずれにせよ、ここには現代中国の基礎戦略が詰まっている。かの国を理解するうえで欠かせない1冊である。

豆知識 毛沢東の側近らによる彼の実像を暴いた著作はあまた発表されているが、佐藤優氏はソ連コミンテルン駐在員ピョートル・ウラジミロフが著した『延安日記』を推している。

戦場での補給の重要性をデータに基づき解き明かす

『補給戦——何が勝敗を決定するのか』

マーチン・ファン・クレフェルト

佐藤佐三郎訳／中公文庫BIBLIO／2006年

補給を軽んじるということは、兵士の命を軽んじること 真の勝者とは補給を制する者である

「軍隊を動かし、かつ軍隊に補給する実際的方法」あるいは「麾下《きか》の兵卒に対して一日あたり3000キロカロリーを補給できるかどうか」。

本書をまとめたクレフェルトは兵站《へいたん》術、すなわち軍隊の補給について、そう説明している。

どんなに優れた兵器を備えていても、戦略眼に秀でた指導者がいたとしても、弾薬や食糧を疎かにすれば戦争に勝つことはできない。その明快な事実を提示してくれる1冊だ。

クレフェルトの専門レポートを読んでいない外交官は議論に参加すらできない。それほどの影響力を持った人物であり、彼の一連の著作はどれも非常に高い評価を得ている。

本書では、19世紀のヨーロッパ諸国の戦争から

ノルマンディ上陸作戦の戦闘まで、主にヨーロッパで繰り広げられた戦争を題材に「補給」という観点から戦いの実態をひもといていく。ナポレオンのモスクワ敗戦の真因、普墺戦争、普仏戦争のモルトケの鉄道網を用いた戦略、第一次世界大戦のドイツ陸軍の「シェリーフェン計画」、さらにナチスドイツのソ連侵攻、ロンメルのアフリカ戦線、ノルマンディ上陸作戦の連合国の補給計画……。

徹頭徹尾、「補給」の重要性に焦点を当てて勝敗の行方を分析しているが、とくに目を引くのがクレフェルトの「あいまいな思考を避け、具体的な数字と計算に努力を集中した」という姿勢である。

たとえばロンメルの敗因を「アフリカ軍団が使用できたトラックの数とか、それらのトラックがある期間にある距離を運搬できた量といった問題」まで掘り下げ、「漠然とした思索ではなく、具体的な数字と計算の根拠」に基づいて論じている。

ここまで詳細なデータに裏づけられた戦いの実態を見せつけられると、補給の問題が勝敗の行方に大きく影響するということを、改めて実感せざるをえない。

その補給をないがしろにした結果、悲惨な戦いを強いられたのが太平洋戦争での日本軍兵士である。兵站の戦略なきまま兵士たちを送り込んだ東部ニューギニアや、補給計画が破綻し飢餓の島となったガダルカナル島、補給路を立たれ山野に取り残されたフィリピン・レイテ島など、「一日300キロカロリー」の食糧なぞはなから期待できず、兵士たちは次々と熱帯雨林の中、飢餓地獄に斃《たお》れていったのだ。これらの地域では戦闘による死者よりも圧倒的に餓死や病死が多い。補給を軽んじるということは、兵士の命を軽んじることだ。

豆知識　**太平洋戦争のレイテ戦を描いた大岡昇平『野火』、さらに塚本晋也監督が手掛けたその映画版も見ておきたい。補給を絶たれた前線の兵士がどんな悲惨な目に遭うのかわかるであろう。**

サイズから動物、ヒトに対する理解を深める

『ゾウの時間　ネズミの時間　サイズの生物学』

本川達雄

中公新書／1992年

動物の時間を決める「サイズ」に着目
ヒトの特性から現代人の生き方を考える

1992年に出された本書は、動物のサイズの違いに着眼、動物のデザインを数理的に解説し、科学読み物の大ベストセラーとなった。93年には講談社出版文化賞を受賞している。

著者は、動物生理学を専門とする生物学者、本川達雄。執筆を思い立ったのは、琉球大学の臨海実験所でナマコの研究をしている時だったという。

「ナマコにも人間と同じ時間が流れているのだろうか?」という疑問から、「物理的時間」とは別に、体のサイズに応じた「生物的時間」があるとした米国の研究結果にたどり着く。なぜ、こんな大事なことを教えてくれなかったのか?という、教育への怒りをテコにして書きあげたという。

子ども時代はバイオリンをたしなみ、琉球大学時代の講義では、自前の詩とメロディーに生物学の基本概念を乗せて披露する「歌う生物学」を行った。生物学界のシンガーソングライターである。本書の巻末では『一生のうた』と題したオリジナルソングの楽譜と歌詞を披露している。

ゾウさんも　ネコも　ネズミも
心臓は　ドッキン　ドッキン　ドッキンと
20億回　打って止まる

大きいサイズの動物は寿命が長く、小さな動物は短い。さらに、鼓動の速さも体のサイズによって異なるという。100年近く生きるゾウの心臓はゆっくり鼓動する。一方、鼓動が速いネズミの寿命は数年だ。しかし、一生の間に打つ鼓動の数は、どの動物もほぼ同じである。寿命の長さを鼓動の間隔時間で割ると、哺乳類はどの動物も、20億回鼓動を打つという計算になるという。

ヒトという動物に目を向けると、現代人はとくに、動き回って生きている。そのために、食料・石油など膨大なエネルギーを消費しなければならず、その量は体重4・3トンのゾウに匹敵する。さらに、ヒトはほかの動物に比べて時間の感覚が弱い。視覚主導型の生物であり、目で見た世界を自分の中に再構成している。「自分の時間でさえ、目で見てやっと定量的にわかる程度」なのだ。

となると、人間は意識的に時間感覚を身につける必要がある。成功者がよい時計を持っていることが多いのは、視覚を利用した時間管理ができるためであろう。会議や打ち合わせに遅刻したり、与えられた時間を大幅に延長してプレゼンする人間に、能力がある人はいない。つまり時間の管理は、人間にとって成功の鍵を握る重要な要素なのである。

豆知識　本川は人間に「ナマコ的な生き方」を勧める。動物も社会もエネルギーを使うほど時間が速く進む。省エネして時間を遅くすれば、資源や環境問題の解決につながるのだ。

人類史上まれに見る指導者の人格とは

『ガンジー自伝』

マハトマ・ガンジー

蝋山芳郎訳／中公文庫BIBLIO20世紀／2004年

人格や生活態度で大衆を導いた「理想主義」を実践した者の自叙伝

「非暴力主義」の象徴、ガンジー。学校の歴史の授業などでも馴染みが深い人物だろう。

　1869年に生まれ1948年に暗殺されたガンジーだが、この自伝には、私たちがよく知るガンジー像、イギリスに対する非暴力・不服従の独立運動を率いた姿は書かれていない。その手前、南アフリカで弁護士として人権活動をしていたガンジーが帰国後、インド国民会議に加わっていく頃で終わっている。

　当時のインド帝国は、イギリスが支配する植民地だった。パキスタン、ミャンマー、バングラデシュ、ネパールなども次々に併合させたので、多数派のヒンドゥー教、イスラム教のほか、仏教やシーク教、ゾロアスター教まで点在し、使われる言語もさまざまであった。自然にできあがった国家ではなく、恣意的に組み立てられた国家だったのである。

そのような状況下でガンジーは自らを「ヒンドゥーでもあり、イスラムでもあり、シークでもあり、クリスチャンでもある」と語り、独立運動へと国民をひとつにまとめ上げた。

しかし現実はガンジーの理想どおりには進まなかった。47年8月、インドとパキスタンは分離して独立。そのまま暴動が激化し、第一次インド・パキスタン戦争へと展開してしまう。

イスラム国家であるパキスタンに歩み寄ろうとするガンジー。その行為は、インドに属するヒンドゥー教徒の一部から反感を買う。48年1月30日、ヒンドゥー至上主義者から銃で撃たれ、ガンジーの生涯は突然幕をおろした。

非暴力・不服従。菜食主義者であり、財産は持たず、メガネや草履といったものしか所有しなかった。ノーベル平和賞の候補になること5回。

このような人物が、ひとつの国をまとめ上げようとする。権力や経済力ではなく、人格や生活態度によって社会をリードしていく指導者は、残念ながら人類史上、非常に少ない。

最終章で書かれている彼の言葉を抜粋しよう。

「自己浄化の道は困難で、かつ険しい。完全な純潔を達成するためには、人は思想において、言葉において、行為において、絶対に喜怒哀楽の情から解放されていなくてはならない。愛と憎悪、愛着と嫌悪の相反する流れから、超越していなくてはならない」

感情が先走り短絡的な言葉が飛び交う時代、市民にも為政者にも、ガンジーの言葉は重く響く。

豆知識 ガンジー自身はヒンドゥー教徒だった。ヒンドゥー教は多神教であり、献身と奉仕を尊ぶ「バクティ」という教えがある一方、カーストという身分制度もある。

レーニン『帝国主義論』の種本

『帝国主義論』

ジョン・アトキンソン・ホブスン

矢内原忠雄訳／岩波文庫／1951年

資本主義が進めばおのずと帝国主義になる〝自国ファースト〟帝国主義的ふるまいの行く末

ウラジーミル・レーニンが1917年に発表した『帝国主義論（資本主義の最高の段階としての帝国主義）』は、02年に書かれたジョン・アトキンソン・ホブスンの本書を下敷きにしたものである。現在の金融資本主義が生き残るためには帝国主義しかないことがこの書を読めばよくわかる。

世界史の中でいう「帝国主義の時代」とは、1870年代から第一次世界大戦までのことで、この時期には欧米列強が軍備を拡大させ、世界各地を自らの植民地や勢力圏として支配していった。

本書では、帝国主義への転換にあたって帝国主義というものについて全面的体系的に批判的分析を加えた。資本主義が進んでいったときに何が起こるのかを経済的社会的政治的な側面から分析し、帝国主義の実態に迫った。

ソ連崩壊の翌92年に出版された、アメリカの政治学者フランシス・フクヤマの『歴史の終わり』では、民主主義と自由経済主義の最終的な勝利を高らかに宣言したが、その後、中国は植民地を前提としない「新・帝国主義」を志向することになった。中国という国の危険な本質をいち早く70年代に見抜いていた国が、東欧・バルカン半島の社会主義国アルバニアだ。この国の独裁者エンヴェル・ホッジャは78年に中国と袂を分かった時に「中国は共産主義を標榜しているが、本質は世界支配を企む帝国主義国家だ」と喝破し非難した。

もっともアメリカもロシアも、そして日本も、世界の強国はみな帝国主義国としての力を持っており、ことさら他国を侵略しないまでも帝国主義的な「食うか食われるか」の関係にあるのが現実の国際社会である。

帝国主義のゲームのルールは単純だ。相手国のことなどは考えずに自国の利益を最大限に主張し、相手国が反発せず国際社会も沈黙しているならば自国の権益を伸張する。しかし、相手国が激しく反発し、国際社会からも顰蹙を買うような状況に至ると、このまま主張を続けることは結果として自国の利益が毀損される可能性が高くなるので、妥協して国際協調へと転じる。

現在、このような行動原理で行動している国の動きが顕著である。もちろん中国だけではない。アメリカもロシアも、自国ファーストな帝国主義的ふるまいが目立ち、国際社会の緊張は高まっている。このような帝国主義的確執が続くと、戦争や恐慌といった混乱が世界規模で起きかねない。現状に危機感を持つためにも読むべき1冊。

豆知識 ホブスンは大英帝国拡大を「植民」ではなく資本投下と市場開拓のための行動で、帝国維持にかかるコスト自体が拡大政策の目的になっていると批判した。

文明は必ず没落する、抗うべきではない

『西洋の没落』

オスヴァルト・シュペングラー

村松正俊訳／中公クラシックス／２０１７年

あらゆる文化は四季のように循環する西洋文明の衰退を予言した問題作

オスヴァルト・シュペングラーは、ドイツの文化哲学者であり、第一次世界大戦でドイツが敗戦した後「保守革命」と呼ばれる思想の一角を成した人物である。保守的な家庭で育ったシュペングラーは、大学で哲学や歴史学、数学などを学び、デュッセルドルフやハンブルクなどで教壇に立つが、１９１１年には教職を辞し思索活動に入る。

シュペングラーが教職を辞した3年後、第一次世界大戦が始まった。１８１５年に締結された神聖同盟を契機に、19世紀はヨーロッパ列強が勢力均衡を維持しようとした。しかし、徐々にヨーロッパ各国の緊張が高まり、１９０８年に起こったボスニア危機を契機としてバルカン戦争が勃発、その火種はヨーロッパ全体に広がり、ついに14年に第一次世界大戦が始まったのだ。

シュペングラーが当時ベストセラーとなった『西洋の没落』を書きあげたのは、まさにその第一次世界大戦の最中であった。進歩主義的な歴史観の中で発展を遂げてきたはずの西洋社会が、このような未曾有の世界戦争を引き起こしてしまったという事実に、世界中が強い衝撃を受けていた時である。

シュペングラー自身も、この大戦を目の当たりにして動揺したに違いない。そして、西洋はまさに今、没落しようとしていると直感した。その直感が、彼の筆に力を与えた。

本書が18年に発表されるやいなや大ベストセラーになり、多くの人に読まれたのは、シュペングラーの危機感が世界大戦という経験によって人々に強く共感されたからだろう。それまでの直進的な進歩主義に対するアンチテーゼを打ち立てたところ、第一次世界大戦を引き起こしてしまった西洋文明に対する自己批判の書として積極的に愛読されたのである。

この本が今でも古典的名著として広く読まれているのは、100年も前に、近代文明の行きづまりと没落の未来を見抜いていたシュペングラーの先見性の高さゆえである。

シュペングラーは本書の中で、自然界では春夏秋冬と季節が巡っていくように、あらゆる文明も、成長期・後半期・没落期が巡ってくるということを論証しようと試みた。文明は必ず没落するのであり、それに抗うべきではない、自然との調和を説いたゲーテに立ち帰り、循環の運命に従うべきだという論を展開したのである。永遠に栄える文明など存在しないのである。

豆知識 シュペングラーは数学教師だった。本書においても、歴史の変化を数的な変化の中に読み解こうとしている。

佐藤優の古典攻略法③ 難解な古典を読む「基礎体力」は教科書で

〝知識の積み重ね型〟の古典を読むには前提条件としての基礎知識が必要である

難解でなかなか頭に入ってこない本には2種類ある。一つは内容がデタラメで理解できないもの。こうした本は読むべきではない。1960年代から70年代にかけて、新左翼のさまざまな党派が出した機関紙のなかには恐ろしく難解な文章があるが、それらの多くは思いつきで書いているだけのものが多く、読むに値しないと言っていいだろう。

もう一つは知識の積み重ね型になっている本である。このような本はある程度の基礎知識がなければ理解することはできない。たとえば、ウィトゲンシュタインの『論理哲学論考』は箇条書きで書かれており、薄い本なので一見簡単に読めそうに思えるのだが、その背景にある論理実証主義や記号論などがわかっていなければ、まず理解できないだろう。あるいは宇野弘蔵の『恐慌論』は、資本主義の限界について知るうえで重要な一冊であるが、『資本論』の一応の理解を前提としており、その理解がなければ読み込むことは難しい。そのようなときは遠回りのように思えても、やはり必要な知識を身につけてから読むことをおすすめしたい。

ヒックスの『価値と資本』を読むならば、巻末の数学附録は大学教養課程レベルの微積分についての知識がなければ理解できない。そこで西村和雄氏の経済数学の入門書などで3カ月から半年ほど勉強してから挑んだほうがいいだろう。数学を学ぶためにそこまで時間をかけたくないのであれば、マンキューの『ミクロ経済学』と『マクロ経済学』を手引書として読むのもいいだろう。マンキューの著作はいっさい数式を使わないので、数学に苦手意識のある人でも理解しやすい。

高校の教科書もとてもよい古典の手引書になる。筆頭は『倫理』と『政治経済』。この2冊は強い味方になってくれる。歴史に関しては『日本史A』と『世界史A』をおすすめしたい。『A』というのは、進学校ではなく実業学校用であり、この先、歴史は勉強しないであろう生徒が学ぶことが前提となっているため内容が完結しているのだ。近現代史が中心となっている点も重宝する。理数系であれば、講談社の新書シリーズ「ブルーバックス」の独壇場と言えよう。高校数学から物理、地学、生物、化学までブルーバックスシリーズで学べば間違いないだろう。

一方で『漫画で読む～』というタイトルの、古典を漫画で読みやすくした本がしばしば人気を得ているが、これらの本は選び方に気をつけたい。というのも、特定の見方に基づいて、かなり荒っぽく描いているものが少なくないからだ。

たとえば『資本論』は、革命の書としてとらえた本に出合ってしまうと、本当に読むべき部分が見えないまま理解してしまうことになる。資本主義はあたかも永続するかのごときものだという前提のもと、資本主義の内在的論理をとらえたものとして読むことが本来的な『資本論』の読み方であり、その意味では、やはり高校の教科書を基礎教養として読み解く方法をおすすめしたい。

書き込む本とまっさらな本、2冊用意するのが理想

気になった部分に線を引いたり、本の余白に書き込みをしたりしながら読むことが好きな人もいれば、ノートに重要と思われる部分を書き写していくことが好きだという人もいる。あるいは直接パソコンに文章を打ち込んでいきコピペをしながら要約リストをつくっていくという人もいる。どれが正解ということはないため、自分の頭にいちばん定着しやすい方法を見つけていけばいいだろう。

大事なことは、すぐに「取り出せる」状態にしておくこと。なんでもかんでもクラウドに突っ込んでしまうのは考えものだ。いざという時に取り出せないようではまったく意味がない。

もしも本に直接書き込んでいくタイプの人であれば、理想としては同じ本を2冊手元に用意したい。1冊は書き込んでいくための本、そしてもう1冊はまっさらな状態のままにしておく。

なぜなら書き込んでしまうことで、読み直したときにすべてを読んでいるつもりでも、どうしても線を引いたところを中心に読み進めてしまいたくなってしまうからだ。つまり、先入観に支配されて新しい発見ができなくなってしまうのである。本当に大切だと思う本は2冊、用意したい。

第四章

日本という国を見渡す力をつける

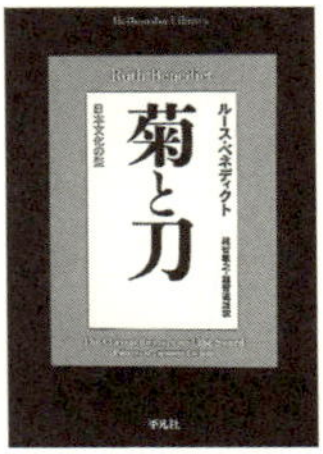

いまだ影響力を持つ〝無理がある〟日本人論

『菊と刀　日本文化の型』

ルース・ベネディクト

越智敏之、越智道雄訳／平凡社ライブラリー／2013年

戦後の占領政策でGHQも参考にした米国文化人類学者による日本人論の「真実」

日本人論の古典とされる『菊と刀　日本文化の型』。戦後まもなく刊行されると、米国の文化人類学者による初の日本人論ということで広く読まれ、今もなお無視のできない影響力を持っている。

人間共同体には「罪の文化」と「恥の文化」があり、米国人は前者、日本人は後者に属するというのが著者、ルース・ベネディクトの基本的な主張である。

だがチェコの神学者ヨゼフ・ルクル・フロマートカは『訪日記』（未翻訳）の中で「日本人は自分たちが罪の意識がない恥の文化だといっているが、まったくわからなかった。ヨーロッパでも罪の意識を持つ者もいれば、恥だけを基準に動く者もいる。そんなものが特定の民族の文化類型になどなるわけがない」といっている。

多様な価値観が存在する現代はもちろんのこと、同調圧力が最も高かった戦時中においてもなおさまざまな思想があったように、そもそも「日本人」とひとつのくくりにして論じることには無理がある。ベネディクトは一度も日本に来たことはなく、「オープンソースインテリジェンス（OSINT）」といわれる公開情報を中心に調査し、ここに日本人捕虜などからの聞き取りを加えて本書をまとめたという。

だが「罪の文化」「恥の文化」の二分法からして、すでに無理がある。罪も恥も普遍的な概念であり、特定の民族と結びつけることはできない。チェコの神学者フロマートカの指摘のとおりである。

「誰も見ていないと思っていても、お天道さまが見ている」という古典的なしつけが日本にはあるが、これは「世間にバレなくとも悪いことはやってはいけない」ということであり、どちらかといえば「恥」ではなく「罪」に近い概念だ。

ベネディクトは、日本人が私利私欲を捨てて努力する「まこと」心を「独立した徳ではなくて、狂信者の自らの教義に対する熱狂である」と分析するが、これは資本主義下の各国機関投資家たちなどにも見られる行動様式であり、日本の文化と結びつけるにはやや無理があろう。

こんな突飛な文脈が日本でも一定の市民権を得たのは、アメリカが占領政策の中でこれを用いて「日本人とはこういうものだ」との考えで施政を行ったことと無関係ではない。さらには、『菊と刀』の影響を受けた日本人が自分たちのことをそのような枠に当てはめてしまった。ことほど左様に、民族性への偏見は生まれやすいものなのだ。

豆知識 ルース・ベネディクトは1942年に上梓した『Race and Racism』（邦題『レイシズム』）で「レイシズム＝人種主義」との言葉を広めたことでも知られている。

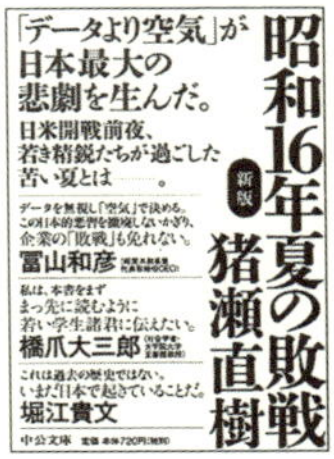

太平洋戦争の敗戦は開戦前に予想されていた

『新版 昭和16年夏の敗戦』

猪瀬直樹

中公文庫／2020年

開戦直前につくられた「模擬内閣」の活動を描く渾身のノンフィクション

1941年4月、当時の大日本帝国政府が急ごしらえで設立した「総力戦研究所」。ここに、若手エリート官僚を中心に30余名の研究生たちが集められた。彼らは模擬内閣を組織し、さまざまなデータを収集・駆使しながら、日米が開戦した場合のシミュレーションを進めていく。そして、「緒戦では勝利するが、国力の差から次第に劣勢となる。やがてソ連が参戦し、日本は開戦3～4年で敗戦する」という結論に至る。それは、実際の太平洋戦争の経過を正確に予測したものだった。『ミカドの肖像』（小学館文庫）と並ぶ作家・猪瀬直樹の主著である。雑誌連載をもとに83年に単行本が刊行され、のちに文庫化。2020年、文庫新版が発刊されている。

本書は、当時存命だった総力戦研究所ＯＢたちに取材、また残されていた関係文書を渉猟し、太平洋戦争の裏側で行われていた歴史の一断面を伝える。戦争直前期の国内外の情勢を交えながら、若き研究生たちの「机上演習」のやりとりを生々しく描いており、その真摯さに心を打たれる。

41年8月27、28日の2日間にわたり、総力戦研究所の研究生たちは、陸軍最高幹部たちの前で「日米戦日本必敗」の予想を発表する。それに対し、当時陸軍大臣だった東條英機は「これはあくまでも机上の演習でありまして、実際の戦争というものは、君たちの考えているようなものではない」と斬って捨てる。シミュレーションの結果は、実際の政策に生かされることはなかった。

しかし同時に、東條は「この机上演習の経過を、諸君は軽はずみに口外してはならぬ」と注意したという。あくまで推測でしかないものに、念を押して口外無用を伝えた東條は、実はこの報告にただならぬものを感じていたに違いない。

東條はこの年10月、首相を兼任することになり、同年12月8日、日本は対米宣戦する。開戦後、ほぼ総力戦研究所が出したシミュレーション通りに進んだ戦況に、東條は何を思ったのか。本書は、東條の実像と運命にも深く言及している。

現実問題として、実務経験のない若手スタッフがつくったレポートが国の方針に影響を与えることは、ほとんど考えられない。しかし、データを正確に見ようとしない、空気を読むといった帝国政府の意思決定プロセスは、大きな禍根を残した。現在の日本の組織にこの悪しき慣習が残っていないかどうかを点検する意味でも、本書を読むことの意味は今も大きい。

豆知識 総力戦研究所は開戦後も存続し、1期生は42年3月に卒業。2期生、3期生を受け入れたのち活動を停止し、45年3月に正式に廃止された。

インド独立運動の志士、その激動の生涯

『中村屋のボース　インド独立運動と近代日本のアジア主義』

中島岳志

白水社／２００５年

インド独立運動の指導者が日本で見たアジア主義者の現実とナショナリズムの功罪

中村屋のインドカリー。現在も新宿で営業する新宿中村屋の看板メニューを生み出したのは、とあるインド独立運動の志士だった。

近代日本のアジア主義とインドを結ぶ架け橋となったこの人物に光を当てたのは、気鋭の政治学者、中島岳志。本書は彼の実質的デビュー作である。

本書の主人公となるラース・ビハーリー・ボースは１８８６年、インド・ベンガル地方に生まれた。インド総督の暗殺を謀った彼は、官憲に追われる身となる。日露戦争の勝利でアジア諸国から熱い視線を集めた日本を亡命先に選び、１９１５年に来日。イギリス側からの度重なる身柄引き渡し要求から彼の身を守ったのは、頭山満、内田良平をはじめとするアジア主義者だった。そして、彼らの手引きにより匿われる場所となったのが食品販売を手がける中村屋だったのだ。

中村屋店主の相馬愛蔵・黒光《こっこう》夫妻、のちに妻として迎えることになる娘の俊子との交流を通じて、亡命先の日本から、インド独立の必要性を世界に向けて発信していくボース。その過程で生み出されたレシピが21世紀まで語り継がれる味、新宿中村屋のインドカリーだ。

しかし、当初は共鳴していた日本のアジア主義者たちとボースとの間で意見の齟齬《そご》が目立ち始める。「声を大にしてアジアの解放」を唱える者がなぜ「中国人を侮蔑し、支那を侵略すべし」と叫ぶのか。「日本よ！　何処へ行かんとするか？」26年に発表した論文で、ボースは中国への侵略に傾斜していく日本に痛烈な批判を展開する。

2年前の24年には、孫文が神戸で「大アジア主義演説」を行なった。「西洋の覇道の番犬となるか、東洋の王道の干城となるか」、そう日本に警告した孫文と知己を得ていたというボース。思想、政治的構想を共有していた孫文の警告を、再び日本のアジア主義者たちに投げかけたのだ。

ところが彼の訴えとは裏腹に日本は軍国主義的な色合いを強めていく。ボース自身も「インド独立」という目的のために彼らとの妥協の道を探り、太平洋戦争では日本陸軍が仕掛けた壮大な作戦にも関わっていく。だが、そうした姿勢はインド本国の独立運動と大きな軋轢《あつれき》を生むことになってしまうのだ。

45年1月、インド独立の日を見る前に病に倒れ、日本で無念の死を遂げたボース。彼の激動の生涯から、近代日本のアジア主義とインドのナショナリズムを学ぶ。

豆知識　1927年に売り出された「インドカリー」。80銭という当時としては高価なメニューにもかかわらず「恋と革命の味」として、多くの人々に愛されたという。

幕末新選組の伝説を原点から読み解く

『新選組始末記 新選組三部作』

子母沢 寛

中公文庫／1996年

司馬遼太郎、池波正太郎も参照した新選組研究の原典にして古典的名作

1928年8月に万里閣書房から初版が出た『新選組始末記』は、幕末の佐幕派治安警備部隊・新選組に関するごく初期の研究書であり、翌年に発売された『新選組遺文』、31年の『新選組物語』とあわせて子母沢寛《しもざわかん》の〝新選組三部作〟を成す。司馬遼太郎の『燃えよ剣』『新選組血風録』や池波正太郎の『幕末新選組』（ともに64年刊行）など、その後の新選組小説の原点にあるノンフィクションとして、現在も人気の高い1冊だ。

1892年に北海道厚田郡厚田村（現・石狩市）に生まれた子母沢は、1919年に読売新聞に入社、その後転職した東京日日新聞（毎日新聞の前身）の記者時代に京都に足しげく通い、幕末から存命していた関係者の古老を訪問して話を聞き、本書をまとめた。これより以前の新選組資料は1889年の西村兼文『壬生浪士始末記』、1927年に新選組二番隊組長・永倉新八の息子・義太郎がまとめた回想録『新選組永倉新八』などがあるのみだったといわれる。

構成は長編の体ではなく、65編の短いエピソードを時系列や隊士列伝的に連ねたものだ。小説というより史書を読むような硬質な感触があり、新選組が剣術エリートの集まりではなく烏合の衆で、組織統制の困難さがあったことなどがリアルに伝わる。

藩士であった芹沢鴨らと百姓の出だった近藤勇や土方歳三の埋められない身分差、それによる対立も誇張なしに簡素に描写され、歴史認識とはまず原典に当たることが重要と感じさせる。

子母沢は本書の序文で次のように書いている。

「歴史を書くつもりはない。巷説漫談或は史実を、極くこだわらない気持ちで纏めたに過ぎない。従って記録文書のわずらわしいものは成るべく避けた。しかし近藤勇という人物には、ちょっと面白いところがあると思った。いい、わるいは別として、本当に憎めたり、本当に泣いてやったりのできる人間である」

御家人だった祖父が彰義隊として戦い敗北の果てに北海道に流れ着き、その寒村に生まれ苦労を重ねた子母沢には、在郷の浪士から下克上した新選組隊員たちへの共感があったのだろう。

本書上梓ののち子母沢は『幕末奇談』『游侠奇談』などを出版、新聞連載『国定忠次』を書き終えたあとに記者を辞め文筆に専念、時代小説の人気作家となった。『勝海舟』『父子鷹』『弥太郎笠』などドラマや映画になった作品も多い。

豆知識 勝新太郎や北野武が演じた『座頭市』も、その第1作は子母沢の随筆『ふところ手帖』の一編を原作として大幅な創作を加えたものである。

ナショナリズムとキリスト教との関係を考える最適の書

『代表的日本人』

内村鑑三

鈴木俊郎／岩波書店／1941年

キリスト教徒としての自己と武士道回帰する自己 双方からアプローチした「日本的」なるもの

『代表的日本人』はもともと、『Japan and the Japanese（日本及び日本人）』というタイトルで1894年に刊行された内村の英文の著書であった。94年といえば日清戦争が始まった年である。

さらに10年後、日本は日露戦争で辛くもロシアに勝利する。東洋の島国がロシア帝国を破ったことで世界が日本に注目し始めた。

内村が前出の書に若干の改定を加えた『Representative Men of Japan（代表的日本人）』を発行した1908年とは、そういう時代だった。つまり、本書はもともと世界に向けて英文で書かれたものであり、それを日本語に訳したものを我々は目にしているのである。

内村は、明治期の代表的な言論人のひとりであると同時に、近代日本を代表するキリスト教徒である。彼の言論はキリスト教徒としての信仰を抜きに語ることはできない。札幌農学校時代に洗礼を受けた内村は、アメリカでの学びを経て、東京の第一高等中学校で嘱託教員となる。ところが同校において、教育勅語の奉読式での拝礼のやり方が不十分だとして「不敬」と断罪される。本人にその意図はなかったのだが、結局はこれが発端となり内村は依願解職されてしまう。

しかし内村の中では、キリスト教徒としての自己と、「正に一人の武士の子たるの余」(『代表的日本人』序文)は、決して相反するものではなかった。彼の「二つのJ」なる言葉は有名である。すなわち、イエス・キリスト(Jesus)の「J」と、日本(Japan)の「J」、「我の宗教はこの二者を離れて存在せず」として、イエスの栄光をあらわすことと日本の名誉を守ることは自分の信仰の中でつながっているのだと主張する。

そのうえで、自分の信仰の根本にある「武士」たるもの、つまり日本人の「善き諸性質―普通に我が国民の性質と考えられている盲目なる忠誠心と血腥《ちなまぐさ》い愛国心をのぞいたそれ以外の諸性質―」を世界に広く知らしめたいと願い、本書を英文で執筆したのである。

本書で内村が代表的日本人として挙げたのは次の5人である。「政治家」としての西郷隆盛、「地方大名」としての大杉鷹山、「農業指導者」としての二宮尊徳、「教育者」としての中江藤樹、そして「宗教家」としての日蓮。「盲目的な忠誠心と血腥さ」とは異なる日本の「良心」を世界に発信しようとした内村は、やはり近代日本を代表する「言論人」のひとりなのである。

豆知識 **本書は、新渡戸稲造の『武士道』、岡倉天心の『茶の本』と並んで、三大日本人論と呼ばれている。**

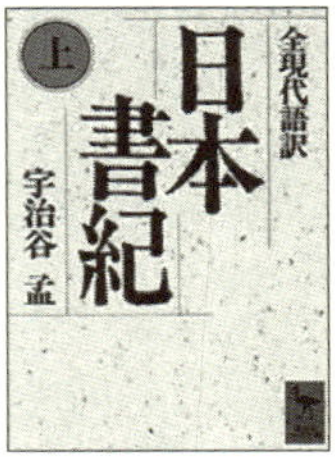

神話と史実が混ざりあう日本最古の正史
『全現代語訳 日本書紀』

宇治谷孟訳／講談社学術文庫／1988年

神話と史実がシームレスにつながる「万世一系」国の正当性を示すための〝物語〟としての歴史

歴史というものの扱いの難しさは、それが語り手の主観に拠ってしまう点にある。「歴史を語る」という行為は、語り手の視点からしかなしえない。ゆえに、語り手が異なれば解釈も異なり、その結果、歴史認識の齟齬から国同士の対立や争いを招いてしまうことも珍しくない。その意味では「これが正しい歴史である」といち早く示し自国の正当性を対外的にも対内的にも主張することは、国家の戦略としては重要な意味を持つ。一方で、それはあくまで戦略的なものであり、その「正しさ」は相対的であることを認識することも重要だ。

『日本書紀』は、日本の正史として誕生した最古の歴史書であり、主に国外に対して、天皇による日本国統治の正当性を示したとされる。天地開《かい》闢《びゃく》、すなわち、日本の国土誕生から持統天皇に至るまでの歴史が記されているが、単なる史実だけではなく、神話と史実がシームレスにつながった、独特の世界観を持つ。

神々の業により生まれた大地に国を建てたのが初代天皇であり、ゆえに天皇家はこの国を統治する者にふさわしい……日本書紀はこのことを示すために成立したと考えられる。

日本書紀で要となるのは「万世一系」という概念だ。初代神武天皇から2020年現在の第126代徳仁天皇に至るまで、天皇家はその系列を保ってきたとされる。これほどの歴史を持つ王朝は世界に類を見ず、このことが日本という国の歴史を特徴づけているというのが保守の立場からの主張である。ただし一方で、万世一系を示そうとするあまり、『日本書紀』において一部恣意的な記述がなされたとの読み方もできる。

『日本書紀』は、国の威信ともいえるこの王朝の系譜の長さを、とくに当時の中国に示す目的で書かれたとされる。国家としては日本より古い歴史を持つ中国であるが、王朝の歴史の長さは日本よりも短い。実際、中国の正史として編纂された『宋史』や、中世の日本において大きな影響を各方面に与えた『神皇正統記』を元に、日中印の王朝の歴史に関する比較も論じられている。

『日本書紀』の史実的正当性は現代でも論争の続くところであるが、「神話から史実へ」という独自性の強い『日本書紀』が今もなお多方面へと影響を与えているのは、日本にかぎらず「民族」や「国」というのは、ある種の神話的力を借りなければ成立しえないフィクションであるからだといえよう。そのことを踏まえて読むべき1冊だ。

豆知識 『日本書紀』と同時期に成立した『古事記』はより神話性を帯びたストーリーが多く含まれ、全体のおよそ3分の1が神話で構成されている。

昭和天皇が固執し、継承しようとしたものは何か

『対論　昭和天皇』

原　武史／保阪正康

文春新書／2004年

天皇制を追い続けた2人の論客が語る「三種の神器」「祈祷」「時間支配」

平成以降の天皇しか直接的に知らない世代と、昭和天皇にリアルタイムで触れている世代とでは、天皇に対する印象も異なるだろう。年齢差がある他者と天皇制を語る機会は、あまりないだろうが、今や天皇は、政府の右傾化を抑止する「機関」であると感じている人も多いはずだ。

本書が出版されたのは、昭和が終わってから15年後、平成も中盤に差しかかった頃だ。戦前生まれの保坂は当時65歳。戦後生まれの原は42歳。親子ほどの年齢差がある。

終戦を5歳で迎えた保坂は現上皇と年齢が近い。彼はあとがきで以下のように記している。

「昭和前期に生きた人たちへの聞き書きを続けているうちに、昭和天皇への見方が少しずつ変わっていった。否定が肯定へとか、批判的な視点が同情的な視点へ変わっていったという次元ではなく、昭和天皇の胸中にはどのような歴史観や価値観があったのかという、その存在への関心へと移ったのである」

この考えをベースに保坂は原との対談を引き受け、書籍として上梓した。

しばしば天皇は、宮中にある三種の神器や天照大神に向かい、五穀豊穣や国土平安、そしてそれらがもたらす安全や平和を願い、祈祷する。当然だが、祈る相手は戦の神ではない。戦の勝利を願って祈祷する習慣が、神道にはないのだ。

しかし戦時中は、戦争勝利の祈願に神道が利用される。満洲や朝鮮・中国にも神社が建立され、シンガポールやフィリピンなども巻き込み、時差を無視した同じ時刻で一斉に、黙祷や万歳を行い、時にはサイレンや爆竹を鳴らし、「一億一心」となって天照大神へ敵国降伏を祈った。これを2人は〈時間支配〉と称する。当時は、空襲警報でもサイレンが使われた。現在でも決まった時間にサイレンが鳴るのは、この名残ではないだろうか。

昭和天皇は神道に忠実なあまり、この戦勝祈願に疑問を持ったのではないかと2人は考察する。むしろ、平和を祈ることが本来の神道と考えたのではないか、と。

42年、昭和天皇は軍服姿で伊勢神宮を参拝する。一方で過剰なほど三種の神器の保持に奔走。戦局の悪化を認識し、祈る意義を理解していたことも、奔走につながっていたのではないかと2人は思いを馳せる。文献はもちろん、当時の侍従や政治家、ひいては満州国皇帝・溥儀らの発言までをもつぶさに拾い集めながら進む対談は読み応えがある。

豆知識 本書は、敗戦直後に敢えて昭和天皇が退位しなかった理由についても、大正天皇と照らし合わせ、説得力をもって考察している。

武士の家計事情から現代を照射する

『武士の家計簿 「加賀藩御算用者」の幕末維新』

磯田道史

新潮新書／2003年

幕末維新の激動期を生きた武家の実態が生き生きと伝わってくる詳細な生活史

歴史研究者の磯田道史が、東京・神田の古書店で見つけた武家文書に含まれていた「家計簿」をもとに、江戸から明治にかけての武士・士族の家計や生活実態を活写した労作。2010年には、本書の内容をもとに製作された同名の映画も公開されている。

本書が扱う『武士の家計簿』とは、正式には「金沢藩士猪山《いのやま》家文書」に含まれていた「入払帳《いりばらい》」のこと。加賀藩士猪山家9代目当主の猪山直之が、1842（天保13）年7月から79（明治12）年5月までの家計を記録したものだ。猪山家は5代目当主の時代から代々、加賀藩の「御算用者《おさんようもの》」、つまり会計処理の専門家を務めていた。直之は高利（年利18％！）の借金に苦しみ、その整理を機に、業務の知識を活かして自家の収支を詳細に記録し始めたものと思われる。

本書は、最初の2章で猪山家のプロフィールと収入や支出の実態を紹介し、武士の家計の内情や生活の一端を示す。3章以降では、44（弘化元）年に直之の長男として生まれた猪山成之の人生を追いながら、武家の出産や子弟の教育、結婚や葬儀、さらに幕末の激動期を経て、明治に「士族」となった人々の経済事情までを詳述する。

事務処理能力に優れた成之は、加賀藩の兵站《へいたん》事務を任されたが、維新後は明治新政府にヘッドハンティングされ、のちに海軍主計にまで出世する。74（明治7）年、海軍省出納課長だった成之の年収は1235円だったが、現在の価値に換算すると約3600万円にもなる。一方、官員になれなかった成之の親戚たちの年収は、現在の価値で150万円ほどだったという。

近代国家の形成期には官僚がいかに厚遇されていたかがわかり興味深い。磯田は「（官僚が）好き勝手に制度をつくり、それに対して国民がチェックできないというこの国の病理はすでに、この頃に始まっている」と指摘する。

本書は、江戸時代から明治時代にかけて、あの凄まじい社会経済変動を生き抜いた1つの家族の具体的な生活の記録を通して、2つの時代の連続性と断続性を浮き彫りにする。

猪山家は「金融破綻、地価下落、リストラ、教育問題、利権と収賄、報道被害……など、現在の我々が直面しているような問題をすべて経験していた」（本書「はしがき」より）。

今へとつながる時代をいかに生き抜いてきたか、『武士の家計簿』から読み取るべきものは多い。

豆知識 猪山成之を引き立てたのは新政府の高官、大村益次郎だった。成之は、のちに東京・靖国神社の大村の銅像建立にも尽力した。

事件を指揮した高級将校たちが太平洋戦争惨敗を招いた

『ノモンハンの夏』

半藤一利

文春文庫／2001年

日本陸軍の無策無能を象徴する ノモンハン事件を壮大なスケールで描く

本書は、1939年に起きたノモンハン事件の実相を描いたノンフィクションである。著者は、文藝春秋で編集者を務めた歴史作家の半藤一利。関東軍の中国侵攻を経て、32年に日本の傀儡国として満州国が誕生。外蒙古（モンゴル）との国境近くにあったノモンハン付近で起こった満州国軍と外蒙古軍による紛争の激化が、外蒙古を保護国としていたソ連軍と関東軍の衝突につながった。これがノモンハン事件である。

本書は、東京の参謀本部及び満州にあった関東軍作戦課の体制や将校らの顔ぶれを紹介しながら、39年5月から約3カ月にわたって続いた紛争を時系列に書いていく。その間のドイツとソ連の不可侵条約締結（のちに破棄され、両国は開戦）

をめぐる交渉の動向も詳述し、ヒトラーやスターリンの思惑がノモンハン事件の経緯にも影響を与えていたことを描き出す。

ノモンハン事件は、関東軍の大敗で収束する。日本陸軍は、遡る日露戦争の勝利を将兵の精神力の強さと、これを最大限に活用する作戦指導によるものと信じていた。よって、ノモンハンでも白兵による奇襲先制を重視し、歩兵の夜間突撃による肉弾戦を繰り返した。一方、ソ連軍は日本軍の戦法を研究して新しい野戦方式を練っており、戦備も絶え間なく増強。戦力差は圧倒的だった。

39年8月20日朝、ソ連軍は日本軍を包囲し、総攻撃を開始。同月末までに大勢は決した。損耗はおびただしく、66年に靖国神社で行われたノモンハン事件戦没者慰霊祭を報道した新聞記事によれば、戦没者は1万8000人だったという。

本書が繰り返し強調するのは、紛争を指揮した参謀本部と関東軍の将校たちの無策ぶりと無責任だ。彼らは机上の空論をもとに無謀な作戦を敢行し、前線の兵士を次々と死なせていった。天皇はこの紛争を認めていなかったが、陸軍はその意志さえ無視した。半藤は「当時の日本帝国は日本陸軍によって占領されている、と形容しても誤りがない」と表現する。

ノモンハン事件は、日露戦争後、日本軍がソ連軍と戦った初めての本格的な近代戦だった。しかし、敗北後の陸軍は「極地における寡兵による特殊な戦い」と規定し、抜本的な改善をしなかった。ノモンハン敗戦の責任者はのちに参謀本部に入り、太平洋戦争でも作戦をリードしたのである。

当時の陸軍について知ることは、現代の日本型組織を研究するうえでも参考になるだろう。

豆知識 ノモンハン事件でソ連軍を指揮したジューコフ将軍は、スターリンに「日本軍の兵士は頑強で勇敢だが高級将校は無能」と報告している。

元外務省調査員が実証的に分析

『日露戦争史 20世紀最初の大国間戦争』

横手慎二

中公新書／2005年

植民地戦争ではなく「プレ世界大戦」日露戦争を世界史的な視点からとらえ直す

日露戦争はどのようにして始まったのか。そして新興国であった日本が勝利に至った理由と、列強国ロシアの敗因とは――。本書は世界史的な視点から日露戦争を新たにとらえ直す1冊である。司馬遼太郎『坂の上の雲』をはじめとする日露戦争を扱った作品を読んだ方にぜひオススメしたい。

元外務省調査員である横手慎二は、1990年代初頭に解禁されたロシア人軍事思想家アレクサンドル・スヴェーチンの日露戦争論『最初の段階にある二〇世紀の戦略』（1937年刊）をはじめとした日露両国の戦史に加え、その他の国々の戦史を基に、丁寧に話をひもといていく。とくに総ページ数の半分近くを使って開戦に至るまでの道程を描いているのに注目だ。

19世紀末に行われたイギリスのボーア戦争、アメリカのフィリピン侵略などに代表される欧米列強国による「植民地戦争」に始まり、中国の義和団事件に列強国のひとつとして加わった日本の思惑、そして同事件と前後してロシアに対して不信感を高めていく日本政府首脳の姿、それとは反対に戦争を楽観視し、日本を過小評価していたニコライ2世。これらの動きを丹念に追うことで、日露戦争とは白人国家が非白人国家相手に戦う「植民地戦争」でなく、第一次世界大戦より先に行われた「総力戦」、言い換えるなら「プレ世界大戦」であったことを浮き彫りにしていくのだ。

「二〇三高地」「奉天会戦」「日本海海戦」といった戦記物としてクローズアップされることの多い日露戦争だが、世界史規模から振り返った戦いのあらましを知ることは、今後この戦争を扱った作品を鑑賞する際にも、大いに助けとなるのではないだろうか。

また、「戦争の地理学」と題した章では、開戦前の両国が将来の戦場になるであろう朝鮮半島、中国東北部において兵要地誌、地図づくりに力を注いでいた様子も描かれている。

戦闘を遂行するうえで、何よりも重要な戦場の地勢と地図の作成。ほかの日露戦争を扱った書物では、あまり触れられることのなかった戦場における「地理学」を、ここまで資料を丹念に読み解き、緻密に描いていることも非常に興味深い。

日露戦争を20世紀最初の近代的な帝国主義戦争ととらえた本書は、21世紀に入り、国際関係が新・帝国主義的な転換期にある今、帝国主義国家とはいかなる戦略を持つものなのかを読み解くうえで必読の1冊。

豆知識 横手氏はモスクワの日本大使館勤務時に佐藤優氏と同僚だった。「日露戦争を実証的に分析した本。文章もいい。ただし個人的には苦手な方でした(笑)」と佐藤氏は語っている。

大義を利用し大義に利用された国防婦人会の盛衰

『国防婦人会　日の丸とカッポウ着』

藤井忠俊

岩波新書／1985年

「銃後」によって公共圏に居場所を獲得した女性たち 大義を掲げて躍進したはずが、大義に縛られる

1931年、山口生まれの日本近現代史研究者、藤井忠俊。現代史・民衆史を専攻していた彼の主著のひとつとして知られているのが、『国防婦人会　日の丸とカッポウ着』である。

本書は31年に勃発した満州事変、及び翌年に起こった上海事変を契機に誕生した「国防婦人会」に焦点を当て、その誕生から拡大、銃後形成について言及している。結成当初は「大阪国防婦人会」、軍の支援を取りつけてからは「大日本国防婦人会」と呼称された。

「銃後」とは、戦時における後方での支援を指す言葉だ。戦地へと出向いて戦う夫を内地で支える妻たちは「銃後の妻」である。あるいは、勤労動員されて工場などでの労働に励む少年少女たちも

「銃後の守り」の担い手であった。この「銃後」における活動によって、結婚し夫の家に入るしか活躍の場がなかった女性の社会進出が一気に促進され、女性の地位向上につながったともいわれる。本書はそうした意外な一面を持つ「国防婦人会」に焦点を合わせ、いかにして女性団体が公共圏に居場所を獲得し、銃後の体制を担う要となっていったかをひもとく。

「国防婦人会」の前身団体は、大阪港の近くに住む主婦らによって結成された。戦争へと向かう兵士や帰還してきた兵士に湯茶を振る舞ったのが起源とされる。スローガンは「国防は台所から」。街頭に繰り出し、出征兵士の見送りや慰問袋の調達・発送、陸軍病院での洗濯を行っていた。そんな彼女らのユニフォームは、割烹着にたすき掛けである。

「国防婦人会」の活動は、国を巻き込んで広がりつつ、国に利用される形へと変わっていく。国は「国防婦人会」を思想統制や戦争への協力体制構築に利用した。「戦場に100万人の兵士を、銃後に1000万人の婦人を動員したこと、これが日中戦争に際しての民衆動員の実像であった」と藤井が語るように、わずか40人で発足された組織が、10年後には1000万人まで増え、泥沼化する日中戦争の銃後体制を支えることになる。やがて「国防婦人会」は軍部の思惑に絡め取られていき、夫や息子の戦死の報にも涙ひとつ流せず軍神となったことを喜んでみせるしかなかった。

しかし一方で、「銃後」という活躍の場を得て華々しく社会に進出した女性たちの運動は、主婦連といった戦後の社会運動へと引き継がれていったという側面は非常に興味深い。

豆知識 **藤井忠俊は、大阪で活動する彼女らを「兵隊ばあさんの発想」「兵隊ばあさんの実力」と表記している。**

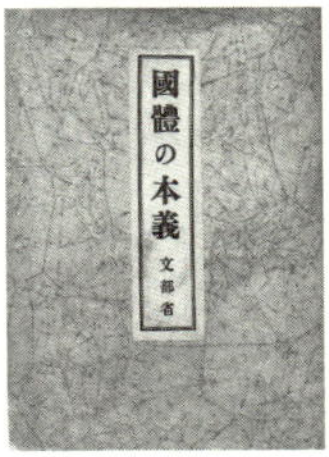

神がかり的国家主義思想に陥らないために

『國體の本義』

文部省

文部省／1937年

狂信的な「日本スゴイ」を否定し外来思想の土着化を図った文部官僚の良識

本書は、国家のあらゆる営為は国体を明らかにするという方向に向かうべきとした「国体明徴《めいちょう》運動」を体現するために出され、日本を戦争に導いた神がかり的なテキストだというイメージだけが独り歩きしているが、実際に内容を読めばそれが誤りであることがわかる。

本書が出されたのは1937年。ヨーロッパでファシズムやナチズムが台頭、国内でも排外主義や孤立主義が色濃くなっていた時代にあって、神がかり的な国家主義を排そうとした官僚たちの思想が随所に読み取れるのだ。

30年代の日本には極端な日本主義が芽を出しつつあった。当時の流行作家である中山忠直は『日本人の偉さの研究』という著作の中で、西洋の便座タイプとは異なり、日本式便器でふんばることで腰が鍛えられ、日本人は強く偉大になるのだと驚くべき論を真面目に展開、アメリカ人は先住民と等しいほどに「低下」しつつあるなど、人種主義的偏見をあからさまにしていた。こうした日本主義の蔓延を阻止すべく、官僚たちがまとめたのが『國體の本義』である。

戦争が不可避な帝国主義時代において「我が国の諸種の改革に貢献すると共に、他方に於て深く広くその影響を我が国本来の思想・文化に与へた」西洋の啓蒙思想のよいところは摂取しつつ、「聡明にして宏量なる新日本を建設すべき」と説いた本書は、個人主義の行きづまりを全体主義や国家主義で打開しようとするドイツやイタリアの流れ、あるいは人間の理性で理想的な社会や国家を構築しようとする共産主義思想、それぞれの限界を冷静に見据えた書として一定の評価が可能だ。

しかし一方で、米英と全面衝突し、破滅から日本を救い出すことができなかった政治家、官僚によって指導されたあの戦争を、決して美化すべきではないことも明らかである。

そもそも「国体」とは日本固有の現象ではない。国家を成り立たせる根本原理のことであって、それぞれの国が固有の基本原理、歴史を持っているのである。ところが昨今、保守を名乗る人々がヘイト的言説を流布し、無視できない状況になっている。相変わらずの「親米保守」の枠組みの中で撒き散らされる排外主義的言説に危機感を抱く。

北一輝や大川周明ら、戦前に活躍した右翼思想家たちは、財閥支配の打倒と富の再分配システムを主張した。真の保守、真の愛国とは何か、今読み直すべき1冊である。

豆知識 本書は、日本に影響を与えた思想のひとつに老荘思想を挙げつつ、世俗から離れた個人主義に陥ると洞察、国家国民が生き残る原理にあらずとした。

日本の歴史と外交を徹底検証

『歴史と外交 靖国・アジア・東京裁判』

東郷和彦

講談社現代新書／2008年

なぜ日本は戦争に至ったのか？ 外交のサラブレッドがみる日本の歴史と外交

著者の東郷和彦は、橋本龍太郎、小渕恵三、森喜朗の3総理が進めた北方領土交渉の戦略を練り、実務担当者として折衝した経験を持つ元外務官僚だ。外務省に勤務した34年間のうち、在モスクワ大使館、ソ連課長、欧亜局長など計14年間、ロシア関係部署に所属していた。

祖父は戦後A級戦犯として禁固20年の刑を受け獄中死した東郷茂徳元外相であり、外務事務次官や駐米大使を歴任した東郷文彦を父に持つ。本書には、「外務省のサラブレッド」の家系に生まれた東郷が、実務経験を踏まえたうえで日本の歴史と外交を検証した内容がまとめられている。

全精力を外交に捧げてきた東郷は２００２年の外務省退官を機に、日本を異国の地から見つめる機会を得た。オランダ、米国、台湾、韓国の大学で教壇に立ちながら過ごした海外生活6年間の印象が東郷の心にまだ強く残っていた時期に、本書は出版された。

本書は靖国神社、慰安婦、日韓関係、台湾、原爆投下、東京裁判という6つのテーマを軸に、日本人が向き合うべき歴史と外交における根本的な問題を提示する。

国際法に関する外交政策や他国との条約締結などを担当する外務省条約局長を経験した東郷は、日本政府の判断や責任がどのような枠組みで規定されたかという事実を述べたうえで、自身の歴史観を展開する。複雑で深いテーマだが、丁寧な事実関係の説明に加えて、本人の体験談を織り交ぜながら問題提起しているので読みやすい。

本書が出版された08年は、元外相の祖父に判決が下されてから60年目の年だった。元外相がA級戦犯として服役中に病死したのは、1950年7月23日。著者はまだ5歳である。

第6章では、外交官としての経験を積んだ東郷が、時代を超えて祖父の軌跡をたどっていく過程が書かれている。幼少期の母との会話などを回想しながら、太平洋戦争の開戦と終戦の両時期に外相を務めた祖父の姿を描き出していく。著者しか知らない東京裁判の弁護人との交流エピソードも興味深い。

東郷は日本人一人ひとりが「明治から太平洋戦争に至った日本の歴史は何であったか、戦後の日本の歴史は何であったかについて、自らの答えを出すこと」が肝心と強調する。本書は、当時の歴史から連なる現代を生きる者として、東郷なりに導き出した1つの答えなのだろう。

豆知識 東郷元外相の弁護団の中には米国人のベン・ブルース・ブレークニー弁護士がいた。裁判後、ブレークニーと東郷家は終生の友人となった。

歴史の転換点となったさまざまな事件を克明に描く

『日本の戦争』

田原総一朗

小学館文庫／2004年

日本近代史の流れを丹念にたどり太平洋戦争が起きた原因を解き明かす

報道番組の司会者としてもなじみ深いジャーナリストの田原総一朗が、少年時代から感じていた「日本はなぜ太平洋戦争に突き進んだのか」という疑問を解き明かそうとした意欲作。各章に「富国強兵」「五族協和」「八紘一宇」など、それぞれの時代を象徴するキーワードを立て、明治維新前後から太平洋戦争に至るまでの近代史の流れを丹念にたどる。田原は膨大な資料にあたり、多くの研究者に取材して「なぜ、なぜ」を問い、結論に迫っていく。その粘り強さには脱帽である。

田原はあとがきで「意外な事実の発見の連続であった」と書いているが、日本近現代史について特別に学んでいない読者なら、同じ感想を持つかもしれない。以下に、本書で紹介されているその例をいくつか挙げよう。

・韓国で大悪人視されていた伊藤博文は、1909年、ハルビンで安重根に暗殺された。しかし、伊藤は韓国統監時代に韓国の自治育成政策を進め、その独立、自立を守ろうとしていた（伊藤暗殺の翌年に日本は韓国を併合）。

・32年の満州国建国に暗躍した石原莞爾は、その後の関東軍の中国への侵攻拡大と日中戦争には反対だった（対ソ連戦の準備に注力すべきだと考えていた）。

・36年の二・二六事件は、不況による農村の悲惨な状態を横目に私利私欲を貪る財閥と腐敗した政党政治を見た青年将校たちが世直しを目指して決起したものとされる。しかし、この頃すでに日本の景気は昭和恐慌から回復傾向にあった（事件直前の総選挙の投票率は80％近く、国民が政党政治に絶望していたということもなかった）。

この他にも、歴史の転換点となったさまざまな事件とその背景、それに政治家や軍人らがどう関わり、対応したかなどが克明に描かれる。歴史の事実については、わかったつもりになっていたことが、実はまったく違っていたということが少なくないのではないだろうか。読者にそんな反省を促す迫力が、本書にはある。

なぜ日本が戦争を引き起こすことになったかの答えについては本書を実際に読んでもらうとして、明治の日本が国家としてコトを起こす時は事前に欧米諸国に相談して了承を得ていたのに対し、満州事変以降は独走するようになっていたという指摘は興味深い。

歴史は常に転換の連続である。あの戦争が何であったかを知る意義は小さくない。

豆知識 1936年当時の社会情勢では二・二六事件を起こす必然性はなかったが、軍部の発言権が高まったという意味で、影響は大きかった。

行動する思想家による講演集

『〈戦前〉の思考』

柄谷行人

講談社学術文庫／2001年

今が〈戦前〉であることをどうとらえるべきか 人類を救済するための「希望」を模索

1941年生まれの柄谷行人《からたにこうじん》は、24年生まれの吉本隆明よりも一回り以上下の世代だ。この時代の多くの思想家がそうであったように、柄谷も学生運動に参加し、マルクス主義の再検証を経て、論壇に登場する。

80年代に、浅田彰と中沢新一を中心に巻き起こったニューアカデミズム。その輪の中には、先に述べた吉本隆明や蓮實重彦らがおり、山口昌男や唯幻論の岸田秀らも出入りしていた。そして、柄谷もその輪に加わり、活発な行動に勤しむ。

形而上学的な哲学・思想にとどまることなく、ポスト構造主義以降の高度資本主義社会に拮抗するべく、発言を続けた。

本書は、90年から93年にかけて行われた柄谷の講演、シンポジウム、インタビューを元に構成されている。彼が当時教壇に立っていた法政大学での講演会も収められている。

その期間、柄谷はほかにもいとうせいこう、島田雅彦、高橋源一郎、田中康夫、中上健次らとともに「湾岸戦争に反対する文学者声明」を発表した。91年のことだ。

その後も、国家と資本への対抗運動、NAM(New Associationist Movement)を結成。前後して発刊された『NAM生成』では、柄谷のほか、ニューアカデミズムで出会った知己である浅田彰、坂本龍一や村上龍らも執筆陣に名を連ねている。

のちには、「Q」という電子地域通貨を起ち上げるなど、行動力や実践力も含め、柄谷は国内や海外の思想界を牽引し続けた。

2001年に発刊された本書は、刊行当時を、つまり21世紀初頭を「戦前」ととらえた。1989年にベルリンの壁が崩壊、91年にソ連も崩壊した。人々は東西冷戦の終結を歓迎していたが、柄谷は違った。ここが新たな戦前であることを喝破していたのだ。その柄谷の先見性には、目を見張るものがある。

実際、発刊直後の01年9月、アメリカ同時多発テロ事件が起こり世界は一気に「戦前」に切り替わった。03年にはイラク戦争が勃発。以降は断続的に、戦前・戦中・戦後・戦前という新たなループに入り込んでいった。

本書の冒頭で、柄谷は現代の国家を「帝国主義的」ではなく「帝国」なのだと語る。

一般的な哲学書は難解で読みづらいが、本書は主に講演会の書き起こしのため、比較的読みやすい。柄谷の入門編としてオススメだ。

豆知識 本書で語られた日本人の信仰概念「双系制」は、2019年に発刊された『世界史の実験』(岩波新書)でも引き続き取り上げられ、興味深い。

ロシア人宣教師が見た変動期の日本の姿

『ニコライの見た幕末日本』

ニコライ

中村健之介訳／講談社学術文庫／1979年

ロシアの宣教師ニコライの鋭い分析が日本人の精神のありよう、特質を照射する

ロシアの宣教師であるニコライは幕末の時代に日本へ渡り、函館と東京を本拠地として布教活動を行った。ニコライは修道名で、本名はイヴァーン・ドミートリエヴィチ・カサートキン。

サンクトペテルブルク神学大学在学中、江戸期に国後島で日本警備隊に捕らえられたゴローニン艦長の書いた『日本幽囚記』を読み、日本に興味を持った。在日ロシア領事館の礼拝堂司祭へ志願し、その任に就く。1861年に箱館（のちに函館と改称）に渡り、ロシア領事館付属礼拝堂司祭として着任した。のちに日本初の司祭となる沢辺琢磨や、渡米を画策していた新島襄と出会い、『古事記』などを題材に日本語を学び、彼らには英語と世界情勢を教えた。ニコライは学校で日本語を学んだことはなかったが、日常会話はもちろん正教会の祈禱書に書かれた難解なロシア語を翻訳できるレベルの日本語をマスターしていた。

函館の領事館閉鎖をきっかけに、ニコライは東京へ渡り正教布教に努めた。1891年には千代田区神田駿河台に正教会の東京復活大聖堂を竣工した。東京を見下ろせる場所に洋風建築が建つことに、当時は江戸っ子の反発も大きかったそうだが、今やこの大聖堂は、通称ニコライ堂として国の重要文化財に指定されている。

本書は1869年にニコライが一時ロシアに帰国した際に著した『キリスト教宣教団の観点から見た日本』という論文を中村健之介が訳したものである。日本の歴史・宗教・風習の知識を収集し鋭く分析しており、外国人から見た日本人の精神や気質が読み解ける。曰く、中国文明の影響を隅々まで受けていながら、西洋文明に飛びついていく柔軟性の高さ。神道、仏教の教えが独自に変容しており、多くの神々を祀りながらも信仰心はあまり高くない。全階層が教育に熱心で、識字率が高い。幕末、明治維新の歴史について知識がある人であれば、既知の情報が多いと感じるかもしれないが、当時は発展途上国という位置づけにあったにもかかわらず、偏見なく真摯に日本と向き合ったニコライの客観的記述は、日本人のアイデンティティを改めて考えるきっかけとなるだろう。

この論文を祖国で発表したのち、再び日本に戻り、日露戦争が勃発してもニコライは日本に留まった。さらに日本人正教徒に、日本人の務めとして、日本の勝利を祈るよう伝えたという。40年も日本に滞在した日本正教会の祖は、日本で永眠、谷中墓地に眠っている。

豆知識 沢辺琢磨は江戸で切腹を命じられた時、従兄弟の坂本龍馬に助けられる。そののち、箱館でニコライと出会い、武士が神父に転身するという数奇な人生を送った。

戦前と戦後、「沖縄」と「日本」を横断した先駆の書

『沖縄学への道』

外間守善

岩波現代文庫／2002年

日本の民俗学・言語学なども取り込みながら沖縄学に多大な影響を与えた先駆の書

1924年に那覇で生まれた外間守善《ほかましゅぜん》。明治政府が琉球王国を強制併合した1872年から始まる「琉球処分」、79年の沖縄県設置から、およそ50年後に当たる頃だ。守善の周囲、親族は琉球王国下で半生を過ごしており、ダイレクトに当時の様子を訊くことが可能だった。

外間は青春時代に沖縄戦を体験する。日本軍兵士として、映画『ハクソー・リッジ』（監督：メル・ギブソン）の舞台でもある前田高地（浦添市）に配属された外間は、沖縄戦の最前線において、数少ない生存者として敗戦を迎える。

戦後東京に渡り、金田一京助や服部四郎に師事。東京大学などで日本文学や言語の研究に邁進した。そこで出会ったのが故郷・沖縄の歌謡集『おもろさうし』だ。

1531年から1623年にかけて、首里王府によって編まれた『おもろさうし』。掲載されている歌謡は日本古語、すなわち内地の古い日本語で歌われている。

本書は、『おもろさうし』の読解から始まり、内地で読破した柳田邦男、折口信夫はもとより、沖縄学の父と呼ばれる伊波普猶《いはふゆう》らウチナーンチュの文献までも取り込み、ウチナーとヤマトゥを横断しながら、沖縄の源流、イデオロギーを解析していく。ウチナーとヤマトゥ双方の類似性や違いなどを比較しながら、日琉道祖論にも視点を広げた。

日琉道祖論を研究した伊波普猷は、文化的なルーツだけではなく、沖縄人は九州の一部から移住したものと考察した。その後を継いだのが外間だ。言語学者である金田一からの教えを重んじ、本書では『おもろさうし』の言語を読み解くことで、沖縄の源流を探っていく。

2012年、外間は東京で死去した。87歳。『沖縄タイムス』や『琉球新報』の記事を読むと、その扱いの大きさに驚く。スポーツ選手や芸能人のような扱いで、いかに県民の尊敬を集めていたかが、一目瞭然である。

外間の妹は、那覇から内地へ疎開するはずだった対馬丸で亡くなった。加えて、アパート一室を借りるにも「リュウキュウ・チョウセン、オコトワリ」が少なくなかった戦後の内地。上京後の苦労も想像に難くない。

そんな中で、後世に沖縄学のバトンをつないだ外間の功績を、沖縄県民はしっかりと受け止めていたのだ。

豆知識 沖縄の独立は可能だが、米・中・日本によるプレッシャーをかわすには相当な労苦があるとして沖縄独立に反対する佐藤氏。母親は前田高地の戦いの生き残りである。

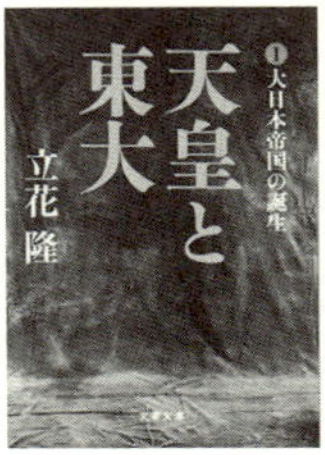

なぜ国粋主義が日本を席巻し破滅を招いたのか

『天皇と東大』

立花 隆

文春文庫／2012年

東大エリートによる戦争への思想的支援 狂信的ナショナリズムとアカデミズムの関係

明治新政府は、近代国家建設を担う官僚を養成すべく、1877年に東京大学（以下東大）を設立した。また、復古的天皇制を近代的な立憲君主制的皇帝制度に組み直し、天皇を世界的に見ても独特な存在に仕立てあげた。

国際的な地位を高め、政党政治も盛んになった大正デモクラシーの時代までは、近代主義が優位だった。一方で、この頃日本でもマルクス・レーニン主義が大きな存在感を持ち始める。これに反動する形で伝統主義者たちの強烈な左翼攻撃が始まり、東大をはじめとする各地の大学を主要な舞台として、左右両翼が激突。次第に伝統主義勢力が優勢になった日本は、天皇を帝国日本の神聖シンボルにいただき、やがて破滅的な戦争に突入していく。

本書は、明治から太平洋戦争終結までの日本で天皇（生身の天皇というよりその観念と制度）と東大が果たした役割を中心に、近現代史を壮大なドラマとして描き出す。「知の巨人」とも称される立花隆が、大量の史資料を読み込んで書きあげた、入魂の大作である。

文庫版で全4冊とボリュームたっぷりの本書は、有名無名を問わず、学者、思想家、軍人、政治家、テロリスト、時代を動かした、あるいは動かそうとした人々が織りなす群像劇でもある。彼らが残した文章をそのまま引用した箇所も多いが、当時の日本人の心情が生々しく伝わってくる。読みにくい文章にも、立花の行き届いた説明があるので、「昔の人が書いたものだからよくわからない」ということはないはずだ。


本書の場合、とくに右翼側の人々の思想と系譜を詳細に記述しているのが特徴。戸水寛人《とみずひろんど》、上杉慎吉、蓑田胸喜《きょうき》、平泉澄《きよし》ら、右翼イデオローグたちの言葉には、人々の熱狂を呼び起こす何かがあったのだと思わせる。

太平洋戦争を主導したのは軍部だが、アカデミズムの側に思想的にバックアップした人々が多くいたことは衝撃である。一面では、東大から輩出したエリートたちが国を狂わせ、破綻を招いたということなのだ。

なぜ狂信的とも言える右翼ナショナリストたちが跋扈し、天皇を国粋主義的シンボルとして、日本を乗っ取ってしまうような事態が起きたのか。この日本近現代史の「暗部」を学ぶことは、歴史の反復を防ぎ、未来に同じ過ちを繰り返さないための指標となるだろう。

豆知識 佐藤優氏は、「右翼イデオローグのひとりである蓑田胸喜の怖ろしさに焦点を当てたことに、本書の大きな意義がある」という。

硬直化した党組織は変われるのか

『日本共産党』

筆坂秀世

新潮新書／2006年

党内ナンバー4だった人物が明かす知られざる「革命政党」の内情

筆坂秀世は1948年生まれ、団塊の世代である。高校卒業後、銀行に勤務し、18歳で日本共産党に入党。銀行退職後は党の専従活動家、国会議員秘書を経て参議院議員に当選。党内序列の「ナンバー4」と目される政策委員長の地位まで上りつめた。いわば日本共産党のエリート街道を順調に進んでいた彼がなぜ本書を執筆することになったのか。

そこにはとある不祥事が絡んでいた。セクシャルハラスメントの疑いをかけられ、議員辞職に追い込まれるだけにとどまらず、党のすべての役職まで解任された。党から弁明の機会を与えられなかった筆坂は離党を決意、自らの「プライドを取り戻す」ため、本書を世に問うた。

かつての共産党の選挙コピー「澄んだ瞳で見て下さい」のとおり、筆坂は「澄んだ瞳」で淡々と、これまで知られることのなかった日本共産党の内情を明らかにしていく。

共産党の国会議員といえば、舌鋒鋭い質問で与党議員を追及する姿が思い浮かぶが、実は有能な「秘書軍団」が下支えしており、中には自分で質問を作成することができない議員もいるという。

また「党内に真の選挙は存在しない」と述べ、党指導部の選挙はあらかじめ決められた候補を選ぶまったくの「出来レース」であると説明する。

さらに政党助成金を受け取らないことを誇りとするが、その裏で度重なる募金に耐えかね、離党していく一般党員もいること、そして地方支部では給料遅配も珍しいことではなく「常任活動家の妻は教師か、看護師でなければやっていけない」といったエピソードも披露する。

ただし、これらの事実は、本書が発売された2006年時点の情報であることは書きとどめておきたい。その後の日本共産党は15年に「国民連合政府構想」を野党各党に呼びかけ、選挙協力をしたうえで政権交代を目指す方針を発表している。

硬直化した党組織運営に変化の兆しは見られるが、日米安保、自衛隊、北方領土など、ほかの野党との認識の違いが大きすぎるため国民政党とはなりえないだろう。過去の武力革命路線時代について説得力ある釈明もなされていない。

一方で、本書を読むと、日本共産党が「暴力革命」を本気で放棄したということはわかる。つまり、革命のロマンはもはや生み出せないということだ。現在の日本共産党が抱えるジレンマを理解するうえで最適の1冊。

豆知識 立花隆『日本共産党の研究』も併せて読んでおきたい。変わりダネでは映画『仁義なき戦い』の脚本家・笠原和夫の幻のシナリオ『実録・共産党』もオススメだ。

テロリズム思想の変遷を学ぶ

『テロルの決算』

沢木耕太郎

文春文庫／2008年

浅沼稲次郎刺殺事件の「真実」に肉薄 少年テロリスト・山口二矢は何者だったのか

1960年、その巨体とパワフルな演説から「人間機関車」「演説百姓」の異名で呼ばれた日本社会党委員長・浅沼稲次郎が、日比谷公会堂で開催された3党首立会演説会の壇上で、17歳の少年テロリスト・山口二矢《おとや》に刺殺される事件が起きた。

公衆の面前での事件発生、犯人の若さ、刺殺の決定的瞬間をとらえた写真の存在、少年鑑別所の壁に「七生報国　天皇陛下万才」と書き残して勾留中に自決した山口の最期など、あらゆる意味で世間に強烈なインパクトを与えた事件だ。あの事件は、その後の日本社会党の凋落を予感させるものだったという意味で、山口少年の目的は達成されたのかもしれない。

「ニュー・ジャーリズム」の旗手と呼ばれたノン

フィクション作家の沢木耕太郎が同事件を丹念に取材し、浅沼と山口それぞれの人生に肉薄しながら、2人の人生が交錯した一瞬に迫ったのが『テロルの決算』である。政治的に勝利すればテロリストも英雄となり、逆に敗れれば犯罪者として断罪される。そのような視点で2人の存在を描くことも可能だったろうが、沢木はそうしなかった。山口と浅沼の生涯をたどることによって、2人の信念や行動の裏にある観念を浮き彫りにし、その人間性に食らいついていったのだ。

大物政治家だった浅沼はまだしも、多くの人にとって山口は事件の瞬間を撮影した1枚の写真のイメージしかない。脇差様の刃物を胸の前で構えて狙いを定め、メガネがずり落ちた浅沼にさらなる一撃を加えようとしている、毎日新聞社のカメラマンによって撮られた有名な1枚だ。

この写真だけ見れば山口はただのテロリストだ。若さゆえに暴走してしまった哀れな右翼少年。しかし、沢木は山口のある「伝説」の信憑性を確かめることで、そういった単純な見方を否定する。

山口が二度にわたって浅沼を刺し、もう一突きと構えた時に警察官や係官が飛びかかり、1人の刑事が刃を素手でつかんだ。自決を考えていた山口は、刑事の手から刃を抜き取らなければならないが、思い切り抜けば相手の手は使いものにならなくなる。ここで山口は刑事の顔を一瞬見つめ、自決を断念して刃物から静かに手を離したのだという。沢木は刑事を治療した医師らを取材し、この伝説の真偽を確かめている。当初は山口への思い入れから取材を始めた沢木が次第に浅沼へと思いが移っていくところも面白い。「ニュー・ジャーナリズム」の旗手ならではの作品だ。

豆知識 山口の祖父は、任侠小説で人気を博した小説家の村上浪六。また、叔父に女性史のパイオニアとして知られる村上信彦がいる。

絶対的貧困の克服は個人の努力では不可能

『貧乏物語』

河上 肇

岩波文庫／1965年

産業資本主義社会が生み出す「絶対的貧困」富裕層こそが態度を変えなければ解決しない

当時、京都帝国大学教授であった河上肇の著作『貧乏物語』が世に出たのは、1917年のことである。前年に『大阪朝日新聞』で連載していたものを1冊の本にして出版した。ちょうどこの時、ヨーロッパでは全土が戦火に包まれていた。第一次世界大戦の真っ只中である。

この大戦の始まる前後の2年間、ヨーロッパに留学していた河上は、戦乱を目の当たりにする。河上は、「英米独仏その他の諸邦、国は著しく富めるも、民ははなはだしく貧し。げに驚くべきはこれら文明国における多数人の貧乏である」と、近代化したヨーロッパでも貧富の格差の問題があることに衝撃を受け、帰国後、すぐに執筆に取りかかり、連載をスタートさせ本書を出版した。

河上はロンドン全市にわたる大規模な貧民調査の統計資料を紹介し、3割もの人が貧乏であることを示している。

「世界最富国の一たる大英国にも、肉体の健康を維持するだけの所得さえもち得ぬ貧乏人が、実に少なからずおることがわかる」

こうした衣食すら足りていない貧乏人が数多くいるにもかかわらず、都会には宝石や奢侈ぜいたく品が売られているのはなぜなのかを河上は問う。工業化され、生活必要品などの品物をもっと多く生産すれば値段も下がり誰もが買い求めることができるようになるはずなのに、なぜそうならないのか。その一番の理由は、利益を多くあげられる「無用のぜいたく品のみがどしどし生産される」からだと看破した。

河上は、社会から貧乏を根絶するための3つの条件を提示する。

貧乏退治の1は、富者が進んでいっさいの奢侈ぜいたくを廃止すること。奢侈品の生産はいたずらに一国の生産力を浪費する。

2は、社会一般人の所得を上げて、貧富の格差を是正する。

3は、各種の生産事業を私人の金儲け仕事に一任せず、国家自ら担当する。

そして「アダム・スミスによりて生まれたる個人主義の経済学はすでにその使命を終えて、今まさに新たなる経済学の生まれ出ずべき時である」と、のちに傾倒するマルクス経済学を暗に示したのである。しかし当時の河上は、マルクス主義者ではなくヒューマニストだった。絶対的貧困の克服は貧困者個人の努力では不可能であるという彼の主張は、現代においても説得力を持つ。

豆知識 河上肇はその後、京都帝国大学を辞職し、共産党に入り地下活動を行うが、治安維持法違反で検挙され収監された。

暴力を内包する人間が社会の改善に関わる

『突破者　戦後史の陰を駆け抜けた50年』

宮崎　学

新潮文庫／２００８年

何を突破し、何を突破できなかったのか
清濁を併せ呑む人間の過激な半生記

人類が誕生し、コミュニティを形成するようになってから、とくに17世紀から始まった市民革命以降、「非暴力か、暴力か」は常に社会運動につきまとうテーマである。

さらには、社会運動が失敗に終わったのち、運動に関わっていた者たちがどのように生きていくのか。方法を変えて社会運動を続けるのか、社会に関わるのを止めるのか。これも、常につきまとうテーマである。

たとえばおよそ１００年間にわたり、アメリカに住むアフロアメリカンが警官に殺害される事例があとを絶たない。そのたびに、デモが勃発する。その際に放火や、店舗内商品の略奪なども横行する。このような暴力を伴った行動はいけないとす

る世論がある一方、やむをえないという意見もある。そこまで行わないと、世界は変わらないのだという主張だ。

たとえば、社会運動を継続するにはそれなりの金がかかる。その資金を調達するのに、正攻法では集まりにくい。多少は目に余ることでもしなければ、正義を実行できないとなれば、悪事もよしとするのか、否か。

そもそも、人間という生き物は生臭いものだ。悪事を働かない人物など、ほとんどいない。清濁併せ呑む生き方がほとんどであり、そうでないと世の中を渡っていけないと考える人が少なくないだろう。

この本の著者である宮崎学は、半生そのものがこのテーマを体現している。突破者とは彼その人のこと、『突破者』は彼の半生記である。

彼は何を突破したのか。何も突破していないのか。暴力を携えながら突破したのか。潜在的に暴力を隠し持ちながら行動しているのか。

父はヤクザであり、土建業の親方でもある。自身は安保闘争に身を投じ、「ほんとうの革命」を目指して共産党に入党、早稲田大学在学中に共産党のゲバルト部隊「あかつき行動隊」の隊長として新左翼の学生たちと対立する。恐喝による逮捕歴があり、地上げ屋にも手を染め、執筆した書籍が名誉棄損で訴えられ敗訴する。

『突破者』のサブタイトルは『戦後史の陰を駆け抜けた50年』だ。戦後革命史の貴重な証言である。本書の増刷についてのあとがきでは、本文中に事実誤認があったことを詫びる文がある。開き直るのではなく、詫びることで、この局面を「突破」するのだ。

豆知識 グリコ・森永事件で発表された容疑者の似顔絵は、あまりにも宮崎氏の顔と酷似していた。彼が一躍有名になったエピソードである。

近世日本の体系知をひもとく、全100巻に及ぶ超大作

『近世日本国民史』

徳富蘇峰

講談社学術文庫／1979年

明治へと至る体系知を34年がかりでまとめ上げた論壇本の源流

1863年、熊本に生まれた徳富蘇峰は、評論家・歴史家であると同時にジャーナリストとしても精力的に活動、87年には出版社として「民友社」を設立した。

19世紀イギリスの自由主義的な思想家の影響を受けた蘇峰は平民主義を唱え、「民友社」で雑誌『国民之友』や『国民新聞』といったメディアを刊行する。「腕力世界」に対するアンチテーゼとして、鹿鳴館や富国強兵に力を注いでいた日本へ警鐘を鳴らしていたのだ。

蘇峰が「民友社」を設立した頃、日本では2つの思想の系譜に基づく動きが盛んになっていた。ひとつは、森有礼《ありのり》によって結成された「明六社」に代表される、いわゆる開明欧化思想だ。福沢諭吉、中村正直、西周《あまね》らが加わり、著作などで西欧の体系知をどう取り込み啓蒙していくべきかと模索していた。

もうひとつは、儒教や国学、仏教を中心にした体系知の系譜である。蘇峰に加え、三宅雪嶺や志賀重昂《しげたか》、陸羯南《くがかつなん》が登場し、それまでの日本の体系知をまとめようと試みた。

明治に至るまでの体系知を形にしたもの、それが蘇峰によって書かれた『近世日本国民史』である。

蘇峰が本書の執筆に取りかかったのは1918（大正7）年。明治天皇崩御に際し、明治天皇の時代史を書くことが発端であった。しかし、書かなければいけない事実を探していくうちに、孝明天皇の時代から徳川時代、徳川時代から織田・豊臣時代というふうに、時代を徐々に遡っていくことになる。

そうして52年に完成した本書は、全100巻に及ぶ超大作となった。

明治時代の日本は、キリスト教解禁の余波でキリスト教徒が多く出現した。蘇峰もそのひとりだ。彼は熊本バンド出身のプロテスタントである。正教もプロテスタントもカトリックも、同じくらい力を持っていた時代だが、神の統一性を主張する「ユニテリアン」も入ってきて、蘇峰は時代の変わり目を感じていただろう。

『近世日本国民史』は、そんな時代の変わり目とともに生まれた。織田・豊臣時代から明治時代までを紡ぐ超大作である。34年の歳月をかけて近世の体系知と、それに連なるものとして激動の明治時代までの日本のあゆみをまとめ上げた本書は、言うなれば日本の論壇本の源流ともいえる。一度は目を通しておきたい。

豆知識 蘇峰は「機関説という言葉がけしからん」といって、読んでもいないのに美濃部達吉の天皇機関説に論陣を張ったこともある。

世界に開かれた国粋主義者が語る日本人の在り方

『真善美日本人』

三宅雪嶺

講談社学術文庫／1985年

「真善美」を理解して国際社会を生き抜く 自己を押し殺したグローバリズム迎合を批判

1860年に加賀藩（現・金沢市）で生まれた三宅雪嶺は、国粋主義者であり、明治中期を代表する言論人、哲学者である。

88年に志賀重昂《しげたか》らと政治団体「政教社」を結成し、雑誌『日本人』（のちに『日本及日本人』と改題）を、20年には『女性日本人』を創刊、当時の欧化主義を批判し、国粋主義を主張した。雪嶺が欧化主義批判を展開する一方、ジャーナリストの徳富蘇峰らは平民主義とともに下からの近代化を主張、言論界は二分した。

雪嶺は、その後も『我観』を創刊、『中央公論』で論説を発表するなど、国粋主義者として積極的に論を展開する一方、哲学者としても論文『宇宙』や『哲学涓滴《けんてき》』などを発表する。

国粋主義といっても、現代の狭量な「排外主義」とは異なる。鹿鳴館に代表されるような欧化主義について、自国固有の価値を軽視することの醜悪さを批判しつつ「日本人とは何か」を考え抜いた。その雪嶺の主著のひとつが『真善美日本人』である。

雪嶺は本書で次のように述べている。

「自国の為に力を尽くすは、世界の為に力を尽くすなり、民種の特色を発揚するは人類の化育を裨《ひ》補《ほ》するなり、護国と博愛となんぞ撞着することあらん」

雪嶺は、日本人としての個性を磨いて尖らせることで、欧米の人々の欠陥を補い、真善美の極地へと到達できるのだと説いた。

では、雪嶺がいう真善美とは何だろうか。

西欧に学び、科学的国家となってアジア学を興すことを「真」と呼び、欧米列強の圧力に頑として屈しないことを「善」と呼び、日本人独自の美的観念を伸ばすことを「美」と呼ぶ。それらを大切することが、巡り巡って「自国の為に力を尽くすは世界の為に尽くす」ことだというのだ。

雪嶺の思想の核心は「国粋主義」であることよりも、世界をよりよくするための「真善美」にあったといえるだろう。

それゆえに、福沢諭吉や西周《あまね》らの「明六社」に代表されるような開明欧化思想が席巻する世の中に意義を申し立てたのだ。一方で、欧米の学知のフォーマットを取り入れることまで否定したわけではなかった。

雪嶺は歴史家でもあり、自身が生きた時代を考察する『同時代史』を執筆、この歴史書を最晩年までおよそ20年かけて執筆している。日本の近代化を知るうえで欠かせない思想家のひとりである。

豆知識 雪嶺の妻、田辺龍子は「花圃」というペンネームを持つ女性作家であり、樋口一葉は彼女に触発されて作家を目指したという。

グローバル社会を生き抜くために近代日本を知る

『日本風景論』

志賀重昂

岩波文庫／1995年

日本の自然美を日本人の特性に結びつけて賛美 アジア・ナショナリズムの高揚に貢献

志賀重昂《しげたか》は、地理学者であり、評論家であり、教育者である。衆議院議員としての経歴も持つ。

1878年に攻玉社（のちの攻玉社中学校・高等学校）を退学すると、80年に札幌農学校に転じた。北海道大学の前身である札幌農学校では、のちの政治論評団体「政教社」で志を共にする宮崎道正や菊池熊太郎、今外三郎《こんそとさぶろう》らと出会う。在学中に政治への関心を高め、87年に植民地化競争の実情を詳細に書いた『南洋時事』を出版、翌88年に「政教社」を組織する。「政教社」では、機関紙『日本人』や『亜細亜』『日本及日本人』を刊行し、当時盛んになっていた欧化主義に対し、国粋主義を標榜した。

94年、日清戦争に際して志賀が発刊した『日本風景論』は、文化地理学的に日本各地が持つ自然美を描くとともに、日本人の特徴をそこに結びつけて賛美した本である。

当時は、日清戦争とともに開明欧化思想によって欧化主義が進められた時代。新聞『日本』では、陸羯南《くがかつなん》が反政府的な論評を国粋主義の立場から行っている一方で、啓蒙思想団体「明六社」では、福沢諭吉や西周《あまね》が欧米の知の蓄積を取り入れることに必死だった。

そんな折に発表された本書は、日清戦争下における日本を鼓舞する。日本が地理的にいかに優れているのかを説きつつ、故郷に対する郷愁を誘う内容でもあり、主戦論的な立場を宣伝したからだ。日本において、アジア・ナショナリズムが確立されていくタイミングと合致したのだ。

本書が発刊される以前の同ジャンルの書籍は、日本三景や近江八景などの表面的な美しさのみ叙述したものが多かった。

しかし本書は、海洋・気候・地形の多変多様さや火山岩の豊富さ、多量の水蒸気、侵食激烈な流水などの基本的な要因に加え、志賀自身が実地調査を行った際の観察・考察を加えてまとめ上げたことで、1903年には15版を出すまでのベストセラーとなった。

《脩竹《しゅうちく》三竿、詩人の家、梅花百株、高士の宅、是れ欧米諸国に在りて絶えて看る能わざるの景物。》

古今東西の叙景詩文を引用しつつ科学的な挿絵を多用、読みやすくわかりやすい文化地理学の読み物として、日本の美しさを書き連ねた。日本の観光案内本の草分けといえよう。

豆知識 『日本風景論』と並ぶ明治の二大地理書のひとつ『地理学考』を書いた内村鑑三は、札幌農学校の3学年上の先輩だった。

発刊停止処分にも負けなかった明治の新聞人

『近時政論考』

陸 羯南

岩波文庫／1972年

政治で取り入れるべきはまず国民の声 行きすぎた欧化主義に警鐘を鳴らす

1857年、幕末の世に弘前藩（現・青森県弘前市）に生まれた陸羯南《くがかつなん》は、国民の統一と独立を何より重んじつつ、そこに役立てる範囲で西欧文明を取り入れるべき、と提唱した、いわゆる国民主義の政治家である。89年、羯南33歳の時に新聞『日本』を創刊。主筆兼社長として、明治期の行き過ぎた欧化主義に警鐘を鳴らした。

『近時政論考』は、新聞『日本』や『東京電報』で書いた社説をまとめて1冊の本にしたものである。本書は、憲法や自由主義、政治思想について語られた『近時政論考』に加え、『自由主義如何』と『近時憲法考』も併せて収録している。

本篇となる『近時政論考』では、維新後の政治思想の変遷が描かれる。その中で、羯南は自身を国民主義の立場だと定義し、「世論政治」、すなわち国民の声によって政治が動くべきだと説いた。

新聞『日本』が創刊された89年前後は、第一次伊藤博文内閣のもとで欧化主義が進む一方、条約改正反対運動の熱が高まっていた。明治維新の神道国教化に伴う神仏分離によって足元がぐらついていた日本に欧米の知見が入ってきたことで、日本はさらに混迷を深めていた。そこに陸羯南や三宅雪嶺、徳富蘇峰、志賀重昂らが出てきて、それぞれの立場から、江戸時代までに日本が築いた体系知を世に問いかけていくようになる。

羯南は、新聞『日本』創刊後も、『近時憲法考』や『自由主義如何』『大臣論』『近時政論考』『国民論派』などを、次々と世に出していった。その結果、新聞『日本』は89年の創刊から1905年の間に、合計31回もの発行停止処分を受けることになる。羯南は政府に屈することなく新聞発行停止の全廃を主張、新聞紙条例はいっとき緩和されたものの、09年にさらに統制を厳しくした新たな「新聞紙法」が制定されてしまう。

しかし、こうした新たな時代の幕開けを目にすることなく、羯南は06年に体調を崩し『日本』を伊藤欽亮に経営譲渡、翌07年に病没した。享年49。

彼は本書をこう結んでいる。

「我輩は単に自由主義を奉ずる者にあらず（略）我輩の眼中には干渉主義もあり、また進歩主義もあり保守主義もあり、また平民主義もあり貴族主義もあり、おのおのその適当の点に据え置きて我輩は社交および政治の問題を截断すべし」

ひとつの主義を絶対視することの危険性を見抜いていたが、羯南の危惧はのちに現実のものとなっていくのである。

豆知識 正岡子規は、紙面の提供などで発表の場を与えてくれ、かつ生活全般の面倒を見てくれた羯南のことを「生涯の恩人」と呼んでいたという。

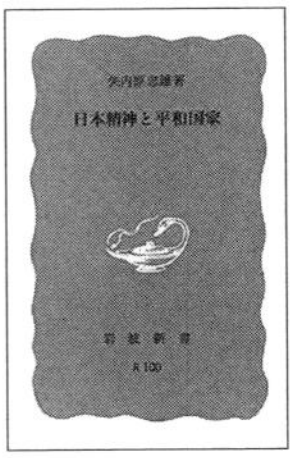

〝邪教徒〟が何をなしえるか、いかに生き抜くか

『日本精神と平和国家』

矢内原忠雄

岩波新書／１９４６年

国際主義を重んじ時流への迎合を批判
キリスト教徒が見た満州・アジア・戦争

戦前の日本におけるキリスト教の動向を振り返ってみる。１９３１年の満州事変後、日本は33年に国際連盟を脱退。37年に日中戦争の開戦。大東亜共栄圏を唱える日本に欧米が反発。キリスト教は敵国の邪教だという認識が日本中に広まっていく。39年には宗教団体法が施行され、神社を除くすべての宗教が国家の統制下に定められた。

海外からの援助が途絶え、伝道者たちも母国へ引き揚げ、国内の教会は孤立化していた。したがって一部の教会からは、宗教団体法により国家から承認を得たいという主張さえ出ていた。

矢内原忠雄は１８９３年に生まれ、十代の頃からキリスト教を信仰する。19歳で満州・朝鮮を旅行し、発表した旅行記では「かくて子どもに至る迄成り上がり根性とでも言おうか、弱い支那人に対しては『ちゃんころちゃんころ』と頭から馬鹿にしてかかる」と日本人を批判。弟分であり憐れむべき中国を、兄である日本が救済すべきと主張する。中国が弟分であるかはさておく。

その後もイギリス留学を経て、数回にわたり満州や中国を旅行。彼の思考と行動が、一定のベクトルへ進んでいく。

1923年、植民は政治的権力をもって実行されるのではなく、移民などを含む人の移動としてとらえるべきだとする「植民政策論」を唱える。当時の植民地政策は、日本の権益が先に立ち、利益を収奪したうえでの建国だと見抜いたのだ。

日中戦争開戦時には『中央公論』に「国家の理想」という一文を発表する。国際正義を重んじるべきだという論調で、東京帝大の辞職に追いやられた。その2年後には南京大虐殺及び、その指揮官、松井石根を歓迎した基督教徒大会を批判する。42年、満州・中国を訪れ、キリスト教徒の王明道と交流。王は、欧米のキリスト教徒勢力を排除し、親日的な世論を形成すべく日本が設立した「華北中華基督教団」への参加を拒んでいた。

戦後、東京帝大に復職し、本書を刊行。八紘一宇や大東亜共栄圏は、開戦したあとにつけた理屈であり戦争の原因はほかにあった、海外にとって侵略主義の別名にすぎなかったとし、「私は日本人といふ者に対して殆んど失望を禁じ得ないのであります。併し之を愛することを止めることも出来ないのであります」と述懐、精神の独立を促す。

広義の植民地や八紘一宇思想は否定しないが譲らないものもある。日本基督教団の戦争責任告白を考えるうえでも興味深い。

豆知識 1957年には沖縄を訪れ、軍事植民地に陥れた米軍政を批判した。そして民主主義を根づかせるべく、県民自らが努めるべきとも説いた。

天皇と国民がともに歩む革命帝国の法案

『日本改造法案大綱』

北一輝

中公文庫／2014年

青年将校らを二・二六事件に駆り立てた日本ファシズム運動「理論的指導者」の集大成

1883年、新潟県佐渡島両津の造り酒屋に生まれた北一輝は、中学で飛び級になるほどの秀才だった。目を患い、また、父の家業が傾いたことで中学を中退すると、『佐渡新聞』に記事を書くようになる。

当初から自由民権運動などの社会運動に共感していたが、社会民主党の結成（1901年）に大きな影響を受け、社会主義を標榜。東京に出て、早稲田大学で聴講しながら思索を深めていく。

北は、「天皇の国民」ではなく、「国民の天皇」がいる日本を理想とした。23歳の時には『国体論及び純正社会主義』を自費出版するが、大日本帝国憲法の天皇制を批判しているという理由で、5日で発禁処分となっている。

11年、親交のあった宋教仁に呼び寄せられて中国に渡ると、辛亥革命の成功を目の当たりにする。しかし、革命のその後は、北の思想に決定的な変化をもたらすこととなった。宋教仁は議会を通しての社会改革を目指したが、軍部に暗殺されてしまったのだ。この時から、国家の改造にはクーデターが必要というのが北の持論となった。

40日間に及ぶとされる断食ののちにまとめ、23年に刊行したのが『日本改造法案大綱』だ。巻一『国民の天皇』から巻八『国家の権利』まで、8つのパートからなる『大綱』は北の集大成であり、そこには「私有財産に限度を設ける」「私有地の時価に限度を設ける」「女性も男性と平等の教育を受ける権利がある」などの国家改造案が具体的に示されている。巻一の冒頭に、「天皇大権の発動によって3年間憲法を停止し、両院を解散して全国に戒厳令を布く」とあるように、実現には軍の力が必須と考えていた。

昭和初期、政財界が混迷し、国民の貧富の差が激しくなってくると、『大綱』は軍部の一部から熱烈に支持され、北はクーデターによる世直しを目指す青年将校の理論的指導者と目された。

36年2月26日未明、二・二六事件が勃発。決起した青年将校らは高橋是清大蔵大臣、斎藤実《まこと》内大臣、渡辺錠太郎陸軍大将らを殺害、クーデターを図るが天皇の支持を得られず多くの将校は投降、未遂に終わった。北は逮捕され、青年将校らとともに陸軍軍法会議で裁かれることとなる。実行部隊ではなかったが主導的立場と見なされ判決は死刑。37年8月19日、銃殺刑が執行された。享年54。

ファシズム運動の理論的指導者となった北の思想の文脈は現代にどう受け継がれているのか。

豆知識 一時期、3歳下の大川周明とは親しい間柄だった。北が大川に護身用の仕込み槍を贈ったこともあるが、後年、関係は悪化している。

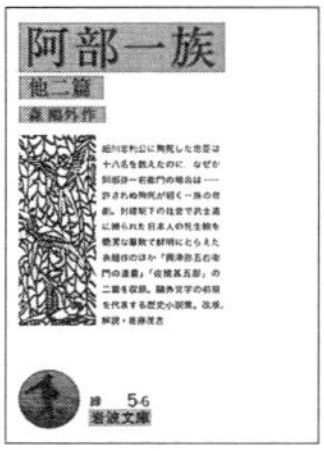

「許されぬ殉死」が招いた一族の悲劇

『阿部一族 他二篇』

森 鷗外

岩波文庫／2007年

封建社会における「殉死」の意味とは？ 日本の〝自死文化〟が招く一族の悲劇

熊本藩で実際に起こった家臣・阿部弥一右衛門の遺族の反乱の様子を記した『阿部茶事談』を下敷きに、阿部一族の悲劇を描く、森鷗外の歴史短編小説である。

時は寛永年間、三代将軍家光の時代。肥後藩主細川忠利の病状が悪化し、側近の者たちは次々と殉死を願い出る。当時は主君の生前に殉死の許可を得ることが習わしとなっていた。老臣・阿部弥一右衛門も殉死の許可を請うも、日頃から弥一右衛門を煙たがっていた忠利はそれを退ける。忠利の死後、18人の家臣が次々と殉死する中、殉死の許可を得られず生き残っていた弥一右衛門を臆病者と謗る噂が藩内に流布。理不尽な誹謗中傷に耐えきれず切腹を遂げた弥一右衛門は、主君に背いたとされ格下の扱いとなってしまう。その藩の処分に不満を抱いた阿部家の嫡子である権兵衛は、忠利の一周忌の法要の席で髻を切って仏前に供えた。これを非礼と咎められ、盗賊と同様の刑である縛り首となり、遺族はますます孤立。残された一族郎党が立てこもる屋敷に藩の討伐隊が武力突入し、全員が討ち果たされ、阿部一族は滅亡した。

本書が単なる悲劇の小説にとどまらないのは、ひとつに主観を入れずに生と死が淡々と描かれている筆致にある。君主の死後、酒を飲んでいびきをかいて昼寝をし、家族でいつものように茶漬けを食べてから切腹の場に赴く内藤長十郎元続《もとつぐ》、犬と穏やかに語り合ってから犬とともに切腹した津崎五助。内藤長十郎は生前、「もし自分が殉死せずにいたら、恐ろしい屈辱を受けるに違いない」と心配し、同時に「殉死者の遺族が主家の優待を受けるということを考えて、それでおのれは家族を安泰な地位に置いて、安んじて死ぬることができる」とも考えていた。主君への献身だけでなく、殉死には体面や打算という側面があったことが描かれる。その他の殉職者への恩賞や待遇も事細かに記されていることもその証左だ。弥一右衛門同様、忠利から殉職を許されなかった竹内数馬は、阿部一族討伐を命じられ、屋敷に討ち入りする際、「死にたい。犬死でも好いから、死にたい」と叫んだ。

『阿部一族』が中央公論に発表された1913（大正2）年の前年、明治天皇の崩御の際に乃木希典《まれすけ》陸軍大将が殉死し、その是非を巡り世論が喧しくなった時代。封建社会におけるさまざまな殉死の形と権威や秩序への反抗を描き、世論に対して一石を投じた作品ともいえるだろう。日本の自死の文化を理解するための1冊。

豆知識 岩波文庫の『阿部一族』には、同じく殉死の問題を扱った『興津弥五右衛門の遺書』と『佐橋甚五郎』の2篇も併せて収録されている。

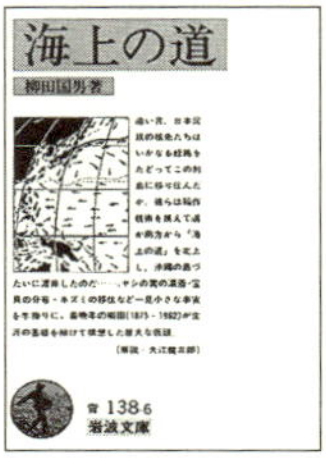

日本民俗学の草分けが人生の最後に著した1冊

『海上の道』

柳田国男

岩波文庫／1978年

流れ着いた椰子の実はどこから来たのか？ 海上の道に「日本人」のルーツを見出す

柳田国男といえば「日本民俗学」という分野の草分けとして知られる。

１８７５年に兵庫県神東郡（現・神崎郡）で生まれた柳田は、村の医師で国学者でもあった父を持つ。東京帝大で農政学を学び、「経世済民」の視点を持つようになる。「経世済民」といってもマクロな「経済」ではなく「世の民」に焦点をあて、名もなき人々の歴史や文化を丁寧にたどることで近代日本の姿を読み解こうとしたのだ。

柳田は徹底して現地調査と民俗資料の収集にこだわった。土俗的な言い伝え、海の民や山の民の暮らしぶり、それらを凝視し、名もなき人々、常民の声を丹念に拾い上げ記録しながら、目には見えなくてもたしかに形としてある「日本」というものを浮き彫りにしていった。

その柳田の遺作となったのが、本書『海上の道』である。彼の人生の集大成ともいうべき1冊で、「日本民族はどこから来たのか」という問いに対する仮説が展開されている。

柳田は青年時代、滞在先の渥美半島・伊良湖岬で、遠い島から黒潮に乗って流れ着いたであろう椰子の実を見つけた。遠い海の向こうからやってきた椰子の実の、その長い道のりに想いを馳せた時、柳田の脳裏にぼんやりと浮かんだイメージがあった。

1920年、沖縄を訪れた柳田は、沖縄学の父と呼ばれる伊波普猷《いはふゆう》に出会う。そして沖縄最古の歌集『おもろさうし』を手にする。沖縄の島々を歩きながら琉球独自の文化に魅了されていく。と同時に、琉球文化と日本とのつながりに思いを巡らせた。その思索が晩年になって結実したのが本書である。

稲と貝を携え、南方から海の道を通って琉球の島々に漂着した人々が、徐々に北上して日本に稲や貝の価値などを伝えていったのではないか、という柳田の壮大な仮説だ。

海というのは常に異世界からの民を受け入れる玄関口であった。昔の人々は大海原の向こうのまだ見ぬ世界に思いを馳せた。海の向こうからたどり着く、今まで見たことのない物、人、文化。まさに沖縄のニライカナイ（海の向こうの異界）であり、折口信夫の「まれびと」ともつながる。

柳田は本著刊行の翌年に亡くなった。本書の最後に「知りたいと思う事二、三」として、海辺に打ち寄せられた海の玉藻などへの興味を記している。最後まで探究心が途切れることはなかった。

豆知識 島崎藤村は、柳田から海辺に打ち寄せられた椰子の実の話を聞いて、そのエピソードを基に『椰子の実』という詩をつくった。

アジア主義を唱えた戦前のナショナリズムの姿

『日本二千六百年史』

大川周明

毎日ワンズ／2017年

日米両政府が発禁にした歴史書「戦争のイデオローグ」が描いた日本とは？

大川周明とは何者か。戦後の極東国際軍事裁判（東京裁判）においてA級戦犯容疑で起訴されながら、法廷で奇妙な行動をとり退廷させられ、精神鑑定の結果免訴された人物。そう聞くと、多くの人が東條英機の頭を叩く有名なシーンを思い出すのではないだろうか。

一度は精神障害のため証言能力がないと鑑定された大川だが、彼こそは北一輝とともに国家改造のための結社「猶存社」を結成し、日本のファシズム運動の理論的指導者として戦前の日本に大きな影響を与えた人物である。

第二次世界大戦が始まる2年前、1939年に大川が発表したのが『日本二千六百年史』。二千六百年とは、初代天皇とされる神武天皇の即位から２６００年という皇紀を指し、翌40年がその年に当たる。

神代の時代から満州事変へと至る日本の歴史を大川の歴史観でひもといた集大成だが、２０１７年に新書化された本書の帯には「日米両政府が発禁にした歴史書」と大々的に喧伝されている。

実際、発刊された39年当時は、足利尊氏や徳川幕府を評価する大川の歴史観が批判を浴び、削除と訂正を余儀なくされているのだ。にもかかわらず、翌年の皇紀二千六百年ブームに乗り大ベストセラーとなった。戦後にはＧＨＱから「国民を扇動した」ことを理由に発禁処分となっている。

「戦争のイデオローグ」として民間人から唯一、A級戦犯容疑をかけられた大川であるが、エスペラントやイスラムの研究者としての一面も注目に値する。梅毒による精神障害と診断されて入院中の大川は、『コーラン（アル・クルアーン）』の原語からの全訳を成し遂げ50年に『古蘭』として刊行した。

もともと東京帝国大学で宗教哲学を学び、キリスト教系の新派「日本教会」に入会したこともある大川は、のちに思想的転換を経て、東洋哲学や日本古典の研究へと進む。日本に亡命していたインドの独立運動家、ラース・ビハーリー・ボースらと出会い反英的立場を明確にしていったのだ。

当時、多くの青年たちに影響を与え、ファシズム運動の支柱となった大川は、青年将校らが総理官邸を襲撃した５・15事件に資金的に関与したとして禁錮５年の有罪判決を受け服役している。

アジア主義を唱えた大川のナショナリズムは、戦後、どのような形で日本に受け継がれているのだろうか。

豆知識 東京裁判で一度は精神障害と鑑定された大川だが、別の医師の鑑定では「証言能力あり」とされた。しかし彼が法廷に呼び戻されることはなく、不起訴釈放となった。

今もなお有効な戦後間もない思想家の指摘

『忠誠と反逆　転形期日本の精神史的位相』

丸山眞男

ちくま学芸文庫／1998年

国民にとって「反逆」はなぜ希薄なのか？新自由主義の現代にも有効な力作

丸山眞男といえば、日本における戦後の思想を牽引してきた者として知られる。一方、当時ラジカルの先鋒だった吉本隆明から批判され、安保闘争時には学生から体制側として非難される。

それらのことから、あたかも丸山を軽んじる傾向があるが、当時は大学の教授など十把一絡げに吊し上げられたものであり、それほど注目すべきトピックではないだろう。

1914年生まれの丸山は、なぜ日本はファシズムを回避できなかったのか、本書で考察する。そして為政者の無責任ぶりだけではなく、暴走を許した庶民の無気力性に注目するのだ。庶民が無気力であり、自由への主体的な意識が欠如し、自由への渇望が乏しければ、自由の対義語である「責任」への意識も乏しくなる。

その国民性を、丸山は過去にさかのぼって検証する。鎌倉時代の武士は、忠誠と反逆の精神に基づく主従関係にあった。主君に忠誠を尽くすが、不当なことがあれば反逆し、主君の首を刈る。この関係性から、武士には責任という意識が生まれる。主君に対しての責任は、社会全体への責任へと拡張する。

江戸時代は太平であり、忠誠と反逆という概念がややもすると乏しくなるのだが、明治維新によって忠誠と反逆の意識が再生していく。そしてそれは、自由民権運動へつながっていくのである。

しかし明治政府は、天皇制を抽象的な理念として確立させた。その抽象性により、忠誠に対する反逆の概念がぼやけ消失に至るのである。

一方で丸山は、自分を向上させるのではなく、他者を引き下げることで満足しようという日本の「引き下げデモクラシー」についても言及。まさに現在の新自由主義の社会状況に合致する。

今の時代、社会的弱者をいかに救済するかではなく、恩恵を受けているように見える人を引きずり下ろそうとする空気が濃厚だ。

これはすなわち、新自由主義というものがすべての階層者に蔓延し、少しでも勝者でありたいとすることの現れではないか。

丸山はファシズムの支持者である中間層を「真性インテリ」と「亜インテリ」に分別する。

ファシズムへ引き寄せられる「亜インテリ」たち。しかし、ポピュリズムを憂いて責任を「亜インテリ」へ押しつけるだけでは事態は打開できない。丸山の思想を今にいかに生かすか。着眼点は、そこにある。

豆知識 2007年、月刊誌『論座』（朝日新聞社）に31歳フリーターによる『丸山眞男をひっぱたきたい』と題する寄稿が掲載され「希望は、戦争」とする衝撃的な内容が波紋を呼んだ。

戦争の無意味さを立体的に理解する

『レイテ戦記』

大岡昇平

中公文庫／2018年

無意味な戦争に累々と築かれた屍の山
緻密な情報の積み重ねで戦争の実像を描き出す

『俘虜記』『野火』など、戦争文学の金字塔を打ち立てたといわれる大岡昇平は、日米の主戦場となったフィリピン戦線に一等兵として送られた従軍経験を持つ。米軍の捕虜となった大岡が、レイテ島タクロバンの俘虜病院に収容された実体験をもとに書き上げたのが『俘虜記』だ。

前半部の『捉まるまで』において「なぜ自分は米兵を撃たなかったか」という感情を異常なほどの精密さで分析。続編では俘虜収容所というひとつの「社会」における日本軍兵士たちの歪んだ心理状態を描き出した。

「俘虜収容所の事実を藉《か》りて、占領下の社会を諷刺するのが、意図であった」（著者による「あとがき」より）

『野火』では、米軍の圧倒的な軍事力の前に日本軍の敗北が決定的となったレイテ島を舞台に、救いのない極限状態における「エゴイズム」「自由」「殺人」「人肉食」そして「狂気」を描き出した。同作は、市川崑監督（１９５９年）と塚本晋也監督（２０１５年）の手で映画化されている。

そんな大岡による戦争文学の集大成といえるのが本書『レイテ戦記』だ。

１９６7年から69年にかけて『中央公論』に連載された本書の舞台はやはりレイテ島だが、『俘虜記』『野火』でみられた個人の実体験による記述を極力排し、日本とアメリカの両方の戦争資料や生存者たちの証言を可能な限り収集し、事実の集積によって日本兵たちの過酷な体験とその意味の全体像をとらえようとした。

一方で、20万の兵力でレイテ島に上陸したアメリカ軍の奪還作戦を「マッカーサーの虚栄心から始まった」とし、日米の軍部上層部を批判する。

執筆の動機について「絶望的な戦いを戦いつつ死んだ兵の霊を慰めるため」と強調し、またもうひとつの動機として「旧職業軍人の怠慢と粉飾された物語に対する憤懣」を挙げる。

「レイテ戦記の意図」と題された講演においては「戦争は勝ったか、負けたかというチャンバラではなく、その全体に我々の社会と同じような原理が働いている。軍隊を構成するいろいろな人間の意志、欲望、あるいは弱さ、あらゆる感情的な要因がそこに働いている」と語った大岡。

個々の兵隊たちの下から見た戦争と、上から見た戦争の両方にアプローチした本書は、戦争の無意味さを立体的に理解するうえで最適な1冊といえよう。

豆知識 大岡は戦記文学だけでなく、フランス文学の影響による『武蔵野夫人』や『花影』といったロマネスク小説においても高い評価を得ている。

お笑いによって完成された「教養主義」への反乱

『教養主義の没落 変わりゆくエリート学生文化』

竹内 洋

中公新書／2003年

なぜ教養はカッコ悪いものとなってしまったのか 学生文化における「教養主義」の繁栄と没落

大正時代の旧制高校で築かれた「教養主義」は、戦後の大学大衆化の時代に最盛期を迎えた。本書では、学生文化として1970年前後まで日本の大学に君臨した教養主義の変遷を、戦前と戦後とを行き来しながら論じている。

序章では、近代化による豊かさの兆しが見え始めた1956年に、中学生だった竹内の実体験に触れる。当時の学生への調査によると『中央公論』や『改造』などの総合雑誌が好んで読まれていたことから、教養主義がたしかに存在していたことが実感される。当時、阿部次郎の『三太郎の日記』や、西田幾多郎の『善の研究』も、学生の必読書であった。マルクス主義の影響も強く、『資本論』などの読書会がキャンパスの至るところで実施されていたという。

竹内は、教養主義が都会的なイメージとは裏腹に、実は地方出身者に開かれたものだったと分析する。「教養知は友人に差をつけるファッションだった」というのだ。さらに、教養というメッキで「インテリ」という身分を獲得するという、不純な動機もあった。しかし一方で、知識によって社会から不幸をなくしたいという思いもたしかに存在していたという。

70年代に入ると学生運動が下火に。大学生の読書量が減り、キャンパスから教養主義が駆逐されていく。企業が大卒を大量に採用するようになると、専門知や教養知は不要になった。ポスト全共闘世代にとって、知識人文化は執着の対象ではなくなり、いつしか日本では、教養のある人たちがカッコ悪い存在になり始めた。教養主義は没落、現在の日本社会は反知性主義に覆われている。竹内は、その反知性主義のルーツが、ビートたけしに代表されるお笑い芸人にあると指摘する。

ビートたけしは、吉本隆明の論文について、「オレたちのような大衆が読んでもイメージのわかない言葉は、何のための、だれに向けた言葉なのか」と断じた。すると、レジャーランドと化した大学の学生たちはビートたけしの「知識人殺しを歓迎した」。89年の調査で、男子大学生が日本を代表する文化人として選んだのは、1位が夏目漱石、2位がビートたけしだったという。

エリート層の教養は、国家や社会を支える源となるものだ。竹内は、教養を培う場での対面的人格関係を重視している。大学生に教養を伝えようとする知識人の尽力が、かつてないほど重要になってきたといえるだろう。

豆知識 1965年、関西大学の学生がよく読む雑誌1位に『文藝春秋』『中央公論』が並んだ。72年には『スクリーン』が1位となった。教養主義の衰退が見てとれる。

皇室の食卓から見たもうひとつの昭和史

『味　天皇の料理番が語る昭和』

秋山徳蔵

中公文庫／2015年

昭和天皇の台所を預かった男が振り返る 知られざる皇室の「味」の記録

「天皇陛下はどんなお食事を召し上がっておられるのか」

著者の秋山徳蔵は、宮内庁の主厨長、いわゆる「天皇の料理番」を長年にわたって務めただけでなく、日本に本格的な西洋料理を紹介した人物としても知られている。

１８８８年、福井県に生まれた彼が西洋料理と出会うきっかけとなったのは、訪れた地元の陸軍連隊でのことであった。ステーキ、牛乳で作る白いソース、緑色に透きとおったゼリー、炊事係の兵隊から聞かされた、夢のような西洋料理の話が少年を虜にしてしまったのだ。

16歳で上京、華族会館料理部、築地精養軒、三田東洋軒を経て、１９０９年に渡欧しフランス・

パリへ向かった秋山は、ついに地元の最高級レストランでその腕を認められるまでになる。帰国した秋山は大正天皇の御大礼の賜宴《しえん》を任され、それ以降、昭和天皇の料理番として台所を預かることになるのだ。

本書の中でも一番興味を惹かれるのは、なんといっても昭和天皇の食事の内容であろう。当初は「語ってはならぬことだ」と考えていた秋山だったが、「金の箸」「金の皿」で〝お食事を召し上がっている〟という世間の噂を否定するために真実を打ち明ける気になったという。

それによれば驚くほどシンプルなメニューが天皇の食卓に上っていたことがわかる。

主食は7分づきの米に丸麦を混ぜたもの。それも一日1食だけで、あとはパンを食べていたという。国民が耐乏生活を強いられていた戦時中は、国民同様に外国米や麦を混ぜた米、とうもろこしや乾燥野菜を混ぜたパンなどを食べていた。

麺類、とくにざるそばが好物だったことや、いわゆる「猫舌」だったというような、昭和天皇の食生活の詳細も伝わってきて興味深い。

普段は素食が並んでいた皇室の食卓だが、これが祝賀、儀式、外国貴賓を迎える際の宮廷料理となると話は別である。

大正天皇の御大礼の賜宴、立太子の礼、イギリス皇太子ご来訪歓迎宴など、当時の宮廷料理がいかに豪華なメニューを取り揃えていたのか、その内容は実際に本書に目を通して目で味わってもらいたい。「天皇の料理番」として、半世紀以上も昭和天皇を間近で見てきた人物が語るもうひとつの昭和史。知られざる皇室の「味」の記録であり、貴重な歴史的資料である。

豆知識 秋山徳蔵をモデルとしたテレビドラマ『天皇の料理番』もつくられた。これまで3回製作されているが、中でも鎌田敏夫脚本、渥美清をナレーションに迎えた堺正章主演のバージョンがとくにオススメである。

新編では解説陣も充実、2人の文学者が語る戦争

『新編 特攻体験と戦後』

島尾敏雄／吉田 満

中公文庫／2014年

戦争と特攻を経たあとをいかに生きるか——勇敢になることを避け、どこまでも誠実に語る

九州と沖縄本島の中間に位置する奄美大島。そこから船で15分南下すると、加計呂麻島に着く。奄美文化の源流を色濃く残した島の東端には、諸《しょ》鈍《どん》と呼ばれる浜辺がある。浜にはデイゴの並木があり、5月から6月にかけての1週間だけ紅い花が咲く。

特攻隊隊長だった島尾敏雄が加計呂麻島に赴任したのは、1944年10月から45年9月までである。この南国の地で紅く咲いた並木を愛で、のちに妻となるミホと出会う。一方で特攻隊としての出撃はいつになるのかと、待ち続ける極限の日々でもあった。

一方、45年4月6日に山口県徳山沖から沖縄方面へ向けて出撃した戦艦大和。鹿児島県南部・坊ノ岬沖を通過した翌7日に攻撃を受け、沈没してしまう。この大和から生還し、人間魚雷・回天の基地がある高知で終戦を迎えたのが吉田満だ。

戦後、島尾も吉田も作家となるが、島尾は自身の浮気のせいで妻ミホの心を病ませてしまう。このミホをモデルとして島尾が書き上げた代表作が『死の棘』であり、90年に小栗康平監督によって映画化されカンヌ国際映画祭で審査員グランプリを受賞している。

一方の吉田は日本銀行に入行し銀行マンとして働きながら『戦艦大和ノ最期』を書き上げる。そして期せずして、2人ともそれぞれにカトリック教徒として戦後に洗礼を受けていた。

77年、鹿児島県指宿《いぶすき》市で行われた2人の対談から生まれたのが本書だ。対談の2年後に吉田は56歳で死去し、さらにその7年後、島尾も69歳でこの世を去った。

戦争下の異常体験ののち、2人はいかに生きたのか。いかに書いたのか。対談は、徴兵検査の詳細を思い出すところから始まる。敗戦、死の意味、生き残った意味、戦争について執筆する意味を語り合う2人の言葉はひたすら誠実だ。その誠実さ、真面目さはどこから来るのか。

琉球王国から戦争での集団自決まで、沖縄の歴史も深く洞察する。60年と70年の日米安保闘争にも少し触れながら、最後は信仰について語るところで締めくくられている。

なお、この『新編』には島尾の死に際して書かれた吉本隆明の寄稿や、鶴見俊輔が亡き吉田へ寄せた2001年の文、さらには加藤典洋が『永遠の0』（著・百田尚樹）と照らし合わせた解説も加えられている。

豆知識 諸鈍のデイゴ並木が登場、島民も映りこんでいる作品のひとつに『男はつらいよ 寅次郎紅の花』が挙げられる。渥美清の遺作でもある。

すでに〝知っていた男〟が語る国際関係の舞台裏

『ハル回顧録』

コーデル・ハル

宮地健次郎訳／中公文庫プレミアム／２０１４年

日米開戦のキーマンの目を通して交渉の舞台に必須の複眼的思考を学ぶ

日米開戦を決定づけた最後通牒「ハルノート」を日本側に突き付けた、当時のアメリカ国務長官コーデル・ハルとはいかなる人物であったのか。

１８７１年アメリカ・テネシー州生まれ、下院議員を経て上院議員に当選。１９３３年にフランクリン・ルーズベルト大統領から国務長官に任命され、日米外交交渉をはじめ、第二次世界大戦ではルーズベルト政権の外交交渉のキーマンとして活躍した。国際連合の発案者でもあり、45年にはノーベル平和賞を受賞している。

本書はハルが在任期間12年に及んだ自らの国務長官時代を振り返った1冊である。

ルーズベルトから40年の大統領選候補を打診されたエピソードをはじめ、国務長官という立場から見たルーズベルト大統領との関係性や、30年代の第二次世界大戦が始まるまでの緊迫した外交交渉の舞台裏などを語っているのだが、やはり一番興味深いのは、当時の日本に対する印象ではなかろうか。

結論から言えば、その印象は芳しくない。とくに駐米大使・野村吉三郎とともに対米交渉にあたった来栖三郎に対しては、「彼の顔つきにも態度にも信頼や尊敬を呼ぶものがなかった。私ははじめからこの男はうそつきだと感じた」と手厳しい。

また、数々の歴史書で明らかにされているように、日本外交団から本国へ送られる暗号はアメリカによって傍受解読されており、交渉の手の内はアメリカ側にほとんど読まれていたのだ。

それゆえに「日本政府がわれわれと平和会談を行いながら、一方では侵略計画を進めている」と、日本外交団を終始不信の目で見ていた。「何かうそのようだった。私のように電報の傍受によって日本の不法な計画を知り、野村、来栖も同じ情報を持っていることを知っていながら、彼らと同じ調子でものをいうのはつらいことであった」

日本外交団の印象を、余裕を持って振り返ることができるほどインテリジェンスに長けた情報機関に支えられていたハルだが、ソ連の指導者スターリンの真意を読むことだけはできなかった。モスクワ外相会談でスターリンに面会した際には「その人柄に深い感銘」を受けたと高い評価を下しているのだ。のちに「冷戦」を戦うことになる相手にである。

国際関係における駆け引き、とくにインテリジェンスにおいては、複眼的な目を養うことが最も大切であるとわからせてくれる1冊だ。

豆知識 **大統領夫人エレノア・ルーズベルトについては「平和と人道主義的な仕事に大きな力をふるった」と語っている。エレノアはLGBT問題にも深い関心を寄せていたといわれている。**

読者の知的好奇心を満たす日本文明論

『世界のなかの日本　十六世紀まで遡って見る』

司馬遼太郎／ドナルド・キーン

中公文庫／1996年

近代日本の成り立ちから今へと至る軌跡　世界の中で〝役割分担できる国〟となるための提言

司馬遼太郎。『竜馬がゆく』『坂の上の雲』をはじめ、幅広い世代に読み継がれる名作を残した国民的作家である。本書は文明批評にも鋭い筆をふるった司馬が、アメリカ出身の文芸評論家ドナルド・キーンを迎え、近代日本の歩みに新たな光を当てた対談集である。

「日本人や日本文化について外国人が最初に思い浮かべるのは、大方、日本の近世、とくに江戸時代に生み出されたものである」

ドナルド・キーンのそんな問いかけから始まる本書は、16世紀までさかのぼりつつ、現在の日本と世界との関わりをひもといていく。

江戸時代、ヨーロッパ諸国で唯一の貿易相手だったオランダ、「鎖国」の功罪、日本の〝伝統〟

が形づくられた江戸時代とはいかなる時代であったのか、西洋文明と日本の伝統との間に揺れ動く明治人の苦悩、「きみ」などの二人称表現が元来なかった日本語の成り立ちについての考察など、それぞれのテーマごとに、2人の圧倒的な知識量によって支えられた発言が次々と繰り出され、「世界のなかの日本」が浮き彫りにされていく。

興味深いのは、明治期の文化人たちの西洋文化に対する受け止め方の3類型。「拒否する」「採用するが抵抗を示す」「喜んで受け入れる」。夏目漱石は2番目であり、キーンは森鷗外を3番目に分類している。国家の急激な方向転換に文化人たちがいかに苦悩したかがよくわかる。

「対談」は、司馬の言葉を借りるなら「精神の温度が高いのか、たえず知的な泡立ちがある」といった具合に進んでいく。もちろん読者の好奇心を満たす「知的な泡立ち」も豊富に取り上げられていて、ヨーロッパでは漆器のことをジャパン、陶器のことはチャイナと呼んでいたことや、日本には科挙がなかったために識字率が上がった話、お父さん、お母さんという言葉は明治30年代に使われ始めたなど、この2人の対談だからこそ知ることのできる逸話が満載である。

最後の章の提言はさらに興味深い。

〝ほかの国のものを輸入してもいい、ほかの国のものをまねてもいい、しかし基本的に日本はほかの国と全然ちがう〟という鎖国以来の考えを改め、世界の中で役割分担ができる国になるべし、というのだ。日本が世界中の富を買い漁ったバブル期に行われた対談ゆえの提言だという向きもあるが、果たして、現在の日本はこの教えをどれくらい生かしているのだろうか。

豆知識 キーンは東日本大震災を契機に日本国籍を取得した。ゆかりの東京・北区では寄贈された書籍、絵画などを展示したコーナーを区立中央図書館に開設している。

開高健をも欺いたメタ・フィクションのベストセラー

『日本人とユダヤ人』

イザヤ・ベンダサン（山本七平）

山本書店／1970年

嘘を重ねながら本質へ迫る圧倒的な支持を得た日本人論

人を食った話である。日本人とユダヤ人を比較して論じた本の著者は、ユダヤ人のベンダサンで、訳者が日本人。というのは嘘で、著者はその版元である山本書店の経営者であり日本人の山本七平である。日本人による日本人論であり、しまいには大宅壮一ノンフィクション賞を受賞、部数は300万部にも達した。

その後も山本七平は『日本人とアメリカ人』『日本人と中国人』と著述を重ねる。自民党政権の諮問機関に関わり、一方で「日本人はなぜ自民党を支持し続けるのか」と対談する。しかも彼はキリスト教徒であり、遺骨はイスラエルに散骨された。出版社は妻に引き継がれ、いくつかの書籍を世に出した末に閉店。

こうなってくると、本書の醍醐味がわかってくる。日本人を分析する書として優れているのと同時に、この著者が日本人だと知ったあとに読んでも面白いということ。もっと言えば、知ってしまったあとに読んだほうが面白いということ。山本は狡猾であり、その辺りも策を練ったうえで、この本を書きあげたと思われる。

つまり、外国人による安直かつ非実証的な日本人論に対して、本来はクリティカルであるべきだとしながらも、そこでイザヤ・ベンダサンという虚構の仮面をかぶることで嘘を重ねながら本質へと迫っていったのだ。山本はもともとが編集者であり、売り上げをいかに伸ばすという思惑も働いたと思われる。

山本がキリスト教徒であることも大きい。彼のキリストを見つめる眼は、欧米人がキリストを見つめる眼とは差異がある。そのことに自覚的であればあるほど、ユダヤ人のふりをした日本人論に、独自性を与えられる。ユダヤ人に対しても第三者的な視点をキープしつつ、鳥瞰的に日本人論を語りえるのだ。

日本人は一神教にあらず、日本教を信仰する日本教徒なのだと論ずる本書は先述のとおり第2回大宅壮一ノンフィクション賞を受賞。1971年は開高健らが審査員を務め、受賞を逃した候補作には三浦雄一郎『エベレスト大滑降』、予選通過作には本多勝一『アメリカ合州国』、佐木隆三『沖縄と私と娼婦』などが並んだ。

開高は60年にユダヤ人虐殺に加担したナチス・アイヒマンの裁判をエルサレムで傍聴している。その開高をもって「近頃これくらい知的スリルを覚えた作品はない」と言わしめた。

豆知識 本多勝一氏は全10巻から成る『本多勝一著作集』を刊行した1972年に『殺す側の論理』も刊行、日本軍将校による「百人斬り競争」について本多とイザヤ・ベンダサンの公開討論を掲載した。

後醍醐天皇が修法したドクロ本尊のセックス宗教

『邪教・立川流』

真鍋俊照

ちくま学芸文庫／2002年

徹底的な史料研究から新たに浮かび上がる「男女二根交会」「歓喜天信仰」の本当の姿

『太平記』には、後醍醐天皇は真言宗の僧侶・文《もん》観《かん》を重用し政治力を発揮させたとある。文観は後醍醐に〝邪教〟とされたセックス教「立川《たちかわ》流」を修法させたイメージが今もつきまとっている。この立川流を真言密教の傍流として正面から研究したのが『邪教・立川流』だ。

著者の真鍋俊照は1939年生まれ、高野山大学に学んだ日本の密教美術の権威で、90年代にドイツで開催された密教美術展の図録に論考を書いたことから立川流の本格的な研究を始める。

「立川流は理智不二、金胎不二という密教教義の根本を、男女二根交会であると結論づけている。これらの男女の性的行為そのものを通して、不二冥合《みょうごう》すなわち煩悩即菩提を説明する。さらにこれらの境地が最終的には即身成仏の境地と同じと説くのである」

　このように立川流の教義の根本に男女の交わりが置かれていることはまぎれもない事実だ。実際、真鍋は次のようにも書いている。

「平安時代末期に左大臣阿闍梨仁寛《にんかん》によって創始されたとされる真言密教の立川流（略）は、その教えや実践・修業が実に卑猥きわまりないために、十四世紀中ごろには邪教というレッテルをはられることになる」

　それがこれまで一般的にイメージされてきた立川流だが、丁寧に古文書や史料に当たった本書が解き明かすその真の姿は、時代劇ドラマなどに描かれる、おどろおどろしくいかがわしい儀式を行うものとは大きく違っている。

「その到達点はいうまでもなく即身成仏である」

「命に限りのある人間だからこそ、立川流はある意味で、末法思想を背後に据えた死の世界での蘇生術のごとき復活を意識した髑髏《どくろ》本尊と和合水との関係を考えることができた」

「また立川流が男女交会の際に追求した一心とは、心が一つになること、舎利を意味する。この境地は即事而真《にしん》（現象界の存在の本体は絶対平等の真如＝実在の真理である）の法性であると説く」

　このように平安時代の末法思想から派生した立川流が、その神秘主義的性格からのちの時代にさまざまに誤読され、教義が歪曲されてきた経緯を真鍋は丁寧に解きほぐし、既成観念化した文観の「妖僧」イメージも後年の曲解と批判を加えている。こうした誤認の拡大と拡散は、現代社会の深層から時折浮かび上がる終末思想やカルト集団の誕生と同じ土壌であると本書は教える。

豆知識 立川流については硬軟とりまぜさまざまな書籍が発刊されているが、本書のほかには守山聖真『立川邪教とその社会的背景の研究』（碩文社）がしっかりした学術書だ。

佐藤優の古典攻略法④　常に本の「命題」を意識する

本の「命題は何か」を常に意識して読めば結論へと至るプロセスが明確に理解できる

優れた古典は、問いが立てられ、その答えが何であるか、というQ&A方式で構成されている場合が多い。ここでの問いは何か、という地点に立ち返りながら読んでいけば、どういう道筋を経て本の命題に対する結論に至っているのかが見えてくる。その道筋には社会的な背景や書き手の偏見なども入ってくるが、常に問いや命題に還元していくことで、それらも明確に浮き彫りになってくる。

たとえば「ヨーロッパに幽霊が出る——共産主義という幽霊である」という有名な書き出しで始まる『共産党宣言』は、「共産主義とは何か」という命題が立てられている。

その結論へ至るプロセスとして、階級闘争の歴史があり、さまざまな社会主義政党の特徴があり、そして経済発展の法則がある。結論としてプロレタリアートには鉄の鎖（労働者を資本に縛りつけているものの象徴）以外に失うものは何もないのだから暴力によって既存の体制を転覆させていく、そのために「全世界のプロレタリアートよ、団結せよ」というアジテーションに至る。

そのプロセスで、たとえばマルクスの主張は急進的な反ファシズム運動を展開するアナキストと何が違うのか、ということも見えてくる。つまり、究極的な目標として国家のない世界という点でマルクスとアナキストは同じであるが、そこに至るには生産力をある程度上げていかなければならないため、過渡期において国家は必要だということがマルクスの考えであるということが見えてくる。

あるいは『太平記』であれば、後醍醐天皇はよかれと思って改革を始めたはずが混乱の世になってしまったのはなぜなのか、という大きな問いが立てられている。それに対し、どうも事実上の第二夫人の言うことばかり聞いていたためではないかなど、命題への答えが一つひとつ出てくる。命題に還元しながら読んでいけばプロセスがよく見えてくるはずだ。

しかし、稀《まれ》に命題の存在しない本も存在する。芸能人の名前で売る本や、あるいはヘイト本などである。これらの本はそもそも命題を立てる意識がないため、読むに値しない本と言える。

優れた古典には人生が「分節化」する場面がある

また、優れた古典は人を立ち止まらせる力がある。本当はこんな可能性があったかもしれない、こういう道を選ぶべきだったのではないか、あるいは逆に、こんな道を選ばなくてよかったのかもしれない、と考えるきっかけになる印象的な場面である。

たとえば、元連合赤軍・坂口弘氏の『あさま山荘1972』には、彼らが最初に同志を殺害し印旛沼《いんばぬま》に埋めてしまった時の記述がきわめて印象的に書かれている。坂口氏は実行犯4人が同志殺害後にアジトに戻ってきた時、部屋中に異様な臭いが充満したと記述している。いわゆる死臭だ。坂口氏は彼らを喫茶店に連れていき、これは大変な間違いだったと謝ろうとした。しかし、言葉が出てこなかった。ここが連合赤軍事件のひとつの分節点だったのだ。立ち止まるべき一瞬を逃してしまうことの取り返しのつかなさを、私たちは坂口氏のこの記述から学ぶことができる。

村上春樹氏の『一人称単数』という短編集も人生において立ち止まる瞬間に、もう一度戻っていることがポイントだ。主人公がかつてのピアノ教室の同級生からリサイタルの招待を受けて行ってみたが、そんなものは開催されていなかった。なぜ嫌がらせをされるのかわからず公園で過呼吸になっていると一人の老人が現れ、答えの出ない問いと出会う。ドラマ化されたコミックスの『僕だけがいない街』も実は似たような構造だ。人生のある時点で小学校の同級生が殺されてしまう。殺されずにすむためにどの時点でどう動けばよかったのかと、何度もタイムスリップを繰り返す。

立ち止まるということは自分の人生のさまざまな可能性について、反省するということでもある。ここで別の選択をしていれば違う人生があったのではないか、と考えをめぐらせることは人生において重要だ。

優れた古典には、ある人間の人生が分節化する場面がある。そこで立ち止まることによって、自らの人生の想像力をぜひ磨いてほしい。

第五章

物語を味わいながら世界を感じる

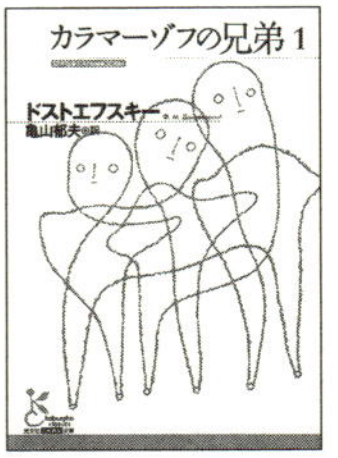

資本主義に翻弄される現代人を映し出す鏡

『カラマーゾフの兄弟』

フョードル・ミハイロヴィチ・ドストエフスキー

亀山郁夫訳／光文社古典新訳文庫／2006年

複雑な人間模様を通して「神」の存在に迫る世界文学の最高峰から学ぶ人間のリアル

『カラマーゾフの兄弟』は、ロシアの文豪フョードル・ミハイロヴィチ・ドストエフスキーが59年の生涯の最後に書き上げた長編小説である。「神はいるのか」「信仰とは何なのか」「善と悪とは何か」「幸せとは?」といった、ドストエフスキーが終生のテーマとして取り組んできた問題を集大成した作品であり、世界文学の中の最高傑作のひとつといわれている。

複雑な4部構成の大長編であり、読み始めてみたものの途中で挫折したという読者も多いだろう。最後まで読み切ったとしても、一読で全貌を理解できる人は少ないと思われるほど難解な部分も多々あるが、光文社から出た亀山郁夫の新訳は格段に正確かつ読みやすい。

現在も世界中の人々がこの大長編マラソンに挑戦し、何度も完走を繰り返している熱烈な読者まで生み出している。それほどまでに人を惹きつける理由は何なのか。

この作品は、大きく分けて2つの主軸がある。ひとつは「父殺し」を巡るミステリー。もうひとつは、神の存在を巡る議論によって浮き彫りになる、登場人物たちのリアルな人間性だ。

作品の舞台は19世紀後半、農奴解放後の混沌としたロシア。好色で強欲な成り上がりの田舎地主フョードル・カラマーゾフの元に、息子たちが集まった。元軍人で熱血漢の長男ドミートリイ、インテリで無神論者の次男イヴァン、修道院の長老ゾシマの弟子である優しく純真な末弟アリョーシャの3兄弟。そして、フョードルの私生児と噂される使用人のスメルジャコフだ。

彼らは財産相続問題を話し合うために集まったはずだった。しかし、フョードルとドミートリイはグルーシェンカという妖艶な女性を巡って父子でいがみ合っており、それも影響して話し合いは決裂。アリョーシャが問題の解決に奔走する。

ところが、そんな中でフョードルが何者かに自宅で殺害される。果たして「父殺し」の犯人は誰なのか……というのが大まかな話の流れだ。

この犯人探しのミステリーは、現代の本格推理小説と比べても遜色ないが、それ以上に読者の心に深く刻み込まれるのが「神」を巡る問題である。農奴解放により、神に代わって「カネ」が人々の精神を支配するようになり、欲望に翻弄されていく登場人物たち。そのリアルな描写は、同じように大きな物語を失い、資本主義による格差社会に翻弄される現代人の姿を映し出している。

豆知識 佐藤優氏は、ドストエフスキーの小説が流行するような社会は「病んでいる」と考えるという。

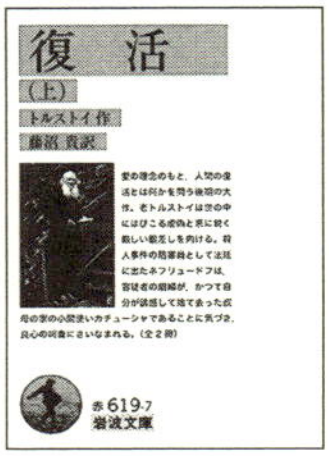

トルストイの思想を結実させた世界的名作

『復活』

レフ・トルストイ

藤沼貴訳／岩波文庫／2014年

恋愛小説として読むことも可能
ロシア文学ビギナーに最適な1冊

ネフリュードフ公爵は、陪審員として出席した裁判で驚きの光景を目にする。出廷していた女囚は、彼が過去に弄んで捨てた小間使いカチューシャであったからだ。無実の罪でシベリア送りになった彼女の不幸な境遇に深い罪の意識を覚えたネフリュードフは恵まれた地位を捨て、カチューシャを追ってシベリアに向かう。

後世に多大なる影響を与えたレフ・トルストイ、晩年の世界文学史上に残る傑作。日本でも1905年に内田魯庵によって翻訳され、14年には島村抱月が舞台化。主演女優・松井須磨子の歌う『カチューシャの唄』も大ヒットした。

私有財産の否定、国家・教会との対立、非暴力主義など、トルストイが晩年に到達した思想を最もよく反映した作品として知られているが、その思想を生みだす源となった彼の生涯はいかなるものであったのか。

1828年にトルストイは裕福な貴族の四男として生まれた。16歳でカザン大学に入学するも、放蕩生活を送り中退。その後、砲兵旅団に入隊しコーカサス戦争、クリミア戦争に従軍。そのかたわら小説家としても歩み始め、軍務を退く頃には新進作家として文壇に迎え入れられた。

62年、宮廷医の娘ソフィアとの結婚を機に『戦争と平和』『アンナ・カレーニナ』などの大作を次々と発表するが、この頃から人生を生きる意義、さらに、神は存在するのかなど、深遠な思索活動に耽るようになる。その過程で生み出されたのが『イワン・イリイチの死』『クロイツェル・ソナタ』、そしてこの『復活』である。

しかしながら、本書で政府やロシア正教会を痛烈に批判したため、当局によって発売を妨害され、のちにはロシア正教会から破門を宣告されている。その一方で彼の思想が世界各地に与えた影響は大きく、なかでも非暴力主義の考えはインド独立の父ガンジーとの交流につながり、日露戦争でも反戦論を発表し、日本の社会主義者たちを大いに勇気づけた。

苦悩、孤独、神との対話など、とかく難解というイメージから、ロシア文学を食わず嫌いの読者もいるだろうが、本書は恋愛小説として読むことも可能である。当初、日本に紹介された際にも松井須磨子の『カチューシャの唄』をはじめ「恋愛」に焦点を当てて翻訳されていた。文庫版上下巻で1000ページ近い大著だが、ぜひ堅苦しい先入観なしに手に取ってほしい1冊である。

豆知識 妻のソフィアは悪女として有名だ。しかし実はその反対で、トルストイに深い愛を捧げていたとする映画『終着駅　トルストイ最後の旅』がヘレン・ミレン主演で製作されている。

人生そのものを表す「じぶんの時間」の物語

『モモ』

ミヒャエル・エンデ

大島かおり訳／岩波少年文庫／2005年

時間を見失い、成功や効率を求めがちな現代社会に警鐘を鳴らす「哲学的児童文学」

ドイツの児童文学作家、ミヒャエル・エンデによる不朽の名作『モモ』。1973年に刊行され、翌74年にはドイツ児童文学賞を受賞。「児童文学の最高傑作」との呼び声が高い一方で、現代を生きる大人にも多くの気づきを与えてくれる。

彼の父エドガーは、シュールレアリスムの画家で、シュタイナーの影響を大きく受けており、非常に教育熱心だったという。明るく前向きな母は、マッサージなどの資格を取得して家計を支えた。少年ミヒャエルは、父の芸術性と母のポジティブさとを受け継いで成長した。幸福な家庭に育ったが、彼を取り巻く社会は激動の真っただ中にあった。少年時代に第二次世界大戦が勃発。友人の多くが戦場で亡くなったが、エンデは兵役を逃れ、抵抗組織で反ナチス運動を手伝った。

　戦後すぐにシュタイナー学校へ転入するものの、退学して演劇学校へと進む。台本作家を目指していたが、子ども時代における激動の経験から「人生において最も大切なのは子ども時代である」と考え、友人から「絵本を書こう」と誘われたのをきっかけに、子どものための本を書き始めた。こうして、デビュー作『ジム・ボタンの機関車大旅行』が60年に誕生した。

　本作品の主人公モモは、ある日突然、街の円形劇場の跡地にやって来て住みついた女の子である。人の話を聞くのが上手で、彼女と話をすると誰もが満ち足りた気分になるという特別な才能の持ち主だ。星の声に耳を傾け、宇宙の音楽を聴くモモは、人間の元来の姿、自然界の一員である人間そのものを具象化したような子どもなのである。

　ある日、街に「灰色の男たち」が現れ、人々から時間を奪っていく。よい暮らしのためと信じて時間を倹約し、効率のよさや成功と引き換えに、生きがいや余裕を失っていく人々の様子は、現実の世界と重なる。

「時間とは、生きるということ、そのもの」

「人間はひとりひとりがそれぞれじぶんの時間をもっている。そしてこの時間は、ほんとうにじぶんのものであるあいだだけ、生きた時間でいられるのだよ」

「じぶんの時間」を生きられなくなるということは、人生の色を失い、「灰色の男たち」とそっくりになってしまうということ。

　いかに生き、いかに死ぬか。『モモ』は、時間を失いながら生きる我々に警鐘を鳴らす哲学書なのである。

豆知識　エンデは日本びいきだったことで知られる。彼は最初の妻と死別した4年後、『はてしない物語』を和訳した佐藤真理子と結婚した。

「漫画の神様」のライフワーク

『火の鳥』

手塚治虫

講談社／２０１１年

仏教的な世界観とＳＦエンタテインメントの融合 圧倒的スケールで打ち立てた手塚漫画の金字塔

手塚治虫。言わずと知れた「漫画の神様」であり、漫画界のみならず、その影響力は計り知れない。現在の「クールジャパン」と呼ばれる文化の礎を築いた存在であることは間違いない。

代表作のひとつである『火の鳥』は、手塚が自身最大のライフワークとして、キャリア初期から晩年まで描き続けたＳＦ大叙事詩だ。

作品は複数の「編」で構成され、編ごとに過去と現在が交互に描かれる。人類の誕生から滅亡までの壮大な物語が展開し、超生命体である不死鳥・火の鳥が、人間の栄枯盛衰をある種冷徹ともいえる静かな眼差しで俯瞰する。

１９５４年に最初の連載『黎明編』がスタートしたが、わずか1年ほどで雑誌が休刊し、『黎明編』

は未完に終わる。少女誌『少女クラブ』での連載を経て、67年に手塚自身が創刊した漫画誌『COM』での連載から本格的に展開されていくことになった。

全体を見渡すと、過去と未来が複雑に絡み合った構成となっているが、テーマの異なる編ごとに物語は完結しており、どの編から読み始めても楽しめる。「愛」「罪」「人間と機械文明」などのさまざまなテーマが描かれるが、作品に通底しているのは「生とは何か、死とは何か」という問いかけと東洋的な輪廻転生の思想だ。

その象徴がまさしく火の鳥。火の鳥の生き血を飲むと不死になれるという設定が時にファンタジックに、時に生臭く物語に作用し、「人間の業」を描くうえでのアクセントとなっている。

数ある編の中でも、『火の鳥』のテーマを凝縮した作品として高い人気を誇るのが『鳳凰編』だ。過去に盗賊として悪行の限りを尽くしていた我王と、若き日の我王に利き腕を傷つけられた茜丸という二人の仏師を中心とした、壮大な人間ドラマが描かれている。

しかし、実は『火の鳥』において「人間ドラマ」そのものに作品の真価はない。それよりもはるかに崇高で巨大で深甚で高次なものとして、火の鳥に象徴される宇宙や輪廻が描かれている。艱難辛苦の連続の末に悟りを開いた我王が叫んだ言葉が、それを端的に示している。

「生きる？　死ぬ？　それがなんだというんだ宇宙のなかに　人生など　いっさい無だ！　ちっぽけなごみなのだ！」

手塚は優れた書き手であると同時に優れた思想家であった。混迷の時代に読まれるべき作品だ。

豆知識 過去と未来を交互に描いた本作は、最後の『現代編』で手塚治虫自身の死をもって作品が完結するという構想があった。

階級闘争を描いた歴史的名作劇画

『カムイ伝』

白土三平

小学館／1995年

理想主義に燃えた聡明な青年の「反差別」闘争 その行きつく先にある「現実」を突きつける

白土三平の『カムイ伝』は、1964年に伝説の劇画誌『月刊漫画ガロ』で第一部の連載が始まった。それまでの「漫画は子どもが読むもの」という価値観を覆した記念碑的作品である。

舞台は江戸時代の初期。忍者・カムイ、農民・正助、武士・竜之進という3人の若者を中心に物語は進む。カムイは被差別民の子、正助は百姓の下人の子、竜之進は藩の次席家老の嫡子であり、登場人物の「階級」が重要な意味を持つ。

タイトルが示すとおりに主人公はカムイのはずだが、序盤であっけなく首をはねられて死亡（以降は双子の兄がカムイと入れ替わる）するという衝撃的な展開を挟み、第一部では正助が物語の中心人物となる。

そこから、この作品は「忍者漫画」ではなく階級闘争や反差別闘争の色合いを濃くしていく。

　正助は勤勉で賢く、仲間思いで慈悲深いという善良な好青年だ。彼は下人の子という出身のハンデがありながら懸命に働いて念願の本百姓となり、農民や被差別民たちの経済力や地位を向上させ、平等な社会を築こうと奮闘する。

　そこで、仲間たちとともに綿の栽培や農機具の改良、井戸掘りなどに着手、新田開発の許可を取って「理想の農村」づくりに挑んでいった。ところが、徳川幕府や藩の御用商人の思惑によって、正助たちの村の作物は安く買い叩かれてしまう。

　正助の理想は、巨大な資本や権力の横暴によって踏みにじられ搾取される。追いつめられた持たざる者たちの怒りは、第一部のクライマックスとなる百姓一揆へとつながっていく。

　新左翼運動が盛んだった60年代、この作品にマルクス主義的唯物史観を見出した者は多く、左翼系の学生や知識人に熱烈に支持された。

　作者の白土は、プロレタリア画家で小林多喜二の死に顔を描いたことでも知られる岡本唐貴《とうき》を父に持つ。そんな父の影響を受けて育った白土が、階級闘争を作品のテーマとしたのは当然の成り行きだったのかもしれない。だが、白土自身はマルクス主義などを作品で意識したことはないと述べており、暴力革命ともいえる百姓一揆の結末もきわめて悲惨で虚しいものとして描かれる。

　ただの理想主義ではなく、階級闘争や反差別を描いたうえで現実を突きつけることで、作品が力を持つ。物語は三部構成であると予告され、作品は第二部まで発表されているが、第三部は現在も未完のままだ。

豆知識 **佐藤優氏は広島の原爆に被爆した少女を主人公にした白土三平の作品『消え行く少女』の解説を書いたことがある。**

〝選ばれし民〟の正しい目的のための悪事は正当化されるのか

『罪と罰』

フョードル・ミハイロビッチ・ドストエフスキー

工藤精一郎訳／新潮文庫／1987年

現代の若者と変わらない主人公の「選民意識」150年経っても色褪せぬロシア文学の傑作

ロシアの文豪フョードル・ミハイロビッチ・ドストエフスキーの代表作である『罪と罰』。だが、その知名度の高さの割に全部読み通したという人は案外少ないのではないか。

たしかに、ロシア特有の長い名前や堅苦しいイメージのタイトルなどで食指が動きづらいかもしれないが、それだけで読まずに通り過ぎてしまうのはもったいない傑作である。

タイトルの「罪」の部分を直訳すると「一線を越えること」つまり犯罪を意味する。モラル的なこととは関係なく、『犯罪と罰』という意味のタイトルなのである。比較的若い読者の間では、本書の主人公やテーマが人気漫画『デスノート』と似ているという声も多い。そういった事実を知るだけでも、この古典的名著の印象がかなり変わってくるのではないだろうか。

作品の舞台は19世紀、ロシア帝国の首都サンクトペテルブルグ。主人公は、頭脳明晰ながら、貧窮状態で学費滞納によって除籍された元大学生のロジオン・ロマーヌイチ・ラスコーリニコフだ。

彼は自分が一般人と異なる「選ばれた非凡人」であるという選民意識を持ち、非凡人は法律や規範を超える資格があり、もし罪を犯しても「一つの微細な罪悪は百の善行に償われる」という信念を胸に秘めている。

その信念のもと、ラスコーリニコフは強欲非道な高利貸の老婆アリョーナを殺害し、その財産を有効に活用しようと計画した。ところが、現場に偶然やってきたアリョーナの義妹、リザヴェータまで殺してしまう。証拠を残さずに完全犯罪をやり遂げたラスコーリニコフだったが、何の罪もないリザヴェータの命を奪ったことで自責の念に苦しむようになる。

やり手の予審判事ポルフィーリは、物証はないもののラスコーリニコフが犯人だという心証を抱き、心理戦でなんとか自白させようと試みるが、抜群に頭の切れるラスコーリニコフを落とすことはできない。

そんな中、ラスコーリニコフは家族の生活を助けるために売春婦になったソーニャと出会い、彼女の神への絶対的な信仰心や自己犠牲的な行いに感化され、心境に変化が表れていく……。

150年以上も前に発表された本作だが、主人公の若さゆえの選民意識や自己正当化の心理などは現代の我々にも身に覚えがあるだろう。人の心の動きというのは古今東西そう変わらないのだ。

豆知識 佐藤優氏はラスコーリニコフについて「人間は自己犠牲的な行動をする人に惹かれ、秘密を告白する。これはビジネスにも応用可能」と指摘している。

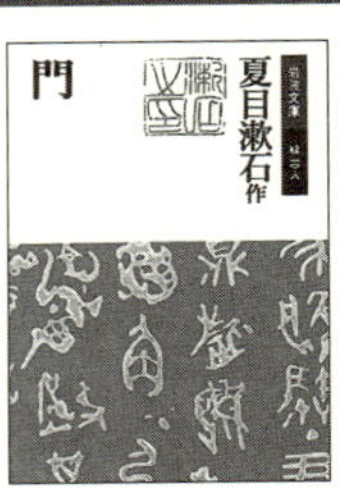

罪の苦しみと救いの物語

『門』

夏目漱石

岩波文庫／1990年

親友を裏切ってまで手に入れた愛
罪の意識に際限なく追われる男の救いとは

　夏目漱石を語るうえで、その作風の変化を避けて通ることはできない。とくに象徴的なのは、いわゆる前期3部作とそれ以後の作品だ。

　前期3部作はストーリーに直接的なつながりはないが、『三四郎』で青年の成長と淡い恋が描かれ、続く『それから』で略奪愛と世間との対峙に至り、最後の『門』で罪の苦しみと向き合う。

　以降、漱石は生死の境をさまよった「修善寺の大患」などを経験したことで作風が変わっていくのだが、それ以前の最後の作品として、『門』は漱石文学における重要な位置を占める。

　主人公の野中宗助は、ワケあって京都大学を中退し、役所勤めをしながら愛する妻・御米《およね》と崖の下にある借家で隠れるようにひっそりと暮らしている。

宗助には、親友である安井の内妻だった御米を略奪したという過去があり、その罪におののきながら生きているのだ。

略奪愛の負い目から、資産家だった父の遺産相続にも関心を示さず、引き取った弟の小六の学費問題の解決に乗り出すこともなく、彼は「社会の罪人」という意識からくる諦めの境地にあった。

御米が心労で寝込むなど、なんとなく不吉な影が生活に忍び寄ってくる中、宗助は大家の坂井の元に安井がやって来ることを知って取り乱す。安井との再会を怖れた宗助は、心の救いを求めて鎌倉の禅寺の門をくぐって座禅をするが、悟ることなどできるはずもなく帰宅する。

すると、すでに安井は満州へと去り、学費問題のあった弟の小六は大家である坂井の書生になることなども決まり、宗助や御米の心をかき乱していた問題は何もせずともすべて解決していた。

早春の縁側で、夫婦は心配ごとのない幸せな時を体験する。この時の御米の言葉は印象的だ。

「本当にありがたいわね。漸《ようや》くの事春になって」

紛れもなく、罪の意識や生活の諸問題に苦しんでいた宗助にとっても至福の時だ。禅に助けを求めたり、自分でなんとか解決しようとしなくても、世の中の巡り合わせによって自然と救われることもあるのだと実感する。

だが、この妻の晴れ晴れとした言葉に対し、宗助は足の爪を切りながら「またじき冬になるよ」とつぶやく。

結局、表向きはなんとかなったとしても、根源的な問題は何ひとつ自分たちの力で解決できないのだという諦観。誰にでも覚えがあるだろう。

豆知識 佐藤優氏は2003年に拘置所を出所したのち、孤独の中で本作を再読。「理屈抜きで人は救われる瞬間があるのだ」と感じたという。

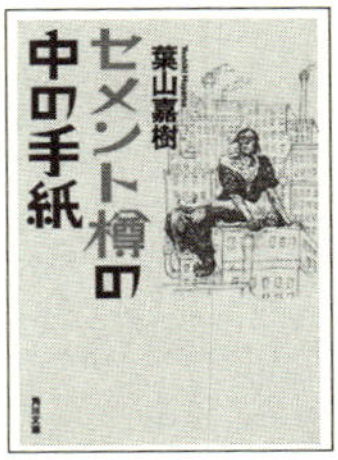

プロレタリア文学の代表作

『セメント樽の中の手紙』

葉山嘉樹

角川文庫／2008年

労働者たちの苦しみの叫びを文学へと昇華
働く者のリアルは時代を超える

日本において、無産階級―通称「プロレタリアート」―と呼ばれる人々の文学作品があまた世に出たのは、1920年代から30年代にかけてのことである。10年代後半から、現場で働く労働者によって書かれていた「大正労働文学」の流れを汲み、プロレタリア文学は誕生した。

プロレタリア文学とは、無産階級として負わなくてはならない暮らしの苦しみから生まれた文学だ。この潮流の中心的な担い手が、葉山嘉樹《よしき》である。彼は発電所工事現場の労働者であった時に代表作『セメント樽の中の手紙』を書き上げた。

物語の冒頭、主人公の松戸与三が発電所工事でセメントづくりに従事している様子が描かれる。与三は、鼻に詰まったセメントを拭う暇すらないほど多忙をきわめる現場で長時間働き、それでもぎりぎり生活が成り立つかどうかといった賃金しか得られない。そんな自身の身の上を嘆き、生活を呪う与三は、まさに同時代のプロレタリアートの姿である。

彼は仕事の合間、セメント樽の中から頑丈に釘づけされた箱を見つける。やっとのことで中を開けると、ぼろ切れにくるまれた手紙が一通入っている。手紙は、与三と同じくセメント工をしていて亡くなった一労働者の恋人からのものだった。

セメント工はクラッシャーに嵌《はま》り、石とともに砕かれ焼かれるという凄絶な最期を迎えていた。彼女は、セメントとなった自身の恋人がどこでどのように使われるのかをぜひ教えてほしいと手紙で訴えていた。手紙を読んだ与三は、子どもたちの声で我に返り、「何もかも打《ぶ》ち壊して見てえなあ」と呟いて酒を呷《あお》り、7人目の子どもを身ごもっている妻の大きなお腹を見たのだった。

『セメント樽の中の手紙』はさまざまな読み方が可能である。資本家に搾取されるプロレタリアートの痛切な実情を訴える物語としてとらえることもできれば、あるひとつの出来事を通し、労働者が蒙《もう》を啓《ひら》かれる過程を描いた物語としてとらえることもできる。

葉山嘉樹と同時代、この分野では小林多喜二や徳永直《すなお》、小牧近江《おうみ》といった優れた書き手たちが次々と生まれたが、その後、治安維持法による弾圧が徐々に厳しくなり、プロレタリア文学の作家たちも厳しい状況へと追い込まれていった。

葉山はのちに転向して大政翼賛へと傾き、満州開拓民として中国大陸へ渡っている。戦後、引き揚げ途中に死去した。

豆知識 プロレタリアート文学と言えば小林多喜二の『蟹工船』が有名だが、佐藤優氏は同作品のプロットは葉山の『海に生くる人々』と酷似していると指摘する。

人間らしく生きるとは一体どういうことか？

『人間の條件』

五味川純平

岩波現代文庫／2005年

極限状態で自らの信念と妻への愛を貫いた主人公が問う「人間の条件」

第二次世界大戦が終わり、間もなく世界中の文学者は戦争をテーマにした作品、すなわち戦争文学に取りかかった。日本では竹山道雄『ビルマの竪琴』（1947年）、大岡昇平の『俘虜記』（49年）や戦場での飢餓と人肉食のタブーに切り込む『野火』（52年）、広島の原爆を描く原民喜『夏の花』（47年）、銃後の庶民を描いた壺井栄『二十四の瞳』（52年）など多岐にわたった。

一方、52年まではGHQの占領下にあったため、検閲により日の目を見ない作品もあった。ちなみに『黒い雨』（井伏鱒二）や捕虜人体実験を取りあげた『海と毒薬』（遠藤周作）などは、60年以降の発刊となる。

56年に刊行された本書は、全6部作。映画化

（59〜61年）もされたが、こちらは3部作、合計9時間31分の超大作だ。監督の小林正樹はのちにドキュメンタリー映画の傑作『東京裁判』を完成させている。

本書の主人公の梶は、旧満州の軍需産業に勤務していたが、中国人捕虜の強制労働への扱いに抗議し、拷問の末、ソ連との前線へ兵士として送り出される。そして捕虜となり、脱走の末、妻を思い出しながら絶命する。

「美千子よ、君と俺との生活は、今夜からほんとうにはじまるだろう」と書かれた巻末。横たわった梶の上に、雪が積もっていく。

五味川自身旧満州で生まれ、兵士としてその地を生き、引き揚げに至った。純文学と大衆文学の境界を越え、エンタテインメント性も相まった本書は「過酷極まる中で人間として行動し続ける梶は英雄である」といった雑誌の論評をきっかけに、大ベストセラーとなる。ただし、一部の純文学作家からは「通俗だ」との批判を受けた。

この物語の中で、主人公は「梶」とだけ記される。読者はそこに共感したのではないだろうか。当時、読者が戦場を振り返った時、記憶の中の戦友は苗字だけだったのではないか。戦場では苗字のみで命令を受ける。戦場において、一人ひとりの人間に下の名前は必要なかったのだ。

その後、五味川は本作で描き切れなかった「組織の中の人間」というテーマで『戦争と人間』に取り組む。65年から82年まで、全18巻に及んだ。その途中73年にはノンフィクション『虚構の大義　関東軍私記』を刊行。作家そして人間として、書かずにはいられなかったのだ。五味川は95年、78歳で死去した。

豆知識　五味川は1947年に日本へ引き揚げて来た。50年に応募した短編小説が雑誌に掲載されデビュー。その後ヒット作はないまま、本作へと至った。

数奇な王の運命を描いた古代ギリシャ悲劇の傑作

『オイディプス王』

ソポクレス

藤沢令夫訳／岩波文庫／1967年

あまりにも壮絶でスキャンダラス オイディプスに襲いかかる逃れ難い悲劇的運命

『オイディプス王』は、紀元前5世紀に執筆されたギリシャ悲劇の代表作である。かのアリストテレスも『詩学』の中で、逆転と認知が同時に起こる、最も優れた構成の悲劇だと賞賛している。

作者のソポクレスは、アイスキュロスやエウリピデスと並ぶ、古代ギリシャ三大悲劇詩人のひとり。本作は日本でも、野村萬斎や市川海老蔵を主演に、あるいは宝塚バージョンなどでたびたび舞台化されているので、知っている人も多いだろう。

コリントス王の養子オイディプスの物語である。「父を殺し、母を娶《めと》るであろう」という予言から逃れるため、放浪の旅に出るが運命には逆らえない。オイディプスがたどった数奇な運命はあまりにも破天荒でスキャンダラスである。

テーバイの地に厄災をもたらした怪物を破ったことを機に、オイディプスはその地の領主となり、前王ライオスの后《きさき》であるイオカステを妻に迎え、しばらくは安穏とした生活を送っていたのだが、疫病がテーバイを襲う。実は、原因はオイディプスその人にあった。オイディプスは、かつて自分が殺した男が、テーバイの前王ライオスであり、ライオスこそが自分の実父でありイオカステは実母であることを知る。呪われた予言のとおりになったのである。

ホメロスの『イリアス』第23巻や『オデュッセイア』第11巻などにあるオイディプス伝説だが、ソポクレスはこの悲劇に独自の視点を加えた。

ひとつは、オイディプスはキタイロンの山で拾われたのではなく、テーバイの王ライオスに山に捨てるように命じられた羊飼いがコリントスの家来にオイディプスを託した、という話に変えた点。

もうひとつは、ライオス王には「子孫を残してはならない」という命令がアポロン神から下されていたが、子（オイディプス）をもうけてしまったため、「その罪の子は父を殺し、母を犯す」という呪いを受けたという前史を、いっさい排除した点。

ソポクレスの手による『オイディプス王』は、誰かのせいで悲劇になるのではなく、ただただオイディプスが己を疑い、己のせいで最悪の状況に陥るという構成になっているのである。

オイディプスは国を救った英雄から、忌まわしき穢れそのものへと転落した。彼は、重要な認識器官である己の目を潰して物乞いとなった。

生まれてはならぬ人から生まれ、交わってはならぬ人と交わり、そして殺してはならぬ人を殺した受け入れ難い宿命。ギリシャ悲劇の王道である。

豆知識 イタリア人の監督ピエル・パオロ・パゾリーニが1967年に『オイディプス王』を映画化した。邦題は『アポロンの地獄』。

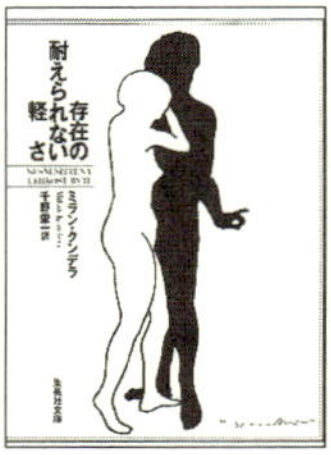

社会主義の国のリアルを恋愛模様を通して描く

『存在の耐えられない軽さ』

ミラン・クンデラ

千野栄一訳／集英社文庫／1998年

ニーチェの解釈から始まる革新的な書き出し 政治・思想・哲学・恋愛が複雑に絡み合う

冷戦下の旧チェコスロバキア（現・チェコ）出身で、1970年代にフランスへ亡命した作家、ミラン・クンデラ。ヨーロッパにおける現代小説の旗手ともいわれる。

67年に発表した長編小説『冗談』で、共産主義政権下のチェコスロバキアの閉塞した生活、政治によって人生を歪められた男女の悲劇と喜劇を圧倒的な筆力で描き出し、高い評価を得た。

68年に起きた、チェコスロバキアの民主化運動「プラハの春」でクンデラは改革派の支持を表明、指導的な役割を果たす。

しかしわずか数カ月後、ソ連をはじめとするワルシャワ条約機構軍の武力介入によって「プラハの春」は鎮圧され、民主化運動は頓挫する。クンデラはフランスへ亡命し、チェコスロバキア国籍を剝奪された。フランスでは、大学の教職に就きながら作家活動を続け、81年に帰化している。

そんな激動の人生を送ってきたクンデラが、84年に自身の運命をも変えた「プラハの春」を題材として執筆し、世界的ベストセラーとなった小説が本書『存在の耐えられない軽さ』だ。

68年当時のプラハを舞台に繰り広げられる男女の三角関係を描いた物語である。

優秀だが浮気性な医師のトマーシュ、彼の妻で純朴な田舎娘テレザ、奔放な女性画家でトマーシュの愛人サビナ。ソ連軍の侵攻により「プラハの春」は鎮圧され、トマーシュとテレザはスイスに亡命するが、亡命先でもトマーシュとサビナの関係は続いていく。この三角関係に耐えられなくなったサビナは1人、ソ連制圧下のプラハへと戻る道を選んだ。最終的にはトマーシュも、妻を追って危険なプラハへ戻ることを決断する……。

物語には、社会主義の国のリアルとともに、全体主義の中で個としていかに生きるのかというクンデラの哲学的な問いが散りばめられている。

冒頭、いきなりニーチェの思想「永劫回帰」の解釈から始まる本書は、小説を読もうとしていた読者を面食らわせるだろう。

クンデラは「もし永劫回帰が最大の重荷であるとすれば、われわれの人生というものはその状況の下では素晴らしい軽さとして現れうるのである」としたうえで、物語の核心といえる「だが、重さは本当に恐ろしいことで、軽さは素晴らしいことであろうか？」と問う。

プラハへ戻るも職を失い、田舎で暮らす2人の姿には社会主義の国のリアルがある。

豆知識 2019年、チェコは約40年ぶりにクンデラの国籍を回復。チェコ外務省はクンデラの著作が同国の名声を高めたとして謝意を示した。

革命が人間の心に残した傷痕を描く

『人間の運命』

ミハイル・ショーロホフ

漆原隆子、米川正夫訳／角川文庫／2008年

革命と社会主義という道の先にあったもの 時代に翻弄される人々の心の叫びとジレンマ

ノーベル文学賞やスターリン賞を受賞したミハイル・ショーロホフは、トルストイへとつながるロシア文学の伝統を受け継いだ、ソビエト文学を代表する作家である。

彼の作品には代表作の『静かなドン』をはじめ、たびたびコサックが登場する。それは彼自身がロシアのドン河畔にあるコサック村、ヴョーシェンスカヤで生まれたことと関係しているだろう。

1905年生まれのショーロホフ。在学中にロシア革命が勃発し、故郷が激戦地になる。20年初頭、ドン地方にソビエト政権が確立すると、ショーロホフはわずか15歳で革命委員会の事務員として働き始めた。その後、食糧調達係として農村階級闘争の前線に銃を持って駆けつけることもあったという。この激動の時代を最前線で体験したことが、彼の小説家になる決意の動機づけとなったといえよう。

モスクワに居を構え、石工や土木作業員などの肉体労働で生計を立てるかたわら、作家デビューを果たし、『テスト』や『三個』といった小品を発表する。しかし、新経済政策の実施後、モスクワの人々は革命喪失感に見舞われ、無気力な空気が漂っていた。そんなモスクワに見切りをつけたショーロホフは、24年に故郷へ舞い戻る。以後、彼はドン地方から離れようとしなかった。

帰郷後、取り憑かれたように執筆に没頭して書きあげた『静かなドン』は、コサック社会の変遷を壮大なスケールで描いたソビエト文学の最高峰のひとつと評されている。

一方、本書『人間の運命』には、革命や戦争によって人生を翻弄された人々の5つの短編が収録されている。表題作は、ソビエトの社会主義リアリズムを描いた代表的な作品として高く評価されたが、文化大革命下の中国では徹底的な批判を受けた作品でもある。

戦争でドイツ軍の捕虜となった主人公のアンドレイ・ソコロフ。厳しい収容所での日々を生き、脱走してようやく故郷に帰り着くと、待っていたのは家族が全員殺されているという現実だった。戦争によってあらゆるものを奪われた男は最後に、酒場の近くで出会った戦災孤児を自分の子どもとして育てる決意をする……。

国家や政府に頼ることはできない。信用できるのは具体的な人間だけだというロシア人の人生観がそこにある。不条理な人生を生き抜いていく人間の力強さを学ぶ。

豆知識 第二次世界大戦中、従軍作家として前線に赴いていたショーロホフは、ナチスの残虐さを綴った『憎しみの科学』という短編も残している。

イギリス社会が今なお内包する階級意識をえぐり出す

『林檎の樹』

ジョン・ゴールズワージー

法村里絵訳／新潮文庫／２０１７年

イギリス人の倫理観とその限界について20世紀初頭の小説はどう描いたか

多くの読者がイギリス文学と聞いて最初に思い出すのは、16世紀のシェイクスピア作品だろう。あるいは、19世紀のディケンズ作品かもしれない。『オリバー・ツイスト』や『クリスマス・キャロル』など、庶民の生活をペーソスをもって描いた作品は、今なお世界中で愛されている。

世界中の文学者がそうであったように、20世紀に入り、イギリスの文学者が抱えるモチーフは多岐にわたっていく。その中で１８６７年生まれのジョン・ゴールズワージーは、イギリスに根深く残る階級制度と差別を描いていく。同時期ではフォースターも『ハワーズ・エンド』などで階級制度に踏み込もうとしている。日本では森鷗外の『舞姫』にも、類似点が見受けられる。

だが、本書『林檎の樹』をいま読むと、物足りなさを感じるかもしれない。上流階級の主人公アシャーストが、ウェールズの田舎の少女ミーガンと恋に落ちる。2人は駆け落ちすら計画するものの、アシャーストは友人の妹に徐々に心が移っていく。身分違いという周囲の反対を乗り越えてミーガンとの愛を貫くかと思いきや、結局は上流階級の娘を選んで結婚してしまうのである。年月は流れ、初老のアシャーストは思い出の地を訪れてミーガンを思い出すが、そこで自分が捨てたミーガンがその後、自殺していたことを知る。

上流階級の男の感傷的かつ言い訳めいた身勝手な物語には、不快感すら覚えるかもしれない。しかしゴールズワージーが描こうとしたのは、まさにイギリス社会が抱えるこうした階級意識の残酷さだったのである。

思えば、ベトナム戦争の悲惨さを描いた映画も、『ディア・ハンター』(1978年/マイケル・チミノ監督)のように登場人物の心理描写を丹念に描くことで戦争の実情にアプローチしようとしたものから、『プラトーン』(1986年/オリバー・ストーン監督)のようにリアリズムに徹した戦闘シーンを描いて残虐性とむごさを前面に押し出したものまで、時代とともに描き方は変化してきた。

同様に、20世紀初頭のイギリス文学者が階級と差別をいかに描くべきかと苦悩し生まれた作品としてこの物語を読むことができるだろう。ブルジョワジーと形式主義への批判、ヒューマニズムの検証はもとより、当時のイギリス人が自分たちより低い立場にいる「外部」をいかにとらえていたのかが読み取れる。そして、イギリスの階級意識は今もまだ社会に根深く存在している。

豆知識 本書に影響された川端康成が『伊豆の踊子』を発表したのは、1926年。世界に点在する文学者の、時間的な距離が縮まってきたとも言える。

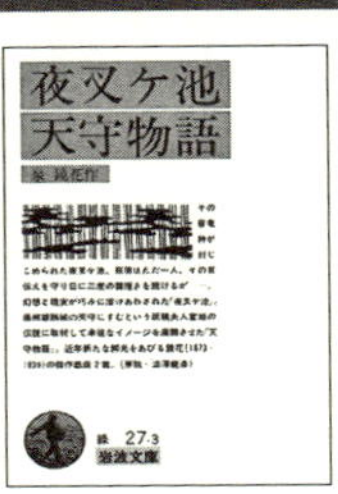

怨霊だって恋をしたい

『夜叉ケ池 天守物語』

泉 鏡花

岩波文庫／1984年

伝統的怪異譚を独特の幻想へと組みあげる〝鏡花の世界〟に酔いしれられる1冊

泉鏡花は1873年、金沢生まれの小説家である。父は彫金・象嵌細工の名人級の職人、母は加賀藩の能楽師の家系。この工芸と芸能の家柄が鏡花の文芸の背景となっている。

母親は鏡花の末の妹の出産がもとで若くして亡くなっている。鏡花は後年、釈迦を右脇から産んだあと、高熱を発し7日後に亡くなった摩耶夫人《まやぶにん》の像を書斎に祀っていた。亡き母の存在と重ねていたと思われる。2人の妹は、のちに養子に出されており、母や妹たちという少年期に彼の元を去った女性たちの存在が、彼の文芸に影響を与えたと考えられる。

明治半ばから創作活動を始めた鏡花は、漱石、鷗外に連なる世代だが、江戸時代中期の井原西鶴の娯楽小説スタイル『浮世草子』を手本とした尾崎紅葉に感銘を受けて弟子入り。のちに頭角を現し、一時は師匠より売れっ子になった。

『夜叉ケ池』と『天守物語』はどちらも戯曲である。『夜叉ケ池』は毎日定刻に鐘を撞かねば村を洪水が襲うという村人たちも忘れているような誓約を健気にこなす夫婦が、恋のために狂いだした怨霊と異常気象のため狂いだした村人たちの間に挟まり……という明治期の片田舎を飲み込んだ狂気の洪水譚。終わりのドタバタなオチは、展開の速さにただ呆気に取られるが、気づかれざる複雑な仕組みは、巻末の澁澤龍彦の解説に詳しい。この解説自体、文学の大宇宙を成していて必読である。

そして『天守物語』の舞台設定の結界を張る手捌きは『夜叉ケ池』よりはっきりしている。

姫路城の天守閣を舞台に繰り広げられる妖怪と人間の幻想的なラブストーリー。姫路城の天守閣に棲みついている妖怪・富姫のところに、猪苗代城の妖怪・亀姫が訪れる。女性同士の洒脱な会話にお殿様の生首の土産というブラックユーモアも交じり合う。物語の後半は、鷹匠の青年が天守閣に足を踏み入れることで急展開、追っ手を前に青年を守ろうとする富姫だが……。

現実の人間よりも妖怪のほうが人間的に温かいという逆説に、鏡花らしい世界観が読み取れる。

これらは戯曲といいながら、実際には鏡花の生前上演されることはなかった。だからというわけではないが、戯曲の形をとった活字作品として読める。イメージの中の「舞台」は抽象的で、世界の素朴な民話や神話同様、言葉が舞台装置となって登場人物を順々に入退場させ無背景の中に浮かびあがらせる。

豆知識 『天守物語』は玉三郎主演で歌舞伎でも上演され、先の話に出てきた書斎に祀られていた摩耶夫人像は、松竹に寄贈された。

人を愛するという人間の本能に迫った物語

『かわいい女・犬を連れた奥さん』

アントン・チェーホフ

小笠原豊樹訳／新潮文庫／1970年

人を愛するとは、どういうことなのか 人間の哀しくもいじらしい姿を描いた短編集

本書は、19世紀に生きたロシアの文豪、アントン・チェーホフによる短編小説集である。同時代に生きたトルストイやドストエフスキーと比べるといささか存在感に欠けるが、『かもめ』や『三人姉妹』といった戯曲として親しまれているほかの代表作も含め、彼の知性あるユーモア、繊細な人物表現に刺激を受けたという人も多いだろう。

1860年に生を受けたチェーホフは、父親の破産によって家族が夜逃げするという困難を少年時代に経験する。優秀だったチェーホフは奨学金で医学を学び、実際に医師として働くかたわら、生活費を稼ぐために短編小説を数多く発表していた。しかし、チェーホフの小説家としての才能を早くから見出していたベテラン作家、ドミートリイ・グリゴローヴィチから「ユーモア短編の量産はせっかくの才能を浪費するものだ」と忠告を受け、これを機に長編戯曲を含む文学的作品に本格的に取り組むようになったといわれる。

『かわいい女』は、舞台監督の男と結婚すると演劇興行の仕事に邁進し、その夫が死ぬと次に材木の倉庫管理人の妻となり、材木が人生で最も大切なものだと思い込む、すなわち愛する男の世界に埋没し、男の分身のように世話をしないではいられないロシア人女性のストーリーだ。

その強烈な母性本能は、現代なら無個性といわれるのかもしれない。しかし、愛する男と同じ景色を見ることだけに幸せを感じる無邪気な女性の姿も、その思いが深淵であるほどひとつの生き方として存在感を放つ。この作品の発表当時、評価は絶賛と否定の2つに割れた。トルストイは女性の誠実さ、愛する能力に感動し、4日も続けて朗読したという。

『犬を連れた奥さん』は、中年のロシア銀行家と犬を連れた若い人妻が、クリミア半島の町ヤルタで偶然出会い、恋に落ちるという物語。つまり不倫なのだが生々しい描写はなく、むしろ男女が惹かれ合い、真の生命が彼らの心に宿り、本気で人を愛するとは、といった普遍的なテーマを掘り下げていく。

離婚は想像さえ難しかったであろう19世紀のロシアにおいて、退屈な人生から逃避したいというインテリらしい感覚、いっときの興奮と快楽、そして待っている現実の恐怖と不安……と、時代を超えて普遍的な不倫のリアルを描き出す。チェーホフの心理描写は見事という他ない。

豆知識 舞台女優のオリガ・クニッペルと結婚したチェーホフ。だが、実際は『かわいい女』のモデルと噂されるリーディア・ミジーノヴァを愛していたのでは、という説もある。

陸軍の中に顕現された精神のありどころ

『小説 陸軍』

火野葦平

中公文庫／２０００年

ある一族の陸軍との関係を70年にわたり描く終戦の日に刊行された「兵隊作家」の大河小説

火野葦平《あしへい》、本名・玉井勝則は日中戦争を戦っていた日本陸軍の一兵士だったが、もともと文学青年であり、出征前に書き上げた小説『糞尿譚』が１９３７年の第６回芥川賞を受賞したことを前線で知る。以後、火野は「兵隊作家」と呼ばれ、『麦と兵隊』や『土と兵隊』など、戦地で目にしたことを題材にした小説を数多く発表。軍国日本の代表的な作家となっていった。

『小説 陸軍』もまた、そんな火野の兵隊作家としての仕事の一環ではあるのだが、連載されていた朝日新聞社から単行本として発行された初版本の奥付は何と１９４５年８月15日、終戦の日であった。この『小説 陸軍』が、兵隊作家たる彼の総決算的な大河作品となったのは果たして偶然か。

本書は、現在の福岡県・小倉に住む高木家という商家を中心に物語が進む。幕末維新の風雲の中、その家の高木友之丞は隣国・長州の、身分を問わない西洋歩兵部隊・奇兵隊に入隊。当時の長州で盛んに叫ばれていた「尊皇攘夷」などのスローガンを耳にしながら、「ここではすべてが、（小倉藩のような小さな単位ではない）皇国のため、日本のために、であった」という感動を得て、徳川幕府打倒のための戦いに身を投じていく。

友之丞の息子・友彦もまた成長して陸軍に入り、日露戦争に出征。友彦の息子の伸太郎は、祖父・友之丞が乃木希典《まれすけ》からもらった赤瓢箪を身につけて、「大東亜戦争」の戦場へと旅立っていく……。

九州のある一族の70年の歴史に、明治維新以来の日本陸軍の歴史の70年が重ね合わされていくという大河小説であった。

火野はこの自作を振り返って、「陸軍そのものを書くよりも、その中に顕現された精神のありどころを確かめることに、眼と心とを集中した」と言っている。その「精神のありどころ」とは、まさに当時の日本人、一人ひとりの精神であった。その意味で、本作は戦意高揚作品というよりは、明治以来の日本の庶民の精神史にさえ迫った小説であり、実際にこれを映画化した『陸軍』（木下惠介監督、１９４４年公開）は政府の不興を買い、木下監督は終戦まで仕事ができなくなったという。

戦後、兵隊作家として称賛されていた火野は一転、「戦犯作家」といった汚名を着せられるようになり公職追放された。追放が解除されたのちにも、いくつかの作品を発表してはいるが、60年に死去。享年53。のちに死因が自殺であることが判明する。その再評価はまだ途上である。

豆知識 火野は常に庶民＝兵隊に寄り添い続けた作家で、佐藤優氏も「戦前、戦中の普通の日本人の戦争観を知るためにも最適の書」と評価する。

死とエロティシズムを突きつめた伝説的短編

『花ざかりの森・憂国』

三島由紀夫

新潮文庫／1968年

三島美学が炸裂する憂国の志士の最期 のちの割腹自殺の伏線ともいうべき描写

戦後の日本文学界を代表する小説家、三島由紀夫。本書は三島が16歳の時に執筆した『花ざかりの森』をはじめ、宿命的短編と謳われる『憂国』を含む13編を三島自らが厳選し解説を付している。

三島は1925年生まれ。代表作に『仮面の告白』『潮騒』『金閣寺』『豊穣の海』、戯曲に『近代能楽集』『サド侯爵夫人』『鹿鳴館』などがある。晩年は政治に傾倒、戦後民主主義の欺瞞を激しく批判し、民兵組織「楯の会」を結成。1970年には「楯の会」の隊員数名とともに陸上自衛隊市ヶ谷駐屯地に立てこもり、自衛隊員に憲法改正のための決起を促したのち割腹自殺を遂げた。ノーベル文学賞候補でもあった世界的作家のあまりに激しい自死は世の中に大きな衝撃を与えた。

学習院初等科の幼少時代から文学の才があり、1、2年の頃から早くも詩や俳句を初等科機関紙に掲載していた三島。全5章からなる『花ざかりの森』は、三島が16歳の時に執筆したものだ。本名ではなく「三島由紀夫」の筆名を初めて名乗った作品でもある（本名は平岡公威）。リルケと日本浪蔓派に影響を受けたこの作品には少年の倦怠感が断片的かつ効果的に織り込まれ、早熟な天才が現れたと当時絶賛された。

二・二六事件の外伝的な『憂国』は、仲間たちの決起に呼ばれなかった中尉が仲間を叛乱軍として討伐しなければならないことに苦悩し、最終的に新婚の妻を道連れに割腹自殺を遂げるという短編だ。短い文章の中に男と女のエロティシズムが凝縮されるとともに、きわめて微細な割腹のプロセスが三島独特の筆致で描き出される。

『憂国』が発表されたのは1961年。それからわずか9年後、白いハチマキを巻いた三島が陸上自衛隊市ヶ谷駐屯地の東部方面総監室で、自身の腹部に同じように刃を突き立てるなど、誰が想像しただろうか。

しかし文学作品としての『憂国』からは、三島が肉体の復活を信じるキリスト教的な死生観を持っていることが読み取れる。ロシア人の愛国主義的政治家に『憂国』ファンが多いのは、そうした理由によるものかもしれない。あるいは、叛乱軍とされてしまった仲間と生死だけは共にしたいという友情の物語とも読める。

いずれにしても、この作品を読むと、三島本人の割腹が文学作品の完成形であったのか、憂国の志士としてのそれだったのかが混沌としてくる。時代の矛盾から目を逸らさなかった三島らしい。

豆知識 三島とともに割腹自殺を遂げたのは、「楯の会」第二代学生長の森田必勝。当時25歳だった。若松孝二監督作品『11・25自決の日 三島由紀夫と若者たち』に詳しい。

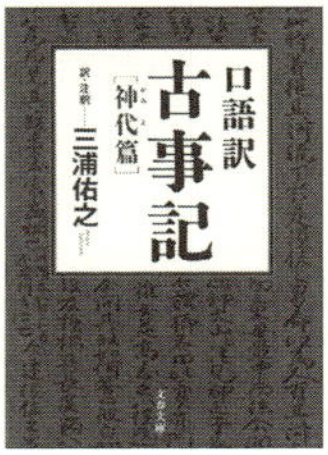

語り言葉で神代の時代を解説

『口語訳 古事記』

三浦佑之

文春文庫／2006年

わかりやすい語り言葉と詳細な注釈で綴られた日本誕生の壮大な物語

日本最古の歴史書といわれる『古事記』。天武天皇（在位673〜686年）の命令によって作成が始まり、約30年後の712年に完成、元明天皇（在位707〜715年）に献上された。

『古事記』は「上」「中」「下」の3巻からなる。「上」の冒頭に「序」がついている。

その「序」の中に、「帝紀と本辞（旧辞）」は「人々を正しく導いてゆくための揺るぎない基盤となるものである」から「帝紀を選びしるし、旧辞を探し求めて偽りを削り真実を定めて後の世に伝えよう」という天武天皇の言葉がある。

帝紀とは、天皇の系譜や事績を記したものであり、本辞（旧辞）は古い時代の出来事を記したものだ。つまり『古事記』はこの2つから構成されており、神々がどのように現れ、日本という国がどのように生まれて受け継がれてきたのかをひもといた、神話と渾然一体となった歴史書といえる。

稗田《ひえだの》阿礼《あれ》に系譜や物語を声に出して唱えさせ、のちに太安万侶《おおのやすまろ》が万葉仮名や漢字を使って書物に仕立てたといわれている。

内容は、まさにドラマチックな読み物ばかりだが、原文はなかなか読みきれない。それを誰でもが読めるようにと、三浦佑之が口語訳を試みた。

「天と土とがはじめて姿を見せた、その時にの、高天の原に成り出た神の御名は、アメノミナカヌシじゃ。つぎにカタミムスヒ……」

三浦は、古代ヤマト王権を支え、神話や歴史を語り継ぐ語り部の古老を1人登場させ、その語り言葉によって物語を展開させていく。

詳細な注釈も本書の特徴だ。たとえば、高天の原には「天空に浮かぶ神々の住まう世界。そこは、川や山があり草木の繁る大地で……」という詳細な解説がついている。1話ごとに100前後の注釈があり理解が深まる。

三浦は『古事記』をわかりやすく「神代編」と「人代編」の2編にし、それぞれ神々の世界と、人の代とを分けた。初代天皇とされるカムヤマトイハレビコ（神武天皇）を「神代編」に組み込んだのには三浦の意志が感じられる。

「神代編」の後半に書かれている「古事記の世界」で三浦は、「『古事記』が語ろうとするひとつは、人々が暮らす地上世界のあらゆる秩序の起源を、神がみの世に生じた出来事として説明している」とし、その神とのつながりを示したのは「律令国家の中核に据えられた天皇家の血筋と支配の正当性を語るためにある」とした。

豆知識 正史として扱われている『日本書紀』が成立したのは、『古事記』成立の8年後のことである。

平安時代、日本から見えた世界とその果て

『今昔物語集』

国東文麿訳／講談社学術文庫／1979～84年

目に見えないものの力を描き出す
自由で奇抜な説話集は極東の『千夜一夜物語』

『今昔物語集』は、インドや中国、日本の話を集めた説話集である。インド、中国、日本の順で並べられ、因果応報などを説く仏教説話が各部の前段を占める。新しい時代の話の内容などから12世紀初め頃、平安時代末期に編纂されたと考えられている。作者不明で、数々の写本が写し継がれた。

現代語訳前の原文は、タイトルは漢文で統一しているものの、本文は漢語、和語に当時の俗語も自由に使われて、今の社会で言えば匿名発信者の話が伝説化して語り継がれる電子掲示板や、140文字程度の呟きで人々に話が広まる短文ブログに似たところもあり、その関心は多方面にわたる。

インドと中国の話は、中国でまとめられた仏教説話集を基にしており、インド人が書いたものではない。昔の中国人から見た仏教の発祥地インドへの意識がそこにある。日本から見るとそれは入れ子になって、遠い国インドを思う、もうひとつの遠い国・中国への当時の日本人の意識の跡をたどることができ、日本の国の広がり、日本の辺境、見果てぬ辺境の先の未知の土地への関心も「本朝」部収録の説話に見てとることができる。それは当時この『今昔物語集』をまとめた誰かが見た、日本人のアイデンティティのどこか幽玄で定まらない国境のような輪郭に関わるのかもしれない。

日本の話の最後の巻三十一には、当時の政権が版図拡大のためたびたび兵を送っていた岩手の人、安倍三郎が話したという〝日本の果てを越えた世界の果て〟の話が出てくる。

中央の武将、源頼義・義家親子の粘着質な攻撃に迷惑していた安倍氏の人々は大きな船を造り、大陸の北の新天地を目指すが、そこには日本にはない巨大な河が口を開けており、1カ月かけて遡ってみることに。そこで目にした光景とは……。

安倍氏はその後日本に帰るも滅ぼされ、三郎だけが生きて九州に流されたという。そこで三郎は、編纂時期からすると「今は昔」と語るには割と最近すぎる話を語ったのだった。

こうした、全体の成立背景に関わりそうな話以外にも、本書には、動物処理所の近くに行ったのちいきなり狂ったように罪人を踏み殺す象（インド）、相撲取り2人分の怪力を見せるスレンダーな女（日本）など、極東の『千夜一夜物語』というべき突拍子もなく怪しい物語も登場する。

芥川龍之介が物語の力をこの説話集から拝借したのも、その得体のしれない語りの引力に引き寄せられたからにほかならない。

豆知識 三郎の一団の子孫はその後、松浦党なる海賊集団へ発展、中国南部を荒らし回る。国際色豊かなアウトローの血はその後も失われることはなかったらしい。

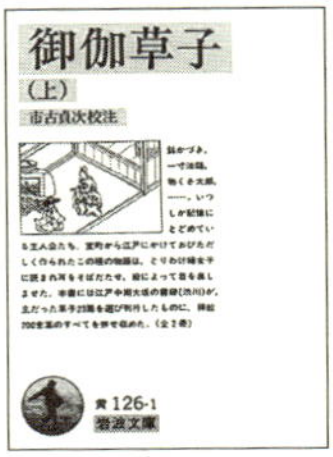

民衆に広く親しまれた物語集

『御伽草子』

市古貞次校注／岩波文庫／1985年

当時の人々の暮らしの手触りとともに活字文化を庶民に根づかせた1冊

『御伽草子』は、室町時代から江戸時代初期にかけて成立した短編の物語集である。

それまでの日本における物語といえば、主人公は貴族や武士など、身分の高い人々ばかりであった。たとえば、平安時代の公家である光源氏を主人公とした『源氏物語』や、天皇を始祖とし、下級武士の統治役としての地位を確立した平家の栄枯盛衰を描いた『平家物語』など。これらは、身分の高い人々を主人公にして描いた物語であることに加え、どれもが壮大な長編であった。

一方の『御伽草子』は、そうした従来の物語とは対照的である。『御伽草子』に収められている400編以上の物語はほぼ短編であり、主人公は公家や武家だけでなく、庶民も多く登場する。中には、神仏の化身や擬人化された動物など、人間でないものが主人公の物語まで存在する。

現在も子どもから大人までお馴染みの『浦島太郎』や『一寸法師』なども、この『御伽草子』に収録された物語である。ひとり旅の女性に目をつけて手に入れようとする「辻取」の話題が出てくる『物くさ太郎』などは、当時の開放的な性意識が現れていて興味深い。まさに、庶民の娯楽的読み物として成立した『御伽草子』だが、庶民にこれだけ愛され続けてきたのは理由がある。

それは、挿絵が多く挿入されていたということ。当時は読み書きのできない庶民も多かった。文字を追うだけでなく、「絵から物語を読み解く」という楽しみを庶民に提供し読書習慣を根づかせた、画期的な1冊だったのである。

こうして『御伽草子』は庶民の間で大いに流行した。それ以前にも『今昔物語集』や『宇治拾遺物語集』など、説話を集めた物語集は出版されていたが、さらに創作や訓話の要素が加わり、より親しみやすい形へと昇華した。庶民が活字に親しみ、これを文化として開花させたきっかけをつくったといえる。

『御伽草子』には「因果応報」を表す物語が多く収録されている。これは、平安時代末期から鎌倉時代にかけて鎌倉仏教が登場し、民衆に広く浸透したことと関係があるだろう。たとえば、「猫を放し飼いにせよ」という1つの高札をきっかけに起きた猫とネズミの論争の物語『猫の草紙』。ネズミは和尚に「猫が放し飼いにされたせいで自分たちが殺される」と訴え、和尚は猫に「殺生もほどほどに」と説く。無用な殺生を控えて生態系を守るというエコロジー思想にも受け取れる。

豆知識 物語の舞台としてたびたび登場するのが京都の清水寺である。庶民にとっても人気の場所であったことがうかがえる。

怨霊の凄まじい恨みに鳥肌が立つ

『新版 雨月物語 全訳注』

上田秋成

青木正次訳注／講談社学術文庫／2017年

人知を超えた神々の存在と冷徹なまでの因果応報を描く怪談集

本書は1776年、江戸時代に書かれた怪談集である。18世紀の世界を見渡せば、産業革命・市民革命・電気の発明があり、『ガリヴァー旅行記』『ロビンソン・クルーソー』の発刊があった。アメリカ合衆国独立もこの年だ。ちなみに、『東海道四谷怪談』の原型になった『四谷雑談集』は1727年の発刊だった。

本書は9編からなる、いわば短編小説集だ。その中のひとつ『吉備津の釜』（なぜこの言葉がタイトルとなったのか、その由来となるエピソードも文学として秀逸だ）に「鬼世」という言葉が使われている。鬼世とは、怨霊つまり恨みを持った生霊・死霊のことである。

女をつくった夫が家を出てしまい、捨てられた妻は心労から病いとなる。畜生のかぎりを尽くしたのちに妻の鬼世を恐れた夫が頼りにするのは陰陽師だ。現代語訳では祈祷師と書かれているが、少し前の陰陽師ブームを経ている私たちにとっては、陰陽師のほうがより深く江戸の世を実感できる。

陰陽師の忠言に従い、中国の文字らしい魔除けの札（原文では厭符《えんぷ》）を部屋中に貼り巡らせ物忌みの最終日を待つ。しかし鬼世は、神がかった力で昼と夜を変えてしまい、夫は畜生にふさわしい死へと至る。この描写が凄まじい。

この鬼世が生霊なのか、それとも死霊なのかはわからない。遠い地で臥せた妻は、生きたまま夫を死に至らしめたのか。それとも、死んでなお夫への恨みを晴らしたかったのだろうか。

本書は、巨匠・溝口健二監督が京マチ子、森雅之、田中絹代などを配役し、１９５３年に映画化。ベネチア国際映画祭で銀獅子賞を受賞、映画史上における最高傑作との評価も多い。最近では、マーティン・スコセッシ監督の監修による４Ｋレストア版も製作されたほどである。漫画化もされており、ＮＨＫによりアニメーション『まんがで読む古典』として放映されている。

本書の特徴は、上田の原文に添えられた現代語訳の読みやすさだ。現代語訳を読んで気に入った作品から原文を読んでみるのもいいだろう。原文は口語体ではなく文語体なのだが、この当時の文語体こそが、怨霊の世界を描くべく研ぎ澄まされた言葉であることを感じ取れるだろう。

人知を超える神々の力と冷徹なまでの因果応報が、物語の中で見事に交錯している。時代を超えて表現されてきた物語描写に、文学の力を再認識する。

豆知識 映画『雨月物語』公開年のキネマ旬報ベストワンは、今井正『にごりえ』、2位は小津安二郎『東京物語』、『雨月物語』は3位であった。

幕藩制の崩壊期の精神を描いた鶴屋南北論

『四谷怪談―悪意と笑い―』

廣末 保

岩波新書／1984年

歌舞伎『東海道四谷怪談』を通じて演劇評論家が論じた鶴屋南北の〝意図〟

日本を代表する怪談といえば、お岩の幽霊で知られる『四谷怪談』だろう。この怪談をベースにした鶴屋南北による歌舞伎『東海道四谷怪談』について、南北のほか、松尾芭蕉、近松門左衛門、井原西鶴などを研究した近世文学研究者であり、演劇評論家の廣末保が、演劇史の枠を超え、精神史にまでその視野を広げて論じたのが本書である。

お岩の幽霊で知られる『東海道四谷怪談』が、江戸中村座で初演されたのは、1825（文政8）年。幕藩制が崩壊し、既成の秩序に乱れが生じ始めた時代であった。型や様式が無力化し、定形から自由になろうとするエネルギーは自己崩壊と紙一重。しかし崩壊期の猥雑感や刹那的な開放感の中で南北は、これを好機とばかりに時代と遊んだ。

『東海道四谷怪談』は、物語の幹は巷説のお岩の怨霊話を踏襲しているが、そこに『忠臣蔵』のパロディを取り込んで、時代の崩壊期のエネルギーを描き出しているのが特徴的である。

初演時には『忠臣蔵』と『四谷怪談』を時系列に沿って交互に上演し、『東海道四谷怪談』には義士も登場させている。南北はこれまでも遊びの場である歌舞伎の舞台に棺桶や葬礼を持ち込み、混在させることによって猥雑で無秩序な空間を意図的に作り上げてきた。「共存しえないものを共存させるのが南北であった」と廣末が語るように、『忠臣蔵』の忠義の美と『四谷怪談』の不忠不義を共存させ、悪に笑いという善の要素を加え「越境しあってはならないものが越境しあう」劇空間の中で、時代の崩壊していくさまを表現したといえるだろう。

「恐怖と笑いが、いつも背中合わせに重なっていて、戸板返しではないが、いつ恐怖が笑いに、笑いが恐怖に裏返るかもしれないという不気味さこそが崩壊期の不気味さであり、面白さでもあった」と廣末は語り、南北が時代の矛盾と可能性を見出していた理由を分析する。

本書では実際の舞台の装置や配役、情景描写、役者の動き、台詞やシーンを描いた浮世絵が要所要所に盛り込まれ、まるで舞台そのものを観ているかのような臨場感が味わえる。さらに『四谷怪談』そのものの解説に加え、早替えや戸板返し、だんまりなど、歌舞伎の基本的な説明も添えられているので、歌舞伎の舞台をイヤホンガイドでナビゲートされているような充足感をも感じられる。

歌舞伎を〝読む〟経験ができる数少ない名著ともいえよう。

豆知識 物語の結びはお岩の成仏も伊右衛門の成敗も描かれず、伊右衛門の静止した見得で幕となる。歌舞伎という舞台芸術ならではの美意識がうかがえ、余韻を残した読後感が味わえる。

スパイ経験者の描くスパイ小説

『第三の男』

グレアム・グリーン

小津次郎訳／ハヤカワepi文庫／2001年

適度に悪人でありつつ信頼関係構築のスキルも必要 スパイ小説に学ぶインテリジェンスの妙

　頭がよいとか人間的に豊かだというだけでは外交官のようなインテリジェンスの世界で活躍する人間になるのは難しい。インテリジェンスの世界では、知識や教養だけでなく、他者をうまく欺くなどのさまざまなスキルが必要となる。

　イスラエル諜報特務庁の伝説的スパイであるヴォルフガング・ロッツはその著書『スパイのためのハンドブック』において「ウソをつく能力」「相手を疑う能力」の必要性を説いている。つまり適度に悪人になれることが必要だ。一方で、悪人であればよい仕事ができるわけでもない。情報収集にはコミュニケーション力が必要だからだ。他人から警戒されたり敵対されることなく、よい関係を築くスキルも重要なのだ。

つまり、対象を突き放して客観的に判断できる能力と、相手との親密な人間関係を築ける能力、この2つは時に矛盾するが、その矛盾を包含できる懐の深さがインテリジェンスの世界で活躍するためには必要である。こうしたスキルを磨くうえで参考にしたいのが良質なスパイ小説。

ジョン・ル・カレは元インテリジェンス・オフィサーで、実務に裏打ちされた『鏡の国の戦争』『寒い国から帰ってきたスパイ』などの小説がある。グレアム・グリーンの小説はインテリジェンスの汚い部分も含めて描いているという意味で、大いに参考になるだろう。

グリーンはオックスフォード大学在学中にドイツ大使館に雇われて対仏諜報活動に身を投じた。第二次世界大戦の時にはイギリスの諜報機関に所属し、西アフリカやイベリア半島で諜報活動を行ったスパイ経験者である。

映画で有名な『第三の男』の原作小説は、もともと映画製作のために書かれたという少々変則的な成り立ちで、序文では作者自身が「読んでもらうためにではなく、見てもらうために書いたものだ」と述べている。

映像化が前提であるため微妙な心理描写は少なめだが、詳細の描写については小説のほうが詳しく、結末など一部に映画と異なるところもあるので映画とともに比べてみるのも面白い読書体験となるだろう。

グリーン作品ではほかにも『おとなしいアメリカ人』や『ヒューマン・ファクター』など、スパイや軍隊の現実の世界をリアルに描いた名作がある。インテリジェンスの世界を追体験することで、仕事の進め方や人の見抜き方などを学べるはずだ。

豆知識 スパイ小説だけでなく文学性の高い作品も多数発表していたグリーンは長年にわたってノーベル文学賞候補に名前を挙げられていた。

奇妙な読後感も時代背景を知ると違った味わいに

『モーパッサン短篇選』

ギ・ド・モーパッサン

高山鉄男編訳／岩波文庫／2002年

虚栄心に溺れた女の人生を一変させた首飾り
貴族社会から市民社会への移行を風刺

フランスの作家、ギ・ド・モーパッサンの短編小説の多くは日刊新聞に発表されたものであり、そのことが、彼の作品の最大の特徴ともいえる簡潔さにつながった。

作品が発表された19世紀後半、自然科学が台頭し、理知的で合理的な思考が最重要視されていた時代である。モーパッサンが指導を受けたギュスターヴ・フローベル（『ボヴァリー夫人』などの作者）もまた、写実主義から自然主義文学の流れをつくり出した大家であり、このこともモーパッサンの作風に影響を与えた。

モーパッサンは兵卒として普仏戦争に従軍した経験があり、出世作となった『脂肪の塊』をはじめ厭戦思想を背景とした作品が多い。

代表作のひとつ『首飾り』の主人公は、安月給の役人と結婚した美貌の妻。華やかな生活を夢見る彼女が上流階級のパーティーに招待される。なけなしの貯金でドレスを購入し、お金持ちの夫人から首飾りを借りた彼女は、生来の美貌もあって衆目を集め大成功するも、借り物の首飾りを失くして青ざめる。宝石店で似ている高価な首飾りを見つけた彼女はあちこちから借金をしてなんとか購入、夫人に返却することはできたものの、人生は一変、借金返済のため働きづめの生活に。借金完済まで10年頑張ったものの、実は借りた首飾りは安物のイミテーションであったことを知り愕然とする、というラストで読者も愕然とする。

なんとも奇妙な読後感だ。虚栄心に満ちた女性のおかしくも切ない運命を描いたといえばそれまでだが、社会背景を知ると、作品はさらなる広がりをみせる。

当時は貴族社会から市民社会への移行期である。雲の上のものだと考えていた貴族的な暮らしも、お金さえ出せば実現可能になり、一般市民もこぞって上昇志向に取り憑かれていく時代だった。作品に描かれているのはそんな時代特有の悲喜劇であり、それは近代から現代をつなぐ普遍的テーマでもある。虚飾の誘惑を前にいかに生きるか。

もし首飾りをなくさなかったとしたら、あるいはなくしたことを告げて安物だと知っていたならば、借金まみれの生活にはならなかっただろう。しかし、相変わらず虚栄心におぼれる生活を送り、夫の安月給を嘆いて夫婦関係は破綻していたかもしれない。果たして本当の幸せはどちらだったのか。作品の背後に思いを巡らせるのも教養がなくてはできない小説の味わい方である。

豆知識 夏目漱石は『首飾り』について「苦労して借金を返したけなげな女の人生を、妙にうがった軽薄な落ちで否定し、善の理想を害している」と批判的だった。

生きることの不安に揺れる大作家の処女作品集
『晩年』
太宰治

新潮文庫／2005年

破滅型作家の初期作品からあふれるエネルギー
存在の不条理を描き出す筆致は文豪の原点

　太宰治、本名は津島修治。1909年、青森県金木村（現・五所川原市）の名家に生まれ、自殺未遂や薬物中毒、奔放な女性関係といったスキャンダラスなイメージをまといながら数々の傑作を残した、破滅型作家の代表格だ。

　太宰という作家は、人によって大きく印象が異なるのが特徴だ。ほとんど知らない人にとっては教科書で読んだ『走れメロス』や『女生徒』のイメージ、ある程度は知っているという人にとっては名フレーズ『生れて、すみません』（元は寺内寿太郎の一行詩とされる）に代表される、卑屈で暗く人生に対してうしろ向きな自分の内面をテーマにしているという私小説家のイメージ。さらに、コアな文学ファンや物書きにとっては世間一般に知られた破滅的な人柄や作風よりも「とにかく文章が上手い」という美点が強調される。太宰の作品は非常にバラエティに富んでおり、年代やテーマによって印象がガラリと変わってしまうのだが、それを可能にしているのが、飛び抜けた文章技術と稀代のストーリーテラーとしての能力だ。

だからこそ、太宰の作品は時代を超えて愛される。真っすぐな友情を描いた『走れメロス』がもてはやされる時代もあれば、美しい滅びを肯定する太宰の人間観が表現されたデカダンス作品『斜陽』が熱烈に求められる時代もあり、破滅・堕落願望にあふれた代表作『人間失格』に人々が惹かれていく時代もある。

また、太宰は短編の名手でもある。『満願』『黄金風景』『トカトントン』などの名作はもちろん、おとぎ話をモチーフにした『お伽草子』やキリストを裏切ったユダの独白で全編を構成した『駆込み訴え』などユニークな作風のものまで幅広い。

太宰というと精神的に不安定な印象があるが、作品においては自身の私生活をテーマにしたものも含め、実は俯瞰的にエンタテインメントとして描かれている。いわば老練しているのだ。

だが最初の単行本『晩年』は、そんな太宰の初々しさを感じさせる貴重な作品集だ。

「撰ばれてあることの恍惚と不安と二つわれにあり」というヴェルレエヌの詩で始まる『葉』、心中事件で自分だけが助かったあとに過ごした療養所を舞台とした『道化の華』など、若き太宰の生への不安が作風に大きく表れている。

存在の不条理をまとい、心の襞の奥底にわけ入っていくような太宰の文体を、一度は心ゆくまで味わっておきたい。

豆知識 太宰の孫に当たる劇作家の石原燃氏が2020年に小説家デビュー。太宰と因縁深い「芥川賞」にノミネートされて話題を呼んだ。

中年男の醜悪で純粋な恋心

『蒲団・重右衛門の最後』

田山花袋

新潮文庫／１９５２年

女弟子への「欲情」を赤裸々に告白「非肉体関係」で描かれる性はＳＮＳ社会にも通ず

大正時代以降に純文学の核心とみなされるようになった「私小説」の発展において、田山花袋が果たした役割は大きい。数ある作品の中でも、代表作である『蒲団』は下劣にして純粋、醜悪にして美麗、まさに私小説の本質である人間の本音や矛盾を描き出した歴史的な傑作だ。

花袋は１８７１年に現在の群馬県に生まれ、のちに尾崎紅葉に入門。国木田独歩や島崎藤村らと交流し、互いに刺激を与え合った。

当時は、フランスの文豪であるエミール・ゾラの影響で日本においても自然主義文学運動が沸き起こり、写実に価値が見出されるようになった。

そんな中、１９０６年に藤村の『破戒』が発表され、翌年に花袋の『蒲団』が世に出ることになった。これらの作品は、日本の私小説の出発点とされているが、とりわけ『蒲団』が巻き起こしたセンセーションは強烈だった。

『蒲団』は、花袋自身をモデルにしたとみられる三十代の作家・竹中時雄が、弟子入りを志願してきた女学生・横山芳子に恋焦がれていくというストーリー。主人公は既婚者ながら、ときめきを失った単調な結婚生活にうんざりしており、そこに芳子が押しかけ同然で内弟子として上京する。

これだけ聞くとよくある「不倫もの」といった印象もあるが、芳子には大学生の恋人がおり、それを知ったことで主人公の嫉妬と苦悩が始まる。「師」の立場を意識しつつも、予想以上に進展している芳子たちの仲を探って歯噛みしたり、手紙を盗み読んだりと、理性はいとも簡単に肉欲に負けてしまう。現代でいうと、教師による女生徒に対するストーカー行為のようなものだ。

中年男の滑稽で醜悪な内面が「そこまで素直に書くのか」と驚くほどリアルに描写され、主人公が芳子の使っていた夜着に顔をうずめて匂いを嗅ぎながら涙を流すというシーンで物語は幕を閉じる。現代でもドン引きされそうな描写のオンパレードで、写実の枠を飛び越えており、もちろん当時の文学界においても「劇薬」であった。

この衝撃が「私小説」に奥行きと迫力を生み出して可能性を広げることになっていくのだが、本作には現代的な要素も多々ある。

直接的な肉体関係ではなく、距離を置いた場所からあれやこれやを妄想し、それによって「恋」や「性」が描き出されるのは現代のSNS社会にも通じる。併録された『重右衛門の最後』も含めて、現代人に響く1冊といえるだろう。

豆知識 芳子のモデルとなった花袋の元弟子・岡田美知代は、『蒲団』への意趣返しといわれる作品『ある女の手紙』を発表している。

良質なＳＦで理数系の思考力を養う

『海底二万里』

ジュール・ヴェルヌ

村松潔訳／新潮文庫／２０１２年

奇想天外なようで科学的根拠があるＳＦは知的好奇心を刺激する未来予想図

１８２８年生まれのフランスの作家、ジュール・ヴェルヌは、『地底旅行』『月世界旅行』などでサイエンス・フィクション（ＳＦ）の開祖のひとりとされる一方、『十五少年漂流記』『八十日間世界一周』といった冒険小説の名手としても知られている。

作品の舞台がはるか地底の奥底や宇宙の彼方にまで広がるほどの彼の想像力の豊かさと、フィクションに科学的事実を取り入れる手法が絶妙のバランスで融合しているのが、１８７０年に発表された『海底二万里』である。

物語の舞台は１８６６年。巨大な謎の怪獣によって船が襲われる事件が多発し、パリ科学博物館のアロナックス教授らが真相究明のため太平洋に向かうところからストーリーは始まる。

アロナックス教授たちは探索を開始するが、怪獣の正体は生き物ではなく、巨大な高性能潜水艦ノーチラス号であった。

ノーチラス号に船を攻撃され、海に投げ出されたアロナックス教授たち。ノーチラス号の船長ネモに助けられ、彼らは「捕虜」として潜水艦での旅に同行することになる。

詩のような美しい言葉で描写される海底の景観や、海中に沈んだ伝説の大陸アトランティスの遺跡、大ヤリイカとの闘い、南極の探検など、太平洋の旅は神秘と驚異に満ちたものだった。

だが、ネモ船長はどこかの勢力に復讐するためにノーチラス号で海中に潜んでいるらしく、アロナックス教授たちは不審に思うようになる。そんな折、ノーチラス号は正体不明の軍船と交戦し敵を撃沈。憤ったアロナックス教授たちにネモ船長が語ったことは……。

当時、人間ドラマが描かれていない小説は低俗と見られる向きがあった。だが、ヴェルヌは未知の世界を想像させる高度な文章技術と科学的知識を融合させることで悪評をはねのけ、世界的な評価を獲得した。ネモ船長のキャラクター造形や、発表当時はまだ実在していなかった電気動力潜水艦であるノーチラス号の人気も高く、現在でもさまざまな作品のモチーフとして登場する。

ヴェルヌが１８６５年に発表した『月世界旅行』は、それからおよそ１００年後のアポロ計画で、『海底二万里』の潜水艦は、作品から約20年後にスペイン海軍によって現実のものとなった。奇想天外なようでしっかりと科学的根拠を踏まえた良質なＳＦは、理数系の知識欲を刺激してくれる。

豆知識 作中のノーチラス号は、アメリカが1954年に完成させた世界初の原子力潜水艦「ノーチラス」の名前に採用されている。

近代の日本人が抱え込んだ憂鬱

『こころ』

夏目漱石

新潮文庫／2004年

「明治の精神」の終焉で日本人はどう変わったか 大いなる存在を見失って途方に暮れる「こころ」

日本近代文学の巨匠・夏目漱石。『吾輩は猫である』『坊っちゃん』『三四郎』『それから』など、数々の漱石の作品の中でも、本書『こころ』は最もヒットした1冊といえよう。

新潮文庫版は、没後100年を迎えた2016年の時点で発行部数718万部を記録。100年以上の歴史を持つ新潮文庫の中で最も売れているタイトルだ。何が読者を惹きつけるのか。

『こころ』が書かれたのは1914年、つまり大正3年。当時の日本は、日露戦争に勝利したことで欧米列強と並び、国家の近代化に成功。明治時代の全体主義から、急速に「個」の時代へと移り変わっていった時期だった。

その象徴ともいえるのが、明治天皇の崩御に伴って殉死した「乃木大将」こと乃木希典《まれすけ》だ。彼の殉死によって「明治の精神」も同時に死に、大きく時代が変わっていったといわれる。そのような時代の流れに影響を受け、漱石は『こころ』を執筆したとされる。

物語は、学生の主人公「私」が鎌倉で不思議な雰囲気の男性と出会うことから始まる。「私」はその男性を「先生」と呼び世代を超えて親しくなっていくが、どうやら「先生」は重大な秘密を抱えているようで、なかなか心を開いてくれない。

そんな中、父親の見舞いで帰省した「私」の元に、自殺を想起させる「先生」からの手紙が届く。手紙には、信頼していた人物に裏切られ、そして自身も大事な親友を裏切ってしまったという過去が綴られていた。

学生時代の「先生」は、下宿先の「お嬢さん」に恋心を抱いていたが、親友で同居人のKも同時に彼女に思いを寄せていた。Kから「お嬢さんに恋している」と秘密を明かされた「先生」は、Kを出し抜いて「お嬢さん」にプロポーズし結婚が決まる。Kはショックで自殺してしまう。

結婚後も「先生」は親友を裏切った罪の意識に苦しみ、懺悔《ざんげ》とも遺書ともいえる手紙で「私」にすべてを打ち明けたのだ。

自分の外側に超越的な存在を感じていた時代は終わりを告げ、「個」の時代へと突入してからの近代人の行きづまり感。自分の罪を許してくれる神は天上にはおらず、自分の内なる声に耳を傾けるしかなくなった。

明治時代の終わりとともに「先生」は自死を選んだ。「自殺はいけない」と説く神はもはやいない。近代人の憂鬱を描く漱石の真骨頂である。

豆知識 漱石の死後、遺体は東京帝国大学で解剖後に一部が寄贈され、現在も脳はエタノール漬けで東大医学部に保管されている。

大人と社会へ憎悪をもって対峙する「3歳児」

『ブリキの太鼓』

ギュンター・グラス

高本研一訳／集英社文庫／1978年

大人（＝ナチス）への憎悪と拒絶 成長を意識的に止めることで取り戻そうとしたもの

１９７９年に公開された、フォルカー・シュレンドルフ監督の『ブリキの太鼓』。カンヌ国際映画祭でパルムドール賞を受賞、81年に日本でも公開され、人々は驚愕をもって銀幕を凝視した。

10歳、もしくはもっと年下に見える少年オスカル（設定では3歳）が、無表情とも受け取れる面持ちで言葉を叫ぶ。すると、周りにあるすべてのガラスが割れ始める。おののく大人たちの白目、ガラスをよける馬の前脚が印象的だ。

24年に生まれたオスカルは、いつもブリキの太鼓を首から下げ、スティックで連打していた。無邪気に遊んでいるのではない。彼は3歳の誕生日を迎えたのち故意に階段から転げ落ち、成長することを意識的に止め、声でガラスを破壊する能力を得たのである。

39年、ナチス侵攻下のポーランド・ダンツィヒ。町中には鉤十字が掲揚され、何年かのちに人類史上最悪と断罪されるヒトラーが熱狂の中にいた。

オスカルはすでに15歳だ。ナチス党員の父とオスカルの初恋の少女が性交した時、心の中は「3歳」のままであるオスカルが取った行動を、ぜひ本書で刮目してほしい。

作者は27年、ダンツィヒ生まれのギュンター・グラス。傑作『ブリキの太鼓』が刊行されたのは、59年だ。自伝的要素の強い小説とされているが、自分自身で成長を止め、憎悪の赴くままにガラスを破壊するという設定は、もちろんフィクションである。そのような視点で第二次世界大戦を描いた作品は、当時も現在も類を見ない。

同年、アメリカではビートニク文学の旗手ウィリアム・バロウズが『裸のランチ』を出版。日本においては、安本末子『にあんちゃん』のドラマ化や映画化、井上靖『敦煌』などが世に放たれた。当時、海外の文学者が取り組んでいたテーマと、日本の文学者が抱えていたテーマは大きく隔たっている。芸術全般が海外から日本へ到着するのに時間を要する時代だった。

グラスは99年にノーベル文学賞を受賞。その後、少年時代にナチの親衛隊へ入隊していたという自身の過去を明かし、住まいを置くドイツからも母国ポーランドからも、グラスは非難を浴びた。一方で彼を擁護する世論も多く、ノーベル賞の返還には至らず、2015年にドイツで生涯を終えた。

グラスは、自己の分身かもしれないオスカルの成長を止めた。現実におけるグラスの得失と、奪還したかったものは果たして何だったのか。

豆知識 慰安婦問題とホロコーストを同列視した韓国が、米国に対し反日キャンペーンを行っているとみなした佐藤優氏は、両者は性質の異なる問題だと主張している。

中華統一までの春秋戦国時代を描く長編漫画

『キングダム』

原 泰久

集英社／2006年～

強い集団を率いて乱世を勝利するリーダーに グローバリゼーションを生き抜く術を学ぶ

『キングダム』は春秋戦国時代の中国を描き、現在も『ヤングジャンプ』で連載中の長編漫画である。紀元前3世紀、長い戦乱の時代、中国の西方の国・奏が舞台。戦災孤児の少年・信がのちの始皇帝となる政と出会い、中華統一の戦いに身を投じ、大将軍になることを夢見て戦の中で成長していくさまが描かれる。コミックスは累計4000万部を突破するヒットシリーズに。

ストーリーには、紀元前500年頃の中国の軍事戦略家、孫武が記したとされる兵法『孫子』が随所に応用されているのが特徴だ。

乱世は、AIの台頭や働き方改革など新しい技術や概念が登場しグローバリゼーションが進んだ現代と通じるものがあり、登場する武将の葛藤や戦法を追うと、厳しい競争社会でいかに立ち回り生きるべきかというヒントが見える。

たとえば、信の熱くなりやすい性格を分析し、罠を仕掛けて自滅に追い込むも深追いせず、逃げるが勝ちで自軍の被害を最小限に収めた軍略家の玄峰。戦いにおいては突撃以上に退却が重要であることは、第二次世界大戦中、退却という断を下さず、進軍と突撃を繰り返すことでさらに損害を拡大していった日本軍の失敗からも明らかである。

秦王・政と信はひとつずつ戦いを勝利していくが、中華統一までの道のりは果てしない。政は信に中華統一まで15年かかると告げる際、その間のストーリーと統一までの段取りを明示した。これには、孫子の「金鼓・旌旗は人の耳目を一にする所以なり（目指すべき旗印であり動くタイミングを示す合図）」が示唆されている。単にビジョンや夢を語るだけではなく、中長期的戦略とその具体的な段取りを明示することで、チーム内の意思統一を図ることができ、組織的な動きが可能となるのだ。

本書で勝利を手にする武将は、常に敵と味方の兵力を冷静に見きわめ、無謀な戦いを挑まず、負け戦をしない。ときには、戦わずして勝つにはどうするかを考える。総力では劣る力を集中させ、一点突破で突き抜ける奇策を仕掛ける桓騎《かんき》や山の民の兵法などビジネスにも応用できる場面が多い。一方、思慮が浅く、生き延びることばかりを考えているリーダーや短気で相手の挑発に乗りやすく、対面を気にして清廉潔白を貫いたり情をかけすぎるリーダーは相手の罠にはまることが多い。

弱肉強食の乱世で強い集団をつくり、それを率いて勝利する本書は、これからの日本を生き抜くための指南書ともいえるだろう。

豆知識 SEとして会社で働いていた経験のある原泰久氏は、自身のサラリーマン時代の組織内の葛藤や苦節の経験を『キングダム』に盛り込んだ。描写がよりリアルで説得力を持ったゆえんだ。

12人の子どもと新米教師が体験した戦争

『二十四の瞳』

壺井栄

角川文庫／2007年

反戦文学の旗手が描くのは子どもたちの未来を破壊した戦争の狂気

同郷のプロレタリア詩人だった夫、壺井繁治の影響から文学の道へ進んだ壺井栄。反戦文学の旗手として知られる彼女の代表作となったのが1952年に発表した『二十四の瞳』である。

瀬戸内海の田舎村の分校へ赴任した新米女性教師と、同年に小学校1年生として入学してきた12人の児童の交流を軸に、戦前の28年から戦後46年までの18年を描いた小説だ。

壺井は香川県小豆島の出身だが、小説では島の名前は出てこない。ただ海べりの寒村とのみ書かれている。この静かな村の日常の光景に、戦争の影がじわりじわりと迫ってくる。

〈うかつにもののいえない窮屈を感じ、あとはだまって男の子の顔を見つめていた。正が、なにか感じたらしく、「先生、軍人すかんの?」ときいた。

「うん、漁師や米屋のほうがすき」

「へえーん。どうして?」

「死ぬの、おしいもん」

「よわむしじゃなあ」

「そう、よわむし」

そのときのことを思いだすと、今もむしゃくしゃしてきた。これだけの話をとりかわしたことで、もう教頭に注意されたのである。

「大石先生、あかじゃと評判になっとりますよ。気をつけんと」

――ああ、あかとは、いったいどんなことであろうか。この、なんにも知らないじぶんがあかとは――〉

赴任当時小学1年だった12人のうち、戦後になって消息のわかるのは5人。戦死した者、家が没落し消息を絶った者、病死した者。生きて帰ってきたものの戦場で負傷し失明した者もいた。

戦争によって徐々に庶民の生活が蝕まれていく様子を描いた本作は、声高に反戦イデオロギーを主張することなく、常に弱者が犠牲となる戦争の愚かさと悲惨さを静かに告発する。

キリスト教雑誌『ニュー・エイジ』連載時にはさほど話題にはならなかったが、連載終了後に単行本化されると評判になり、映画化やドラマ化によってさらに広く知られるようになった。

『二十四の瞳』と同様に貧しい農村の戦後を描いた『母のない子と子のない母と』も、壺井のもうひとつの代表作といえる。

戦争で家族を失ったおとら小母さんと、両親を失った子どもたちがともに生きていくさまは、戦争の不条理を静かに、しかし力強く訴える。

豆知識 本作は、1954年に木下惠介監督が、87年に朝間義隆監督が映画化した。小豆島には撮影時のオープンセットを活用した「二十四の瞳映画村」がある。

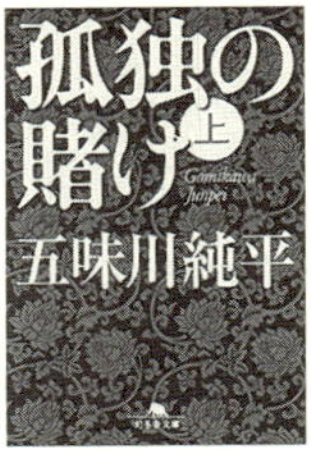

人間描写に五味川の試行錯誤が見える

『孤独の賭け』

五味川純平

幻冬舎文庫／2007年

ライフワーク『戦争と人間』へ至る懸け橋的作品
人間関係の刹那的な破壊力を描く筆致は圧巻

　自身の従軍体験を基にした戦争小説で知られる五味川純平。大ベストセラーとなった処女作『人間の條件』（1956～58年）や『戦争と人間』（65～82年）などは、いずれも大作として高い評価を得ている。

　そんな五味川が「戦後復興期」を舞台に男女の愛憎や復讐劇を描いたのが『孤独の賭け』だ。上梓されたのは63年で、前記2大作のちょうど合間に書かれたことになる。

　主人公の乾百子は旧満州からの引き揚げ者で、叔父夫婦に財産を奪われてお針子となった。カネをためて、いつか叔父夫婦から財産を奪い返して復讐を果たしたいと考えている。

　もう一人の主人公は、極貧から身を立ててのし上がり、キャバレーやナイトクラブを大規模に経営、将来はこの業界の帝王になることを夢見ている千種梯二郎。このどこか似たもの同士の二人が出会い、愛し合う。女の復讐計画は実現する一方で、男の夢は破れていくという、筋書きはきわめてありきたりなもの。

二人の出会いのきっかけも「路地裏で突然車にクラクションを鳴らされた百子が文句をつけて、そこに乗車していた梯二郎と縁ができる」といった具合に、ご都合主義な始まりである。

『人間の條件』『戦争と人間』と同じ作者とは思えないような物語展開であるが、しかし一方で、男女の関係の機微を描く五味川の筆致はやはり秀逸だ。まさしく神は細部に宿る、というべきで、男と女の会話、視線の動き、行動の間合いなど、実に読み応えがある。ここに五味川が『孤独の賭け』を書く必然性があったのだ。

『人間の條件』の主人公の梶を、五味川はヒューマニズムに徹底した知識人として描いた。公的領域のみで梶を描いたため、彼の私的領域は作品から排除された。結果として、どこか現実味に欠ける人間像となってしまったのだ。

そのことが、次なる大作『戦争と人間』への課題として引き継がれたのだが、そこへ至る過程として、本書における実験的試みが五味川にとって必要だったと考えられる。

ここで描かれた、人間としての自立性にこだわり強欲に生きた百子が、『戦争と人間』の知的で強気な財閥令嬢の伍代由紀子へと昇華していく。

五味川の2つの大作の狭間で生まれた本書は、人間関係、とくに男女関係における刹那的な破壊力を学ぶのに最適な1冊だといえよう。

豆知識 本書は2007年、伊藤英明と長谷川京子の主演でドラマ化(TBS系列)。ただし舞台は現代で、結末などはドラマオリジナルとなっている。

再ブームがたびたび起きる「共感性」

『蟹工船・党生活者』

小林多喜二

新潮文庫／1953年

過重労働の地獄絵図と人々の連帯 共感の理由を知ることは「時代」を知ること

作者の小林多喜二は1903年に生まれ、日本プロレタリア文学の旗手として活躍、29歳の若さで特高警察によって拷問ののち虐殺された。

29年、多喜二が26歳の時に発表された代表作『蟹工船』は、日本プロレタリア文学の名著として親しまれつつも、一時は左翼思想に興味のある者でもないかぎりはあまり触れない作品となってしまっていた。だが2008年、平成の世で『蟹工船』ブームが起きた。当時は、リーマン・ショックに端を発する大不況により派遣切りやネットカフェ難民などが社会問題になり始めた時期。労働環境の悪化に苦しむ人々が『蟹工船』に深く共感したのだ。とくに若年層への広がりが顕著だったとされ、新語・流行語大賞の流行語トップ10に「蟹工船」が選ばれるほどであった。

物語の舞台となっているのは、オホーツク海で操業する蟹工船。船上の労働者たちはカムチャッカ沖でカニを捕り、缶詰へと加工する。彼らは〝国策〟の名のもとにあらゆる権利を剝奪され、人間扱いされずに過酷な労働を強いられていた。

結託する資本と国家権力に対し、権利意識に目覚めた労働者たちはストライキ闘争を決行するが、鎮圧のために海軍が乗り込んでくる。

労働者たちの息遣いが聞こえてくるかのような描写、地獄絵図のような労働環境、人を人とも思わぬ権力側の横暴等が、一種の群像劇として描き出される。新自由主義社会における取り替え可能な歯車として酷使される現代の労働者にとって、時代を超えたリアリティを持ったのである。

しかし一方で、多喜二は本当に労働者の現実を描いたのか、という部分には疑問の余地がある。北海道拓殖銀行勤務のエリート銀行マンだった多喜二にとって、労働者の現場はあくまで伝聞の世界であり、自分自身がそこに叩き込まれたという経験も皮膚感覚もない。それに比べると、実際に船上労働者の経験のある葉山嘉樹《よしき》が書いた『海に生くる人々』のほうがはるかにプロレタリア・リアリズムに忠実だ。

多喜二の作品は、一種の「プロレタリア・インテリジェンス小説」的なもの、つまり、プロレタリア革命を実現するという明確な目的を持った、戦略的な小説というべきかもしれない。多喜二はそうした戦略に基づいて仮想現実のような『蟹工船』を描き出した。しかし、その構成力や筆力は並々ならぬものがあり、時代を超えて労働者の胸を打つ生きた文学作品となっているのである。

豆知識 『蟹工船』が書かれたのは1929年。葉山の『海に生くる人々』の初出は1926年である。プロットも酷似しており、佐藤優氏は「今ならば盗用と言われかねない」と指摘する。

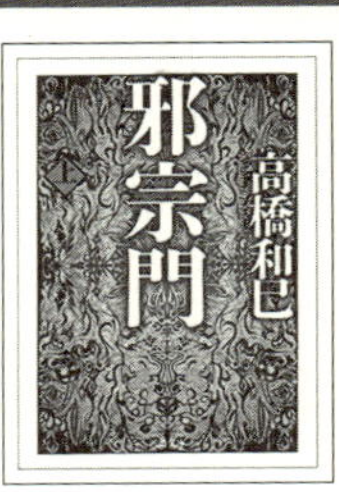

「世直し」運動の暴力性と閉塞性

『邪宗門』

高橋和巳

河出文庫／2014年

新興宗教団体の盛衰を通じて描く「世直し」運動の悲劇的な末路

1965年1月から約1年半にわたって『朝日ジャーナル』に連載された高橋和巳の『邪宗門』。高橋和巳ほど、全共闘世代の学生たちに読まれた作家はいないかもしれない。『邪宗門』もまた、敗北を予感する全共闘のバリケードの内側にいる学生たちの心をとらえた作品だった。

戦前から敗戦後の時代を背景にして、新興宗教団体「ひのもと救霊会」の誕生から破滅に至るまでを描いた一種の大河ドラマともいうべきスケールの小説だ。実在の教団とその弾圧事件をモデルにしていることは明らかである。

その起伏に富んだストーリーは娯楽作品としても非常に面白いのだが、決して一宗教団体の盛衰を主題とした作品ではない。

高橋は、単行本下巻のあとがきで「発想の端緒は、日本の現代精神史を踏まえつつ、すべての宗教がその登場のはじめには色濃く持っている〈世なおし〉の思想を、教団の膨脹にともなう様々の妥協を排して極限化すればどうなるかを、思考実験をしてみたいということにあった」としている。

マルクス・レーニン主義が有効性を失った今の時代において、新自由主義に対抗して生じるであろう異議申し立ては、社会主義運動ではなく宗教運動のような形になる可能性がきわめて高い。そのことを高橋は先見的に見抜いていた。

実際、宗教に内包される人間の平等や救済への憧れが政治的な性格を帯びて異議申し立て運動となることは、イスラム原理主義を見ても明らかである。しかし、社会システムの変革による世直しの実現を求める運動は、容易に暴力を許容することになり、権力を志向せざるをえなくなる。武装蜂起により自分たちの自治権を確立しようとした、戦後の「ひのもと救霊会」のように。

戦前、国家権力からの弾圧により「ひのもと救霊会」は徹底的に踏みにじられていた。しかし戦後、彼らが自らの自治区を求めて武装蜂起した瞬間、自分たちを弾圧していたものと同質の「権力」を志向するイデオロギーの罠に自ら陥ってしまうのである。

魂の救済と結びつくことなく、社会プログラムとして人々を救済しようとする「世直し」運動の末路を高橋は見据えた。つまり、内ゲバという形で内部から瓦解した全共闘運動同様に、自己解体という道しか残されていないということを。実際、教団とともに歩んだ三代教主の千葉潔は、餓死という形で自らの死を選ぶしかなかったのだ。

豆知識 高橋和巳は三島由紀夫とも交流があった。三島由紀夫と全共闘の学生たちとの討論の映像記録が『三島由紀夫vs東大全共闘 50年目の真実』として2020年に劇場公開された。

村上春樹の圧倒的な翻訳力

『長いお別れ』『ロング・グッドバイ』

レイモンド・チャンドラー

清水俊二訳／ハヤカワ・ミステリ文庫／1976年（長いお別れ）
村上春樹訳／ハヤカワ・ミステリ文庫／2010年（ロング・グッドバイ）

作品の背景にある戦争のタブーを見事に浮かび上がらせる村上春樹の翻訳

アメリカのミステリー作家レイモンド・チャンドラーの古典的名作『ロング・グッドバイ』。本書の日本語版は、1958年に『長いお別れ』の邦題で刊行されたものと（翻訳・清水俊二）、2007年に村上春樹の翻訳したものが『ロング・グッドバイ』のタイトルで出されている。

探偵のフィリップ・マーロウが、妻殺しの容疑をかけられたまま自殺したテリーという男の隠された真実を明らかにしていく。法律は正義ではない、というハードボイルドの哲学を貫いたミステリーの名作だが、今回は翻訳によって作品世界がいかに広がるかということに注目したい。

村上訳は最初の翻訳版では読者が気づくことのないであろう作品の背後を、見事に浮かび上がらせている。それは、戦争の影である。

「俺とランディーはじっくり話し合った。そしてテリー・レノックスの身に起こったことを考えれば、頭のたがが多少はずれたって不思議はないという結論に達した。あれだけの目にあえば、誰だってまともじゃいられない。テリーはもう死んでしまったと俺たちはずっと考えていた。しかし実はそうじゃなかった。ドイツ軍の捕虜になったんだよ。そしてやつらはテリーを、おおよそ一年半かけて徹底的に治療した。手際はよかったが、それはとんでもなく手荒なものだった（略）」（村上訳）

「ランディとおれは後で話し合って、テリー・レノックスは頭をやられちまったにちがいねえと思った。死んでしまったものと思っていたが、そうじゃなかった。ドイツにつかまったんだ。一年半、ドイツの病院に入ってた。手術はまずくなかったが、ずいぶん痛い目にあわせたらしい（略）」（清水訳）

清水訳では入院期間のみで治療期間の明示はないが、村上訳では治療自体に1年半かかり、それが「手荒なものだった」としている。戦時下の軍事病院で敵兵の治療にそれほどの手間をかけることはまず考えられない。ナチス・ドイツが捕虜を人体実験に使ったことは公然の秘密であり、村上訳ではテリーの人格崩壊の原因がその人体実験にあったことを示唆していると読み取れるのだ。

戦争でおよそ口にし難い苦痛を体験した者とそうした体験を持たない者が共通の言語を見いだすことの難しさを描き出したチャンドラーの筆致を、村上は会話の細部に至るまで正確かつ流暢に表現し尽くした。翻訳の真骨頂である。

豆知識 村上春樹氏は自身が最も影響を受けた作品として、この『ロング・グッドバイ』と『カラマーゾフの兄弟』『グレート・ギャツビー』の3作を挙げている。

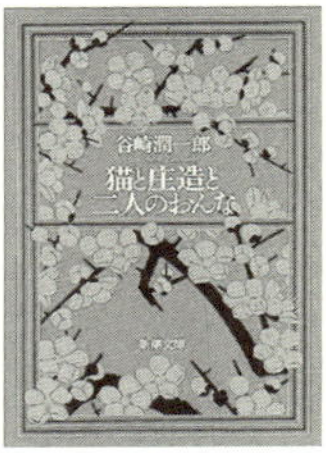

猫に心を奪われた男のリアル

『猫と庄造と二人のをんな』

谷崎潤一郎

新潮文庫／1951年

一匹の雌猫を溺愛し、〝隷属〟を拒否された男 その末路にあるのは幸福か破滅か

谷崎潤一郎は、猫好きなことで知られている。本格的に猫を飼うようになったのは、関東大震災を経て関西に移り住んでからのこと。とくにペルシャ猫を好み、雄よりも雌猫を好んだ。そして、人生を通じて数十匹に及ぶ猫と暮らしたという。

1929年に発表された短編『ねこ』では、猫の鼻を理想的な美しさだと語った。また『私の好きな六つの顔』（28年）では、猫のような顔の女性が好きだと記している。

谷崎文学には「美しい女と隷属する男」がしばしば描かれる。33年に発表した『春琴抄』では、春琴と佐助が相手のために生きる、つまり互いに隷属することによって、充実した完璧な生涯を得る。愛とは隷属であり、人間にとって真の幸福とは、「何かに隷属すること」によって得られるとする谷崎文学。その対象は異性とは限らない。イデオロギー、あるいは猫であってもいい。何か（誰か）の奴隷になり、そのために身を滅ぼすことで、ようやく人間の心は充足するのである。

『春琴抄』を執筆していた時期、谷崎はのちに3人目の妻となる松子への思慕を募らせていた。春琴と佐助の密接な縁は、しばしば松子と谷崎の関係にたとえられる。彼自身もまた、松子に隷属することによって、深い充足を得ていたのだろう。

では、相手から〝隷属〟を拒否されたときに、一体何が起きるのか。それを描くのが、『猫と庄造と二人のをんな』である。

本作は松子と結婚した翌年に発表された。タイトルどおり、猫、庄造、二人のおんな（庄造の妻・福子と、前妻の品子）が織りなす物語だ。主人公の庄造は、愚昧な男で無類の猫好き。小鯵の二杯酢に浸みた酢を吸い、骨をかみ砕いて愛猫リリーに与える「じゃれ合い」や、布団にもぐりこんでくる時の描写からは、いかに彼がリリーに陶酔し、傾倒しているかが伝わってくる。

庄造への未練を捨てきれない品子は、彼が猫に惹かれてやって来ることを期待し、リリーを引き取ろうとする。一方、庄造と暮らす福子は、自分以上に庄造から可愛がられているリリーに嫉妬し、品子へ渡そうと図った。リリー会いたさに品子の家を訪れた庄造は、フンシ（猫のトイレ）の匂いに胸をいっぱいにさせるが、そんな彼に対し、果たしてリリーは……。

溺愛する猫に隷属することを拒否され、しかし愛着を捨てきれない庄造の姿のリアリティ、猫好きにはたまらない。

豆知識 谷崎自身、二人目の妻・丁未子と別居したあと、譲り渡した愛猫・チュウ恋しさに、彼女の家の周辺をうろついたという。佐藤優氏もまた無類の猫好きで知られる。

文豪が執筆に一生を捧げた大叙事詩

『ファウスト　悲劇第一部』

ヨハン・ヴォルフガング・フォン・ゲーテ　手塚富雄訳／中公文庫／1974年

ゲーテの「知」が凝縮された最上級の長編戯曲 壮大なテーマを通じて西洋思想の流れを学ぶ

『ファウスト』は、ゲーテの代表作とされる長編の戯曲だ。15世紀末から16世紀にかけてドイツに実在したとされる錬金術師の伝説を基に、ゲーテが24歳の頃から書き始め、82歳までほぼ一生をかけて完成させた、彼のライフワーク的な作品である。2部構成となっており、『第一部』は1808年に、『第二部』はゲーテの死の翌年となる33年に発表された。

主人公のファウストは、あらゆる学問を究めた老学者でありながら無限に湧き起こる自らの知識欲求を満たし切れずにいた。

人生に絶望するファウストのもとに、黒い犬に化けて書斎に忍び込んでいた悪魔メフィストが現れる。メフィストは、自らの魔術で現世のあらゆる享楽を提供する代わりに、もしファウストが人生に満足したら、死後はその魂をメフィストに渡さなくてはならないという賭けを申し出る。

ファウストは承諾し、もしも自分が人生に満ち足りて「時よ、止まれ、おまえは美しい」と口にしたらメフィストに魂を受け渡すと約束した。

メフィストから魔女の若返り薬を与えられ、二十代の青年の姿に戻ったファウストは、街で見かけた純朴で敬虔な美少女グレートヒェンに一目惚れし、メフィストを使って彼女を籠絡する。これを聞きつけたグレートヒェンの兄ヴァレンティンは激怒、メフィストを連れたファウストと決闘の末、命を落とす。

そんな折、ファウストはメフィストによって魑魅魍魎の饗宴「ヴァルプルギスの夜」へ連れ出され、そこで苦しむグレートヒェンの幻影を見る。

ファウストの子を身ごもっていたグレートヒェンは、生まれてきた赤ん坊を持て余し、沼に沈めて殺してしまう。そして赤子殺しの罪人として牢獄で死刑を待つ身となっていたのだ。ファウストはグレートヒェンを助けに向かうが、悪魔の影に気づいた彼女は脱獄を拒否。『第一部』は、悲劇的な最後で幕を閉じる。

『第二部』では、戦に勝利し事業に乗り出すも絶体絶命の危機に陥ったファウストを救ったのは、かつての恋人の祈りだった。

悪魔に魂を売り渡してでも欲望をかなえる人生とは幸せなのか。果たして魂の救済とは何なのか。ゲーテが人生をかけ、悪魔や人間を通して描き出したのは、西洋の古代から現代までの思想の流れである。悪魔の姿が愛嬌のある犬であるところも面白い。

豆知識 ゲーテの最期の言葉は「もっと光を!」だったとされるが、哲学的な意味はなく単に部屋が暗かっただけという説がある。

時空を超えた饗宴に込められた「制度」への反感

『二百回忌』

笙野頼子

新潮文庫／1997年

日常を呪縛する「見えない支配」を幻想とブラックユーモアで可視化する

笙野頼子《しょうのよりこ》は1956年、三重県四日市市に生まれ、伊勢で育った。90年代に野間新人文芸賞・三島由紀夫賞・芥川賞を受賞し、「新人賞三冠王」と称されたが、それまでの作家活動は順風満帆ではなかったという。

「聖都」伊勢で育った彼女は、「古都」京都の大学へ通い、81年に群像新人文学賞受賞作『極楽』で小説家デビュー。卒業後も引きこもりのような生活をしながら執筆を続けた。だが、世は80年代のバブル時代。村上春樹や吉本ばなな、山田詠美らにより、若者の話し言葉を取り入れたポップな作品が日本中を席巻する中、笙野は85年に「首都」に上京するも、1人個室にこもり孤高の言葉を紡ぎ続けた。

『二百回忌』には、表題作を含め全四編の短編が収録されている。幻想的でシュールな作風は、デビューした時から一貫しているが、とくに『二百回忌』では、冒頭からそれが際立つ。日常と非日常とが混在する〝マジック・リアリズム〟の傑作、と評されるゆえんである。

「私の父方の家では二百回忌の時、死んだ身内もゆかりの人々も皆蘇ってきて法事に出る」

ほかの3編と共通しているのは、故郷に対する暗い記憶のような何ものか。生まれや育ちというものは、無自覚に人を支配する。親と絶縁したはずの「私」も、死んだ祖先がよみがえる「二百回忌」に惹かれ、赤い喪服に赤いバッグと靴を揃えるのである。ATMから明治時代の紙幣が出てきたり、赤いストッキングを履いただけで猫が発情しても「いかにも二百回忌らしい」「普段起こらない事がどんどん起こり始めたのだ」と納得する。やがて家の皮がむけて蒲鉾が現れ、人々は競い合って蒲鉾を食べ始め、狂騒の中に放り込まれる。時間軸の歪みが不思議な魅力となっている。

自分の郷里について笙野は「土地そのものの歴史よりも日本の宗教政策史を歩まされてしまったような、独自な場所」であり、それゆえ思春期までは「過ごしにくい場所という感じ」を抱いていたという（2008年『毎日新聞』）。「聖都」「古都」「首都」と移動してきた彼女は「伊勢に育ったことが自分を作家にした」と語る。

本作の最後で、東京に帰った「私」は「それからも時々、買い置きのケシゴムが全部蒲鉾になるという程度の事は起こった」と結ぶ。郷里的な何かは、どこにいても、その人の中で目に見えない支配を続けていくのである。

豆知識 奇妙な時間の歪みが描かれる本作について、佐藤優氏は『ゾウの時間 ネズミの時間』を踏まえ、「人間の時間感覚の弱さゆえに生まれた作品」と述べている。

佐藤優の古典攻略法⑤　古典からアフターコロナの生き方を学ぶ

古典をきちんと読み込んでいれば「自粛警察」などには絶対にならない

新型コロナウイルスの世界的感染拡大という事態に直面し、私たちはいったん立ち止まらざるをえなくなった。まさにたった今、人類は大きな分節点に立っていると言えるだろう。

そしてこの状況下で課題は比較的容易に可視化した。まずグローバリゼーションに歯止めがかかった。そして各国の国家機能は強化されつつある。つまり各国のエゴが強まり、戦争になる可能性が高まっているのである。最初の課題はナショナリズムに起因する国家間戦争を阻止するということだ。二つ目の課題は四重に広がっている格差問題の解決である。四重に広がっている格差とは、国家間の格差、国内における階級間格差、地域間格差、ジェンダー間の格差。国家間の格差については平和の維持がまず課題になるし、国内の3つの格差については国が再分配政策をすることで解消するしかない。

つまり戦争を起こさないということと、格差を是正するということ。政治と社会の課題は新型コロナパンデミックによって明確になったと私は考えている。そうした時代に私たち個人は古典から何を学び、いかに生きていくべきなのか。

たとえば10万円の特別定額給付金の使い方。丸ごと貯金するのではなく1万円はフードバンクに寄付する、子ども食堂に寄付するなど、手元に3つのパンがあったら2つは別の誰かとわかち合う——。そういった行動を個人がとることで再分配が可能になる。そうした意識を個々人が持てるかどうかである。『カラマーゾフの兄弟』の「大審問官」では、人が誰かのためにパンをわかち合うことなど不可能だと主張するが、そんなはずはない。

経済学者の河上肇は後年、マルクス主義者になっていくのだが、そうなる前に著した『貧乏物語』において富裕層は宴会などで浪費せずに貧困層に金を回せと説いた。非科学的だの温情主義だのと批判されたが、私はこの彼の根っこにあるだろう発想のほうが、のちの彼の共産主義革命を目指す思想よりもシンパシーを感じる。なぜなら、資本主義というのはそれほど短期間には崩れることは考えにくいからだ。そうであれば今、一人ひとりが抱えている仕事をどう回すか、どう分配していくかといったように、できることをやっていくことが重要ではないだろうか。

政権を批判する人々が政権に対してある種の「忌避反応」を起こしているのは、危機的状況のなかにあっても、明確な指針を示すこともできずにうろたえている政権の姿に、鏡写しになった自分の姿を見てしまっているからだと私は考える。国家の指導者というのは、民主主義制度の下では国民の平均的水準から著しく乖離《かいり》することはありえないのだから。

人それぞれの「正しさ」がある

古典の論理を内在化できていれば、他人の生き方に過剰に介入するような恥ずかしい真似は本来できないはずだ。自分にとっての「正しさ」があるように、他人には別の「正しさ」がある、正しいものが複数並存していることを理解していれば、自粛警察のような行為はできるはずがない。ミルが『自由論』の中で述べている「愚行権」。これは自由に対する考え方であり、人には他人に迷惑をかけない限り愚かなことをする権利があるというものだ。「愚行権」と言うと聞こえが悪いため、日本国憲法では「幸福追求権」としている。他者危害排除の原則、つまり他者に危害を与えない限りは、愚かなことをする権利をお互いに認め合わなければいけない。

たとえば猫を１匹飼うと、病院代も含めて一生で１５０万円から２００万円のお金がかかる。たとえ病院に連れていかず、トイレの砂も買わず新聞紙などで代用したとしても30万円程度はかかるはずだ。とはいえ、そんな愚かなことに金を使わずその分を寄付しろ、などと言うのは余計なお世話なのである。他者の愚行権に寛容になり、自分の愚行権も堂々と行使し、そのうえでパンをわけ合えるような社会。古典を道標にそのような社会を目指すことができれば、このうえなく幸せなことではないだろうか。

執筆者一覧

（五十音順）

浅羽晃
雨宮あかり
遠藤眞彌
大友麻子
鎌田浩昭
岸並徹
近藤陽子
斎藤大
佐藤勇馬
杉野実
鈴木貫太郎
鈴木淳一
鈴木菜奈
高橋慶
永浜敬子
南雲裕介
橋本直樹
早川満
伴雅彦
藤木TDC

索引

索引

一生モノの教養が身につく
世界の古典　必読の名作・傑作200冊

2020年10月1日 第1刷発行

［監修］
佐藤 優

［発行人］
蓮見清一

［発行所］
株式会社 宝島社
〒102-8388 東京都千代田区一番町25番地
電話（営業）03-3234-4621
（編集）03-3239-0646
https://tkj.jp

［印刷・製本］
サンケイ総合印刷株式会社

ISBN 978-4-299-00911-1

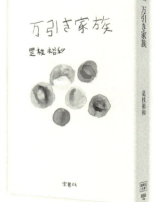